APPRENDRE À S'AIMER
UN JOUR À LA FOIS

366 RÉFLEXIONS QUOTIDIENNES
POUR APPRIVOISER LE BONHEUR

par

DIANE GAGNON

Copyright

Apprendre à s'aimer, un jour à la fois
366 réflexions quotidiennes pour apprivoiser le bonheur

Copyright © 2015 Diane Gagnon

Illustration de couverture et montage graphique
Marie-Eve Provencher

Dépôt légal - Bibliothèque et Archives nationales du Québec,
2015.

ISBN : 978-2-9815126-0-4

Courriel : diane@dianegagnon.com
Site Internet : www.dianegagnon.com

Facebook :
http://www.facebook.com/DianeGagnon.Auteur.Coach

Introduction

Le recueil de textes entre vos mains est le fruit de quatre années de publications sur ma page Facebook. Vous le réclamiez depuis longtemps. Le voici enfin ! De toutes les réflexions que je publie quotidiennement, celles qui suscitent le plus d'intérêt concernent habituellement l'estime de soi. Comment faisons-nous pour apprendre à nous aimer ? Pourquoi est-ce si difficile de s'aimer soi-même, et par où devons-nous commencer ? Notre capacité à être heureux est directement proportionnelle à notre estime de soi, mais rares sont les personnes qui s'aiment entièrement et inconditionnellement.

Pourtant, le manque d'estime de soi est l'un des pires fléaux de notre société.

Il engendre plusieurs conséquences désastreuses : conflits, violence et souffrances. C'est un destructeur silencieux.

Par manque d'estime de soi, nous éprouvons de la jalousie, de l'envie, de la colère et de l'insécurité. Nous n'osons pas entreprendre des changements positifs parce que nous ne nous aimons pas assez. Par manque d'estime de soi, nous n'osons pas demander ni nous affirmer. Nous tolérons trop longtemps l'intolérable, faute de savoir mettre nos limites.

Par manque d'estime de soi, combien de rêves, de projets, d'ententes ne se sont pas réalisés ? Nous sommes exigeants envers nous et les autres, nous craignons d'être floués, nous jugeons et nous nous battons. Nous cherchons à contrôler notre environnement et nous sommes souvent inquiets, anxieux et perfectionnistes.

L'estime de soi ne survient pas miraculeusement un bon matin. Il n'y a pas de baguette magique ! Apprendre à s'aimer est le travail de toute une vie et se construit quotidiennement par de petits gestes et de petites décisions différentes et meilleures pour soi. Cela demande un engagement constant envers nous-mêmes. Il faut y travailler tous les jours.

Je vous offre ici des réflexions qui sont autant de pistes de solutions pour apprendre à vous aimer un peu plus chaque jour.

Qui suis-je?

Présidente de Consultation Formaction inc., je suis aussi coach privée, consultante et femme d'affaires. Fortement inspirée par l'immensité du potentiel humain, je me suis donnée deux missions dans la vie. La première, une mission pour moi, est de sortir de ma zone de confort chaque jour. Plus je le fais, et plus je constate que c'est certainement l'une des clés essentielles au bonheur ! En sortant de ma zone de confort, j'ai rencontré des gens merveilleux, j'ai vécu des événements incroyables et j'ai appris tant de choses sur moi, sur les autres et sur la Vie. Si j'étais restée dans ma zone de confort, si j'avais laissé mes peurs et mon besoin de sécurité me guider, jamais je n'aurais enrichi ma vie sous autant d'aspects.

La seconde mission que je me suis donnée est dirigée vers les autres : faire une différence positive dans la vie des gens de façon quotidienne. Si chacun de nous en faisait autant, notre monde serait transformé en peu de temps ! Je sens l'appel d'aider les autres depuis que je suis toute petite. Toute ma vie fut orientée, de près ou de loin, de cette manière. Peut-être ressentez-vous cet appel également, puisque vous avez été attiré par ce livre.

Comme vous tous, j'ai vécu mon lot d'épreuves. Nous ne sortons pas indemnes de nos années de croissance ! Ce qui m'a aidée à traverser ces situations fut de me dire très tôt dans ma vie que je ne vivais certainement pas tout ça pour rien. Qu'avais-je à apprendre de chaque situation ? Quels étaient les cadeaux pour moi dans chacun de ces événements ?

Rien n'arrive pour rien. Tout est parfait. Ce que nous avons vécu nous façonne.

La façon dont nous l'utilisons dans le présent nous permet de grandir et d'évoluer dans toutes sortes de situations. C'est à nous qu'il revient d'en tirer le meilleur parti possible. C'est ce que nous faisons avec la somme de nos expériences qui détermine nos possibilités de bonheur. J'ai décidé qu'elles me serviraient toutes à grandir. Pourquoi pas vous ?

Vous pouvez lire ce livre comme bon vous semble. Certains préféreront le lire d'un couvert à l'autre. D'autres liront une pensée chaque jour, comme il a été écrit. Chaque fois que vous vous apprêtez à l'ouvrir, vous demandez à ce que le message qui vous sera présenté au hasard soit adressé à vous et il le sera ! Vous n'aurez qu'à suivre votre intuition pour l'ouvrir à une page quelconque et vous recevrez alors la pensée qui y figure comme étant une réponse à votre demande, car c'est l'amour qui guide chacun de nos gestes.

Peu importe la façon dont vous lirez ce livre, je souhaite du plus profond de mon cœur que vous receviez à chaque page tout l'amour que j'y ai mis pour vous.

Bonne lecture, avec Amour !

Diane xx

SE TENIR DEBOUT

Se tenir debout ne signifie pas crier plus fort que l'autre. Ce n'est pas tenir tête à tout prix et vouloir toujours avoir raison sans jamais faire de compromis. Se tenir debout, c'est respecter ce que nous sommes profondément et respecter nos valeurs intrinsèques avant toutes choses.

Se tenir debout, c'est être fier d'affirmer ce que nous sommes, peu importe le jugement des autres. C'est parler à partir de son cœur sans avoir peur de perdre, parce que nous sommes déjà prêts à accepter de tout perdre, mais jamais de NOUS perdre.

Se tenir debout, c'est s'aimer suffisamment pour éviter de se rendre au point de dire « c'est assez », parce que nous aurons dit plus tôt « ça ne me convient pas ».

Se tenir debout, c'est affronter les vents, les tempêtes et les tornades, tout en sachant intimement que nous sommes assez forts pour passer à travers tout ça, et que nous serons encore plus forts une fois l'orage terminé.

Aujourd'hui, je vous souhaite de vous tenir debout, peu importe ce que la Vie mettra sur votre chemin !

UN JOUR À LA FOIS

Nous avons besoin d'un an pour apprendre à marcher et trois ans pour apprendre notre langue, à écrire et à compter. Si nous voulons apprendre un nouveau métier ou une seconde langue, nous devons investir du temps et des efforts.

Nous avons vécu vingt, quarante ou soixante ans avec nos difficultés personnelles, avec nos vieux comportements destructeurs, avec notre manque d'estime de nous-mêmes et avec nos blessures. Pourtant, lorsque nous consultons, nous voudrions que toutes ces difficultés, ces comportements, ces blessures et ce manque d'amour propre soient réglés en deux ou trois rencontres d'une heure ?

Après avoir investi temps et argent dans nos études, notre maison, est-ce tout ce que nous sommes prêts à investir en nous-mêmes ? Pour apprendre à s'aimer et guérir de nos blessures, la solution miracle, la baguette magique et le prestidigitateur, ça n'existe pas !

Si nous voulons réellement sortir de nos vieux modèles, si nous avons assez souffert et désirons plus que tout être bien avec nous-mêmes et apprendre à nous aimer vraiment, accordons-nous le temps, l'énergie, l'amour, la compassion et parfois l'investissement en soutien pour y arriver.

Lorsque nous prenons du poids pendant trente ans, nous ne le perdons pas en trente jours ! De même, lorsque nous ne nous aimons pas depuis trente ans, nous n'apprenons pas à nous aimer en trente jours ! Donnons-nous le temps, les moyens et les ressources pour y arriver. Soyons bons pour nous et investissons en nous.

Apprendre à s'aimer, c'est l'ouvrage de toute une vie, un jour à la fois.

SE CONNAÎTRE

Qui sommes-nous au juste ?

La plupart des gens croient bien se connaître et pourtant nous nous découvrons quotidiennement.

Il nous faut développer notre conscience de nous-mêmes et apprendre à mieux nous connaître.

Nous sommes offusqués lorsque des gens nous mentent et pourtant, nous sommes la personne qui nous ment le plus !

Combien de fois négocions-nous avec notre conscience, trouvant des excuses pour justifier nos actes ou nos décisions ?

Dans bien des cas, si nous nous abstenions de faire porter le blâme aux autres, nous nous verrions d'une manière plus juste et plus près de la réalité.

Les zones où nous trébuchons le plus souvent sont celles où nous avons encore des choses à apprendre sur nous-mêmes.

Mieux nous nous connaîtrons, plus nous accepterons et reconnaîtrons les autres dans ce qu'ils sont.

Apprendre à mieux se connaître, tant dans nos zones d'ombre que de lumière, est la clé pour apprendre à s'aimer.

C'est le chemin vers la guérison et l'authenticité.

C'est le chemin vers l'amour de soi.

LES RÉVERBÈRES

Nous sommes tous un guide pour quelqu'un et nous avons tous quelqu'un qui nous guide.

Parfois, nos guides sont un ami, un enfant, un livre, un message, un commentaire, une rencontre inattendue, une phrase à la télévision ou une vidéo qui nous touche.

Les formes changent selon nos besoins, souvent sans que nous le demandions. Certains les appellent des anges, des fées ou des guides.

Moi, j'appelle ça des réverbères. Le réverbère n'est pas la lumière qui éclaire toute la route pour nous. Celle-ci, c'est notre propre lumière que nous devons maintenir allumée.

Le réverbère est plutôt la lumière qui guide le prochain pas lorsque nous n'y voyons plus très bien, afin que nous continuions d'avancer, un pas à la fois et une étape à la fois.

Soyons aujourd'hui le réverbère pour quelqu'un autour de nous et qui a besoin de notre lumière pour poser le pied sur son chemin.

Éclairons, mais ne prenons pas en charge.

Soyons reconnaissants pour tous les réverbères qui sont dans notre vie. Leur lumière nous permet de continuer d'avancer !

LES AUTRES

Peu importe le jugement que nous portons sur autrui, c'est sur nous-mêmes que nous le portons. Si nous voyons la beauté dans le cœur des autres, c'est que nous la portons en nous-mêmes. De la même manière, ce que nous jugeons sévèrement chez les autres, c'est que nous le portons aussi.

La manière dont les autres nous traitent est aussi le reflet parfait de la manière dont nous nous traitons.

Si nous ne nous sentons pas assez aimés, c'est que nous ne nous aimons pas suffisamment. Si l'on nous manque de respect, c'est que nous ne nous respectons pas nous-mêmes.

Tout ce qui se trouve dans notre vie en ce moment est le résultat des choix que nous avons faits par le passé. Si nous voulons des résultats différents ou une vie différente, faisons des choix différents. Quels discours intérieurs entretenons-nous à notre propre égard ?

Écoutons comment les autres nous parlent et nous traitent, et nous aurons une bonne idée de ce que nous avons à travailler sur nous-mêmes. Ça semble une vérité de La Palisse, pourtant nous l'oublions constamment et nous préférons en vouloir aux autres pour la manière dont ils nous traitent, plutôt que de travailler sur ce que nous devons améliorer en nous pour être plus heureux.

Traitons-nous mieux et les autres nous traiteront mieux aussi.

CEUX QUI NOUS ACCOMPAGNENT

À chaque étape de notre vie, certaines personnes nous sont envoyées pour nous accompagner et nous aider à traverser certains moments charnières.

Parfois, nous comprenons seulement plus tard ce que ces personnes étaient venues faire dans notre vie et ce que ces étapes signifiaient pour nous.

Les autres sont dans notre vie pour nous aider à trouver l'équilibre, pour nous guider et pour nous aider à voir et accepter les différences.

Que ce soit pour un court moment ou une longue période, ils sont là parce que nous avons besoin l'un de l'autre pour évoluer.

Dans certains cas, ces personnes sont comme des anges pour nous. Dans d'autres cas, nous pourrions faussement croire que ce sont nos ennemis.

Pourtant, chacune d'entre elles a un merveilleux rôle à jouer dans notre évolution.

Chaque personne qui nous entoure en ce moment fait partie de l'une ou l'autre de ces catégories et nous faisons partie de l'une ou l'autre de ces catégories pour les autres.

GUIDER

Nous croyons souvent que plus nous en faisons pour les autres, plus ils nous en seront reconnaissants. Plus nous serons généreux et plus ils nous aimeront. Toutefois, ça ne fonctionne pas toujours comme ça.

Lorsque nous sommes atteints de cette « MTS » (Mother Teresa Syndrom!), apprenons à découvrir quel est NOTRE véritable besoin derrière nos élans de générosité. Est-ce le besoin d'être reconnu, d'être aimé ou d'être indispensable ?

Si notre don de soi n'est pas entièrement sincère, au moins soyons au clair avec ce qui nous anime.

Le phare immobile sur son île guide parfaitement les bateaux sans les poursuivre. Les bateaux savent où le trouver.

Soyons donc le guide plutôt que le servant.

Il est inutile de pousser ou de tirer. Il suffit d'être là, au bon moment, et d'aimer sans attente.

C'est le plus grand don que nous puissions faire.

FAIRE DE MEILLEURS CHOIX

Lorsque nous apprenons à faire de meilleurs choix pour nous et à écouter davantage notre cœur, les choses et les personnes qui ne nous conviennent pas quittent notre environnement et les bonnes choses et les bonnes personnes arrivent dans notre vie en abondance.

Nous sommes alors entourés de personnes que nous aimons et qui nous aiment, et nous réalisons que c'est ça le Bonheur ! Il n'est pas dans le « faire » ni dans « l'avoir », mais dans « l'être ».

Nous éprouvons alors une immense gratitude envers la Vie d'être aussi généreuse avec nous.

Entourons-nous de personnes qui nous rendent heureux.

Des gens qui nous font rire, qui nous aident quand nous en avons besoin et qui sont contents quand nous sommes heureux.

Des gens qui n'abuseront jamais de nous et qui se préoccupent vraiment de nous. Ils sont ceux qui valent la peine de conserver dans notre vie.

Tous les autres ne font que passer.

CE QUI SE RÉPÈTE

Il semble parfois difficile de comprendre pourquoi certains comportements se répètent. Est-ce dû à quelque chose que nous n'avons pas encore compris ? Quelque chose à quoi nous résistons ? Un test de la Vie ?

Lorsque notre vie semble être le jour de la marmotte, il est peut-être temps de faire les choses autrement. Où sommes-nous le plus confortables ? Quelle est la chose à laquelle nous tenons le plus ? Cette chose ou cette situation pourrait-elle être ce qui nous bloque et nous empêche d'avancer ?

Le confort est comme le frein à main lorsque nous sommes sur l'autoroute. Il est inutile et dangereux !

Si ce à quoi nous aspirons depuis longtemps ne se manifeste pas, il y a certainement quelque chose à changer dans notre vie.

Nous pouvons amorcer ce changement nous-mêmes ou nous pouvons attendre que la Vie s'en charge et nous montre le chemin à prendre.

Aucune des deux options n'est plus facile que l'autre, mais dans les deux cas, préparons-nous à sortir de notre zone de confort, soit par volonté intrinsèque, soit par obligation externe.

Il est impossible d'être heureux lorsque nous perpétuons une situation dans laquelle nous ne le sommes pas.

LA QUANTITÉ D'AMOUR

Parfois, les personnes que nous aimons le plus nous semblent si difficiles à aimer et à se laisser aimer.

Chacun accepte de recevoir seulement la quantité d'amour qu'il croit mériter et certains semblent convaincus qu'ils en méritent bien peu. Pourtant, ce sont ceux qui en ont le plus besoin.

C'est bien plus facile d'apprendre à aimer que d'apprendre à se laisser aimer. C'est beaucoup plus facile de donner que de recevoir. C'est plus facile d'aider que de demander de l'aide.

Pourtant, il est impossible d'aimer vraiment si nous n'acceptons pas pleinement d'être aimés.

Bien sûr, il faut s'aimer d'abord. C'est le principe des vases communicants.

Quelle quantité d'amour acceptons-nous de laisser entrer dans notre vie ? C'est un bon indice de ce que nous croyons mériter et de notre estime de nous-mêmes. Sommes-nous prêts pour plus ?

ÊTRE OUVERTS AUX CHANGEMENTS

Si nous voulons que notre vie s'améliore, nous devons accueillir le changement. J'entends souvent des gens dire qu'ils sont ouverts aux changements et pourtant, dès qu'il y a un détour sur la route pour se rendre à leur travail, ils pestent contre ce changement de trajet !

Pourtant, c'est souvent sur ce détour qu'ils découvriront les plus beaux paysages, ceux qu'ils n'auraient jamais vus s'ils avaient emprunté la route habituelle.

Parfois, le détour dure plus longtemps pour nous permettre de découvrir davantage de paysages, de rencontrer de nouvelles personnes et souvent de nous découvrir nous-mêmes.

La destination demeure la même. Seul l'itinéraire change, alors pourquoi nous en faire ?

Si nous n'entreprenons pas nous-mêmes le changement dans notre vie, c'est la Vie qui nous initiera à ces changements !

Osons emprunter une nouvelle route aujourd'hui, juste pour faire changement, juste pour voir les surprises que la Vie nous réserve !

L'ATTACHEMENT ET LE DÉTACHEMENT

L'attachement se manifeste de plusieurs façons. Nous aimons nos amis/es et les liens qui nous unissent. Nous sommes bien dans notre maison et nous y sommes attachés. Nous apprécions notre emploi et nous voulons le garder. Nous aimons notre conjoint/e et nous voulons poursuivre notre vie avec cette personne. Nous avons un lien profond avec nos enfants. Nous avons des habitudes auxquelles nous tenons, des biens matériels et des activités.

Souvent, le lien d'attachement à ces personnes et à ces choses est tellement fort que nous sommes prêts à bien des sacrifices pour le préserver. Nous renions souvent nos besoins profonds pour maintenir le statu quo, pour ne pas déplaire et ne pas changer de routine. Nous essayons de répondre aux attentes des autres et nous oublions les nôtres.

Puis, un jour, chacune de ces choses et probablement chacune de ces personnes quittera notre vie. Il y aura inévitablement des pertes, des deuils, des départs et des adieux.

Le travail à faire sur soi est de se libérer de ces attaches.

Il ne s'agit pas de tout balancer par-dessus bord, mais d'apprécier chacun de ces moments que nous aimons, sans en être dépendants parce que nous sommes conscients que tout passe, que tout change et qu'un jour, il faudra renoncer à ces choses et à ces relations.

Soyons prêts à renoncer à tout, sauf à nous-mêmes.

Arrêtons de faire l'inverse.

PRENDRE SOIN

Pour plusieurs d'entre nous, c'est difficile de trouver l'équilibre entre prendre soin des autres et prendre soin de soi. Nous avons souvent l'impression que si nous nous choisissons, ça signifie que nous abandonnons les autres.

Lorsque la peur de se choisir ressemble à la peur de l'inconnu, c'est signe que ça fait déjà trop longtemps que nous nous abandonnons.

Parfois même, beaucoup de nos « oui » aux autres impliquent un « non » à nous-mêmes.

Pourtant, comme les masques à oxygène dans les avions, nous devons d'abord nous dire oui à nous-mêmes et nous choisir en premier, avant de prendre soin des autres.

Nous ne sommes pas ici pour nous « sacrifier » pour les autres. Nous sommes ici pour apprendre à nous aimer d'abord et mieux aimer les autres ensuite.

Faisons en sorte que nos choix tiennent compte de nos besoins profonds avant toute autre chose.

Choisissons-nous !

LAISSER LES AUTRES FAIRE LEURS ERREURS

Une des plus grandes preuves d'amour que nous puissions avoir envers autrui, c'est de le laisser faire ses propres erreurs, apprendre ses propres leçons et subir les inconvénients d'une vie qui ne lui convient pas.

Bien des gens se décident à changer seulement quand ils touchent le fond.

Notre amour inconditionnel peut alors les aider à se relever et à ramasser leurs morceaux, mais le changement permanent vient de l'intérieur de chacun et nous ne pouvons pas le leur donner.

Aimons-les suffisamment pour les laisser faire leurs propres apprentissages, même si nous sommes déjà passés par là. Notre leçon n'est pas nécessairement la leur.

Chacun a besoin de ses propres jalons pour avancer sur son propre chemin. Laissons-les poser eux-mêmes les marches de leur évolution personnelle.

NOS LIMITES

Les plus grands obstacles à notre liberté ne sont pas les autres qui tentent de la réduire. Ce sont nos propres limites, nos croyances et nos peurs que nous mettons en travers de notre chemin.

La liberté ne s'acquiert pas dans le statu quo. Elle se développe lorsque nous osons enfin faire des choses que nous n'avons jamais faites et lorsque nous sortons des sentiers battus.

Au fond, nous réalisons que la vraie liberté est l'absence de peur, comme celles de se tromper, d'être ridiculisés, de faire des changements, de blesser ceux que nous aimons, de s'affirmer ou d'exprimer ses besoins.

Si nous creusons plus loin, nous pourrions même dire que la liberté, c'est de ressentir encore ces peurs, mais d'avoir le courage d'agir quand même. C'est agir même si nous savons que nous pouvons nous tromper et avoir l'air ridicules. C'est oser faire les changements qui nous rendent plus heureux, nous affirmer avec courage et exprimer enfin nos besoins.

Nous pouvons avoir peur de blesser ceux que nous aimons, mais tout en nous aimant encore davantage pour oser nous exprimer, nous respecter, nous tenir debout, prendre notre place et aimer les autres quand même.

S'ASSUMER

Mentir, trouver des excuses, faire de l'évitement ou nier, rien de tout ça ne change la réalité. Jouer avec les mots ou jouer avec les silences ne nous redonnera pas notre virginité.

Assumons nos actes et nos sentiments !

Si ce que nous nous apprêtons à faire nécessite un mensonge, aimons-nous assez pour ne pas le faire !

Si nous aimons quelqu'un ou si nous ne l'aimons plus, disons-le.

Ne laissons pas l'autre deviner ou s'inquiéter. Au nom de l'Amour, disons la vérité !

Le seul ingrédient pour sauver la face est de dire la vérité !

La seule façon de dire les vraies choses difficiles est de les dire avec tout l'amour que nous portons en nous, en prenant garde que la personne visée ne se sente pas diminuée après notre rencontre et en accueillant sa réaction, quelle qu'elle soit, avec compassion et tendresse. Ayons comme seule préoccupation et pour seul objectif de lui dire ces choses difficiles pour l'aider dans son évolution et non pour satisfaire notre orgueil.

Nous pouvons tout dire avec amour, si ce que nous disons sert le bien de l'autre.

LE TSUNAMI

La Vie nous permet parfois de faire certains changements, à notre rythme, le temps que nous soyons prêts à les faire.

En d'autres temps, elle nous envoie un tsunami, une vague de fond qui ramasse tout sur son passage et nous enlève presque tous nos points de repère.

Elle agit ainsi lorsque ces changements sont essentiels pour notre évolution et que nous tardons à les faire, parce que nous croyons faussement que nous n'avons pas le courage de les faire. Elle ne nous donne alors pas le choix.

Lorsque c'est le cas, si un tsunami nous renverse, soyons reconnaissants et sachons que ce moment est charnière dans notre vie. Il nettoie tout ce qui n'a plus sa raison d'être, fait table rase de nos vieilles peurs et nous laisse une nouvelle ardoise vierge pour que nous réinventions notre vie en harmonie avec ce que nous sommes devenus.

C'est une deuxième vie, en quelque sorte, avec des choix nouveaux pour le bien de notre âme.

À ce moment-là, la Vie met sur notre nouvelle route des petits anges qui nous accompagnent afin que nous avancions avec confiance.

L'ÉLAN

Nous le sentons tous au fond de nous lorsque nous devons changer quelque chose dans notre vie.

Pourtant, plusieurs font la sourde oreille à ce cri du cœur qui invite à un nouveau défi, à davantage de paix et d'opportunités d'être heureux.

La peur de se tromper, de perdre quelque chose ou de devoir faire des efforts difficiles d'adaptation les retient, parfois pour leur donner le temps d'être prêts, mais souvent pour les camper dans un état de stagnation étouffante.

La peur de se tromper nous empêche souvent d'agir. Pourtant, quelles certitudes avons-nous vraiment de quoi que ce soit ? Nous ne sommes plus heureux dans notre emploi, mais nous avons peur de changer à cause des « bonnes conditions » de travail ? La Vie se charge d'introduire des coupures de postes pour nous pousser à agir.

Nous sommes malheureux dans une relation, mais nous croyons ne pas pouvoir en sortir ? La Vie se charge de mettre quelqu'un d'autre sur notre route ou celle de notre conjoint/e.

Nous avons peur de faire un choix pour une meilleure qualité de vie personnelle ? La Vie nous oblige à le faire en nous amenant de nouvelles conditions de santé qui ne nous laissent pas le choix de prendre soin de nous.

Il est impossible de nous tromper en suivant ses élans. Au pire, nous vivons une expérience enrichissante. Au mieux, nous sommes plus heureux !

NOTRE ESTIME

Ce que nous vivons dans les différentes sphères de notre vie est directement proportionnel à l'estime que nous avons de nous-mêmes dans ces différentes sphères.

Si nous réussissons en affaires, mais que nous sommes malheureux en amour, c'est que nous croyons en nos capacités professionnelles, mais nous sentons peut-être indignes d'amour.

Si nous sommes heureux dans notre vie personnelle, mais que nous manquons d'argent, c'est que nous sommes convaincus de trouver le bonheur dans notre couple, mais croyons être nés pour un petit pain ou doutons de nos possibilités de vivre dans l'abondance.

Nous voulons que ça change ? Soyons à l'écoute de nos discours intérieurs sur les différents aspects de notre vie et regardons attentivement ce que nous vivons dans chacun d'eux.

Là où nous vivons dans le manque, c'est sur cet aspect de NOUS qu'il faut travailler.

Ce sont nos croyances qu'il faut d'abord changer.

L'abondance dans notre vie est le reflet exact de ce que nous croyons mériter sous chacun de ces aspects.

Changeons notre croyance et ce que nous vivons changera.

LA VIE

Nous voulons tous une vie heureuse, sans problèmes et sans souffrances.

Pourtant, c'est nous-mêmes qui créons la majorité des problèmes que nous rencontrons.

Nous ne le faisons pas intentionnellement, mais nous sommes trop souvent esclaves de nos émotions, comme la colère, la haine, la jalousie, la peur et les autres interprétations erronées que nous faisons des gens et des événements.

Nous croyons faussement qu'une vie heureuse est une vie sans problèmes et sans souffrances.

Pourtant, ceux-ci font partie de la Vie au même titre que la joie et les petits bonheurs. Les uns ne vont pas sans les autres. Alors, pourquoi résister aux événements qui surviennent?

La Vie est une suite de joies et de peines. Est-ce déprimant? Non, c'est la réalité! Plus tôt dans la vie nous acceptons ce fait, plus tôt nous devenons sereins face aux événements de la Vie.

Le Bonheur n'arrive pas soudainement dans notre vie. Il se construit à chaque instant par nos pensées et nos réactions. Rien n'est permanent. Tout passe.

Apprécions alors les joies et apprenons des difficultés. Construisons ainsi notre bonheur.

FAIRE FACE

Pour plusieurs, éviter de nommer une chose ou ne pas parler d'une situation leur permet d'entretenir l'illusion que cette chose ou cette situation n'existe pas. Ce peut être l'infidélité d'un conjoint, le mensonge d'un ami, la consommation d'un adolescent, l'alcoolisme d'un parent, le harcèlement au travail, les difficultés financières, les problèmes de couple ou la manipulation dans une relation. Pour ces personnes, si elles ne nomment pas la situation, elles peuvent continuer comme si ça n'existait pas !

Pourtant, rien ne peut être réparé sans d'abord être nommé clairement.

Le premier principe de résolution d'un problème est de l'identifier et d'avoir le courage de le nommer, de le dire, d'aborder la situation et d'en parler franchement.

« Ce que tu fuis te suit. Ce à quoi tu fais face s'efface ».

Vivons-nous quelque chose qui nous rend inconfortables et malheureux ? Alors, aimons-nous assez pour aborder franchement la situation. Parlons-en !

Croyons-nous qu'il se passe quelque chose sans en avoir la certitude ? Posons des questions !

Rien ne peut être amélioré sans d'abord être regardé en face.

LA TENDRESSE

La tendresse est un don de soi sincère et sans attente.

La tendresse est le hall d'entrée de l'amour. C'est aussi l'amour sous l'une de ses plus belles formes.

Lorsque nous sommes capables de tendresse, nous ne pouvons pas être égoïstes.

La tendresse est une épaule consolatrice offerte à un ami.

C'est une écoute attentive accordée à une personne en difficulté.

C'est une main tendue à quelqu'un qui peine à se relever.

C'est une caresse dans la douceur et le respect, un geste discret et pourtant plein d'amour.

Curieusement, les plus belles marques de tendresse se font dans le silence.

Ayons des gestes de tendresse envers les personnes que la Vie mettra sur notre chemin aujourd'hui.

Avoir de la tendresse pour les autres c'est aussi en avoir pour soi.

Il est impossible d'offrir de la tendresse sans être soi-même dans la tendresse.

LES MENTEURS

Évidemment, il nous arrive à tous de rencontrer des gens malhonnêtes ou menteurs. Ça fait partie de la vie.

Cependant, s'il semble que nous rencontrons constamment ce type de personne, au point où nous croyons que le monde est menteur et malhonnête, il est temps de regarder où nous manquons de franchise et d'honnêteté envers nous-mêmes.

Peut-être faisons-nous semblant de croire que notre vie nous satisfait, alors que ce n'est pas le cas. Peut-être entretenons-nous l'illusion que nous réaliserons bientôt notre rêve alors que nous ne faisons rien pour y arriver. Peut-être nous nourrissons-nous de tous ces petits mensonges que nous croyons sans conséquence et qui abreuvent notre quotidien.

Les autres sont notre reflet. Si nous croyons être entourés de gens malhonnêtes, ça ne veut pas nécessairement dire que nous le sommes envers les autres, mais nous le sommes probablement envers nous-mêmes.

Si nous travaillons cet aspect, la plupart des gens menteurs et malhonnêtes quitteront de notre vie.

L'HONNÊTETÉ

C'est fascinant de constater à quel point tout le monde considère l'honnêteté comme l'une des qualités essentielles, mais combien peu de gens sont prêts à entendre la vérité.

Si l'on nous demande plus d'explications à propos d'une de nos décisions ou d'une situation donnée, mais que l'autre personne est sur la défensive, qu'elle argumente, trouve toutes sortes d'excuses, ou cherche à nous culpabiliser, sachons qu'elle n'est pas prête à entendre la vérité.

À ce moment-là, il vaut mieux se taire et, si nous le pouvons, l'envelopper d'amour.

Ne perdons pas de temps à argumenter. Cela ne nous mènera qu'à la frustration et au conflit. Acceptons que cette personne ne sera peut-être jamais prête à entendre la vérité.

Voyons-y plutôt un indice qu'il existe encore en nous, quelque part, une zone qui peut avoir de la difficulté à entendre notre propre vérité.

Si nous l'identifions, alors nous aurons fait un pas important pour nous, malgré la déception de ne pas avoir été entendus complètement par l'autre personne.

LA SOUFFRANCE

Lorsque nous avons une leçon importante à apprendre pour notre évolution, la Vie nous fait vivre une série d'événements pour nous enseigner cette fameuse leçon.

Parfois, nous ne voyons pas tout de suite ce qu'il y a à comprendre. Nous résistons, nous voulons maintenir le statu quo, nous ne voulons pas perdre et nous ne voulons pas apprendre la leçon ni changer. Plus nous résistons, plus ces événements font mal, plus ils se multiplient et plus ils se produisent de façon rapprochée dans le temps, jusqu'à ce que la souffrance nous inonde.

Pourtant, il faudra bien un jour en venir à l'évidence que nous ne gagnerons pas cette bataille, que la Vie est plus forte que nous et que nous devrons enfin apprendre la leçon. C'est ça le lâcher-prise. Il y a de nombreux deuils dans ce lâcher-prise, certains beaucoup plus douloureux que d'autres, mais ils sont tous nécessaires. Tous ces deuils servent notre évolution.

La sagesse et la souffrance vont de pair, mais ce n'est que dans le dictionnaire que la sagesse vient avant la souffrance ! La sagesse est issue de souffrances vécues dont nous avons retenu la leçon.

La souffrance fait partie de la Vie. Elle est inutile si nous n'y apprenons rien et alors elle se répète, mais elle est essentielle pour développer notre compassion et nous devenons alors un peu plus sages.

NOS RÊVES

Malgré tous nos efforts, certains de nos rêves ne prennent pas le chemin que nous avions choisi, comme s'ils avaient leur personnalité propre et leur chemin bien à eux.

Dans les leçons que nous avons à comprendre, nous devons parfois accepter que ce rêve que nous chérissons depuis longtemps ne se réalisera pas comme prévu, soit parce que nous avons changé et nous avons oublié de mettre notre rêve à jour, soit parce que le moment n'est pas venu, ou encore parce qu'un rêve plus beau nécessite toute notre attention.

Peut-être aussi que la Vie nous protège de certains écueils de souffrance ou peut-être avons-nous appris tout ce que nous devions apprendre par les efforts consentis à sa réalisation, même si elle demeure incomplète.

Le trajet est souvent plus riche d'enseignements que la destination! Dans tous les cas, si ce rêve ne se réalise pas totalement maintenant, c'est TOUJOURS parce que c'est mieux ainsi pour nous.

Comprendre les signaux que la Vie nous envoie ne signifie pas que nous abandonnons. Il y a une différence entre persévérer et s'entêter. Il faut alors réaligner, modifier, attendre ou renoncer.

Certains renoncements sont nécessaires simplement parce qu'ils laissent la place à des rêves encore plus beaux et plus grands.

Puisque nous évoluons, nos rêves aussi doivent évoluer.

DÉVELOPPER LE MUSCLE DU COURAGE

Plusieurs d'entre nous savent quel est le prochain pas à faire dans notre vie, mais peu le font. Nous passons tellement de temps à y penser que nous restons souvent immobiles.

Beaucoup attendent d'être sûrs que tout soit parfait avant de bouger, mais dans la Vie, rien n'est sûr. La Vie est un acte de foi. Attendre que tout soit parfaitement tel que nous le voulons est utopique et inutile.

Ayons le courage de faire face à l'inconnu en sachant que notre intuition et notre cœur nous guident toujours à la bonne place et qu'ils connaissent le chemin mieux que nous. Si nous nous enlevons du chemin, le chemin va apparaître !

Chaque fois que nous osons faire un pas dans l'inconnu, même s'il nous semble qu'il n'y a plus de plancher sous nos pieds, nous sommes toujours supportés par la Vie.

Chaque jour, faisons un nouveau pas afin d'étirer un peu plus notre zone de confort. C'est comme au yoga : au départ, chaque mouvement d'étirement est inconfortable, mais peu à peu, nous devenons plus souples et nos muscles plus forts.

Faire quotidiennement un petit pas de plus en dehors de notre zone de confort, un petit étirement de plus, nous permet de développer le merveilleux muscle du courage. Et ce courage qui nous permet de faire le prochain pas.

LA COMMUNICATION

Combien de relations d'amour, d'amitié et d'affaires sont sacrifiées à cause de notre peur de communiquer ?

Combien de non-dits laissons-nous entrer dans la relation, sachant pourtant très bien que chaque non-dit porte en lui le germe de la rupture ? Pourquoi avons-nous si peur de parler, de clarifier, de poser les bonnes questions, d'entendre la vérité et d'ajuster nos compréhensions mutuelles ? Quel dommage d'attendre le point de non-retour pour se dire enfin ce que nous accumulons depuis des mois, voire des années !

Certaines choses sont difficiles à dire, car nous avons peur de perdre la relation si nous en parlons. Parler et écouter sont des preuves d'amour, même quand le message est difficile. Il y a un monde de différence entre se taire pour écouter et se taire par peur de parler.

Pourtant, lorsque nous osons ENFIN dire les vraies choses, nous nous apercevons que l'amour véritable, la vraie amitié et une relation authentique sont faits pour survivre à la vérité, alors qu'ils meurent la plupart du temps avec les non-dits.

C'est en ayant le courage de dire les vraies choses que nous saurons si la relation que nous voulons préserver est authentique. C'est en nous taisant que nous l'asphyxierons petit à petit.

Tenons-nous à cette relation ? Osons parler. Aimons-nous assez pour dire les « vraies affaires », même les choses difficiles.

Si cette relation ne survit pas à la vérité, c'est qu'elle n'était pas authentique et qu'elle devait s'éteindre de toute façon.

LES TEMPÊTES

Lorsque la vie nous semble difficile et que les coups durs semblent arriver de partout à la fois et se succéder à une vitesse vertigineuse, qu'y a-t-il d'autre à faire que d'attendre que la tempête se calme, en faisant son mieux pour rester debout ?

Lors de tempêtes en mer, il ne viendrait pas à l'esprit du marin de tenter de contrôler la force des vents ni la hauteur des vagues. Il se concentre à garder son bateau à flot et en équilibre entre les soubresauts de la mer, souvent face au vent pour ne pas chavirer. Rien n'est plus important pour lui que de rester vivant.

Dans nos périodes de bouleversements, il vaut mieux nous concentrer à garder la tête hors de l'eau et préserver notre équilibre fragile, en mettant de côté ce qui est moins important et en mettant toute notre énergie à traverser nos zones de turbulences avec le moins de dommages possibles.

LA TRAHISON

De toutes les souffrances qu'un être humain puisse vivre, la trahison est sans doute celle qui laissent les cicatrices les plus profondes. Il y a la désillusion totale, la perte de confiance, la fin d'une relation, le deuil des rêves et des projets que nous avions, l'impact négatif sur l'estime de soi, les remises en question, la peine et la colère en alternance. Comment faire à nouveau confiance à soi-même et aux autres après une trahison ?

Pourtant, tout est parfait, même la trahison ! Ce n'est pas notre âme qui souffre, c'est notre ego ! Notre ego avait des attentes, des exigences et se croyait meilleur. Il se voyait déjà grand et se croyait en contrôle. C'est celui-là même qui veut aujourd'hui que nous nous refermions, que nous ne fassions plus confiance aux autres et que nous durcissions notre regard et notre cœur pour ne plus souffrir. Notre ego se complaît dans le rôle de victime, dans la déception du passé et la peur de l'avenir.

C'est un grand exercice d'humilité pour notre ego et l'humilité rapproche l'ego de notre cœur. Si nous acceptons que tout est parfait, si nous sentons que notre âme est intacte et si nous savons tirer les enseignements de cette expérience, alors la souffrance diminue et peut même disparaître. Notre ego est alors ramené à des proportions plus humbles.

Guérir de cette blessure ne veut pas dire que la trahison n'a jamais eu lieu. Guérir veut dire qu'elle ne contrôle plus notre vie. Avoir confiance que TOUT arrive pour notre plus grand bien nous permet de voir les déceptions et les trahisons d'un autre œil. Il vaut mieux revenir à un état d'amour plutôt que de rester dans un état de souffrance.

Nous sommes plus près du bonheur en choisissant d'aimer qu'en gardant de la rancune.

QUESTIONS IMPORTANTES

Beaucoup de gens semblent à la croisée des chemins dans leur vie. Plusieurs connaissent de grandes souffrances, certains ont des décisions importantes et difficiles à prendre, alors que d'autres savent qu'ils doivent apporter des changements à leur vie, mais ignorent par où commencer.

Si nous vivons l'une ou l'autre de ces situations, ou encore toutes celles-ci simultanément, le chemin devant peut nous sembler flou, incertain ou même invisible.

Si, aujourd'hui, nous vivions notre dernier jour sur terre, quel bilan tirerions-nous de notre vie ?

De quoi sommes-nous fiers ? Quels regrets avons-nous ?

À quoi aurions-nous aimé consacrer plus de temps ? Qu'aurions-nous éliminé plus rapidement de notre vie ?

Que souhaiterions-nous laisser comme trace ? Comment voudrions-nous qu'on se souvienne de nous ?

Qu'aurions-nous aimé changer ou guérir plus tôt dans notre vie ?

Toutes les réponses à ces questions fondamentales nous indiquent clairement le prochain pas à faire dès maintenant. Nous n'avons pas besoin d'attendre la fin de notre vie pour en faire le bilan. Nous pouvons le faire chaque fois que c'est nécessaire.

Nous renaissons souvent au cours de notre vie. À nous d'en choisir la direction.

VIVRE!

Nous traînons souvent, et parfois même trop longtemps, de vieilles blessures, des traumatismes du passé, des rancunes usées et des peurs construites sur nos anciennes limites. Nous voudrions nous en défaire, mais c'est souvent tout ce que nous connaissons et nous imaginons mal comment vivre autrement.

Nous sommes comme le poussin dans l'œuf, recroquevillé, inconfortable et arborant un faux sentiment de sécurité grâce à sa coquille, pourtant devenue trop petite pour lui. Puis un jour, nous étouffons à force de nous sentir à l'étroit. Nous tournons en rond et nous ne pouvons plus grandir puisque notre coquille nous limite et nous maintient dans un état d'immobilité qui ne nous sert plus, mais qui nous serre de plus en plus.

Ce jour-là, nous donnons un premier coup de bec à notre coquille pour la fendiller. Nous décidons d'en sortir. Nous décidons de VIVRE! Chaque coup de bec suivant, la coquille se fendille un peu plus et déjà, nous ne pouvons plus revenir en arrière. Le chemin de la guérison est enfin amorcé.

Dès lors, la Vie entend notre appel à l'aide et travaille en notre faveur. Elle met sur notre chemin les bonnes personnes et les situations qui contribueront à nous libérer de nos débris du passé.

Une fois libérés de notre coquille, c'est une toute nouvelle Vie qui nous attend.

Celle que nous choisissons, pour nous.

LES PASSAGES DIFFICILES

La plupart des passages difficiles dans notre vie semblent longs. Certains nous semblent même interminables.

Pourtant, tout passe et tout a une fin. Plus le passage est difficile, plus le cadeau est grand au bout de celui-ci.

L'important, c'est de tenir bon, d'entretenir du mieux que nous pouvons cette toute petite lueur d'espoir qu'un jour tout ira mieux. Cette petite lumière, même vacillante, éclaire notre route. Évitons de souffler dessus, car il faut la préserver précieusement, même si parfois, nous avons envie de tout abandonner.

Ne lâchons pas. C'est au moment où nous avons envie de baisser les bras qu'il importe retrousser les manches.

Ceux qui ont déjà traversé le désert comprennent du fond du cœur ceux qui sont en train de le traverser.

S'il y a un seul bénéfice à avoir souffert, c'est d'avoir développé une profonde compassion pour ceux qui souffrent en ce moment. Plus la souffrance fut grande, plus le besoin sincère d'aider ceux qui souffrent se manifestera.

Aucune souffrance ne doit être vécue en vain. Apprenons-y une leçon fondamentale pour nous ou utilisons-la pour accompagner ensuite ceux qui vivent des désastres comparables.

Nous faisons souvent les deux. Transformons notre souffrance en compassion. C'est le plus beau cadeau que nous puissions faire à nous-mêmes et aux autres.

Ce n'est pas nécessaire d'être parfait pour aider les autres. Nous avons juste besoin d'être aimants.

LES JOURNÉES GRISES

Lors de journées grises, il est facile de laisser la déprime et la tristesse prendre trop de place dans notre vie.

Pourtant, si nous laissons ces sentiments nous envahir trop longtemps, ils risquent de devenir chroniques et nous faire perdre notre joie de vivre. D'ailleurs, la tristesse n'est-elle pas un signe que nous préférerions jouer un autre rôle que celui que la Vie nous a assigné pour l'instant ?

Il peut être sain de se permettre un peu de mélancolie de temps à autre, mais évitons d'en faire un mode de vie. L'un des trucs pour sortir de cette grisaille qui nous rend léthargiques est de partir avec son appareil photo ou son téléphone cellulaire et photographier ce qui nous fait du bien au cours de la journée. Ce peut être n'importe quoi, pourvu que nous soyons fiers de la photo que nous prenons. Nous remarquerons vite que nous prenons plaisir à imaginer, chercher et trouver le prochain sujet à capter.

Nous nous concentrons sur la beauté, l'originalité et le « wow ! ». Puis, nous nous apercevons que la déprime a disparu !

Comme toute chose qui nous affecte négativement, le truc pour en sortir est de faire quelque chose complètement à l'extérieur du problème, afin de se concentrer sur du positif plutôt que sur le problème. J'appelle ça la solution hors zone. Il faut sortir de la situation problématique par une autre voie que celle par laquelle nous y sommes entrés. Ça fonctionne !

LES ENFANTS

Nos proches, et surtout nos enfants, appuient souvent sur nos boutons et nous font vivre toutes sortes d'émotions.

Ils nous renvoient constamment le reflet de choses que nous n'acceptons pas de nous-mêmes et nos conflits perdurent jusqu'à ce que nous comprenions ce que nous devons changer.

Leur besoin de liberté est d'autant plus fort que nous avons besoin de laisser tomber notre besoin de contrôler.

Leur besoin d'avoir raison est mis en cause face à notre certitude d'avoir toujours raison.

Leur besoin de s'affirmer nous ramène à notre besoin de respecter et de nous faire respecter.

Leur besoin d'intimité nous rappelle qu'il est grandement temps de nous occuper de la nôtre.

Leur nonchalance nous indique que nous prenons peut-être la Vie trop au sérieux.

Bref, malgré les tensions — ou grâce à elles — nous devons être assez ouverts d'esprit pour apprendre ce que nos jeunes sont là pour nous enseigner.

NOTRE COFFRE À OUTILS

Nous naissons tous avec un coffre à outils de base : nos qualités, nos talents et nos dons.

À mesure que nous avançons dans la vie, nous y ajoutons de nouveaux outils, de nouvelles qualités et de nouvelles aptitudes. Nous apprenons chaque jour à nous servir de mieux en mieux des outils que nous avons et de ceux que nous acquérons. Nous remplissons parfois notre boîte à outils avec des instruments qui ne nous servent pas ou qui nous ont été offerts en cadeau, mais dont nous n'avons pas vraiment besoin, puisque c'était leur outil.

Il y reste souvent des comportements que nous avons acquis lorsque nous étions petits pour nous protéger, mais dont nous n'avons plus besoin maintenant. Il y a des habitudes que nous y gardons alors qu'elles nous nuisent. Il s'y trouve de vieux outils brisés et rouillés, mais que nous n'osons pas jeter, au cas où.

Faisons le ménage de notre coffre à outils de temps en temps. Qu'avons-nous vraiment besoin de garder dans notre vie ? De quoi devrions-nous nous débarrasser ? De quelles attitudes, qualités et connaissances avons-nous besoin pour aller plus loin ?

Regardons au fond de notre coffre. Sortons de nos réflexes habituels et allons puiser au fond de notre cœur. Il s'y trouve des trésors incomparables dont nous sommes l'unique porteur.

C'est ceux-là qu'il nous faut utiliser dans la construction de notre bonheur. Ce sont nos dons, nos talents, nos qualités intrinsèques et notre mission de vie.

Nous avons tous un merveilleux coffre à outils, qui nous est unique. Utilisons-le !

NOTRE POTENTIEL

Nous portons tous en nous un potentiel immense, mais que peu d'entre nous utilisent !

En effet, c'est fascinant de constater à quel point nous restons en périphérie de notre potentiel et de notre Vie.

Tous les jours, nous rencontrons des gens qui croient ne pas être capables de changer certains comportements alors qu'ils le veulent ou d'apprendre un nouveau travail et de nouvelles connaissances, alors que cela s'inscrirait souvent directement dans leur ligne de Vie.

Nous croyons à tort que ce que nous sommes actuellement, c'est nous avec un potentiel presque pleinement développé, alors que nous utilisons souvent aussi peu que dix ou vingt pour cent de notre potentiel.

Nous devons continuer d'accroître ce que nous croyons être nos limites, car il y a très peu de chances que nous les atteignons dans cette vie-ci !

Nous sommes tellement plus grands que ce que nous croyons être.

Osons ! Aujourd'hui et chaque jour, donnons-nous le défi de pousser un peu plus loin au moins l'une des limites que nous nous sommes imposées.

Puisons dans notre réservoir immense de potentialités.

Laissons briller notre lumière !

NOTRE SYMPHONIE

Dans la symphonie de notre vie, tous ceux qui nous entourent jouent leur partition et leur instrument, tout comme nous jouons notre partition dans la leur.

Au début, nous entendons tout le monde s'accorder et chercher le ton juste. Nous cherchons tous à apprendre notre partition. Puis, les musiciens se mettent à jouer dans notre orchestre. Ceux qui sonnent faux seront exclus de notre pièce, tout comme ceux qui prétendent jouer, mais qui trouvent toutes sortes d'excuses pour ne pas collaborer.

Certains ont des talents extraordinaires et nous les plaçons en avant. D'autres ont des talents plus modestes, mais leur apport est essentiel pour que le tout soit harmonieux.

Dans tous les cas, il s'agit de NOTRE vie, alors c'est NOUS le chef d'orchestre. C'est la partition que nous choisissons de jouer à ce moment-ci et chaque musicien que nous décidons de garder dans notre vie s'accorde harmonieusement avec ce que nous voulons comme musique et avec les autres musiciens.

Ne laissons personne prendre notre place de chef d'orchestre dans notre vie. Ne laissons personne rompre l'harmonie de notre symphonie.

Assumons notre rôle pour que notre œuvre soit la plus belle de toutes.

C'est notre symphonie !

QUAND C'EST FINI

Nous accordons parfois trop de place et trop d'importance à certaines personnes qui ne méritent pas d'être dans notre vie. Leur vision de nous-mêmes ne reconnaît pas notre valeur. Nous pensons qu'en faisant beaucoup et en étant complètement « aimant », nous arriverons à leur faire changer leur perception de nous et enfin reconnaître notre valeur.

Nous nous entêtons parfois à vouloir sauver à tout prix une relation d'amour, d'amitié ou d'affaires qui s'est étiolée ou qui est devenue néfaste pour nous. Souvent, nous ne nous apercevons pas que nous sommes seuls à ramer pour garder le bateau à flot et pour sauver ce semblant de relation, alors que l'autre a peut-être déjà quitté le navire, du moins en pensée.

C'est notre résistance à accepter la réalité qui crée notre souffrance. Nous voulons maintenir ce qui « a été » et nous refusons de voir ce qui « est ». Pour sauver une relation, il faut être deux à le vouloir. Lorsque nous n'utilisons qu'une seule rame pour ramer, il y a de fortes chances que le bateau tourne en rond et que nous nous épuisions.

Il vaut parfois mieux sortir de la relation et poursuivre son chemin plutôt que d'être la seule personne à vouloir réparer ce qui est brisé.

Certaines personnes ne sont tout simplement pas faites pour rester dans notre vie. Il faut savoir reconnaître le moment où leur passage près de nous se termine. L'un des signes de la fin de ce passage, c'est le manque de respect.

Ne tolérons pas le manque de respect envers nous de la part de qui que ce soit et surtout pas de notre part.

LA SÉCURITÉ

Nous résistons aux changements pour tant de mauvaises raisons.

Nous regardons trop ce que nous semblons perdre et pas assez ce que nous allons gagner. Nous avons peur de prendre une mauvaise décision alors qu'il n'y a pas de mauvaises solutions, il n'y a que des détours. Nous sommes découragés par l'ampleur des efforts à faire face au problème, alors que nous devrions nous concentrer sur le prochain pas à faire. Nous avons peur de faire de la peine aux autres alors que nous nous en faisons déjà à nous en ne nous respectant pas et aux autres en n'étant pas authentiques avec eux.

Nous croyons manquer de courage, alors que c'est d'amour dont nous devons faire preuve. Nous craignons de ne pas réussir, alors que l'échec est aussi important que la réussite dans notre vie.

La « sécurité » est notre pire ennemi. C'est un faux sentiment abondamment nourri par nos peurs. C'est aussi une forme de complaisance malsaine qui nous porte à tolérer un emploi ennuyant, mais permanent, un amour éteint, mais familier, des situations et des relations qui nous ennuient ou nous écrasent, mais qui font partie du connu et nous apportent un faux sentiment de sécurité.

La sécurité, c'est ce qui nous empêche d'avancer, d'évoluer et surtout, d'être heureux.

Osons ! Fonçons ! La sécurité n'existe pas ! C'est une illusion ! Agissons comme si nous n'avions pas peur ! Aimons-nous assez pour suivre notre élan intérieur.

C'est seulement dans le changement que tout peut s'améliorer !

LES ÉTAPES

Dans cette période de changements accélérés que nous vivons actuellement, il arrive que certaines décisions ne semblent pas nécessairement les plus optimales pour nous.

Ces décisions « d'étapes » sont quand même nécessaires pour nous permettre de faire le prochain choix de manière plus éclairée. Rappelons-nous qu'il n'y a pas de mauvaises décisions, il n'y a que des détours ou des chemins intermédiaires afin que nous apprenions ce qui nous manquait pour prendre une meilleure décision la prochaine fois.

Il ne faut pas se culpabiliser en croyant nous être trompés. Il faut remercier le processus qui nous permet d'apprendre à notre rythme.

Surtout, il faut avoir la sagesse de reconnaître que cette décision n'est pas ou n'est plus celle qui nous convient et que nous pouvons changer d'idées, de trajet et de choix en tout temps.

Ne restons pas pris dans un choix qui ne sert pas notre plus grand bien. Sachons le reconnaître pour passer à autre chose.

Aucune décision n'est définitive. Nous avons toujours le choix d'améliorer notre vie.

CRÉER DE LA MAGIE

Et si aujourd'hui, au lieu de vouloir que tout soit parfait, nous créions un peu de magie pour soi et pour les autres ?

Nous sommes le magicien de notre vie et nous pouvons créer de la magie dans la vie des autres. Nous mettons tant d'efforts à tout préparer comme il faut, à organiser un dîner comme si notre vie en dépendait, à exiger que les autres fassent comme nous leur demandons, à vouloir tout contrôler et à mettre toute notre énergie pour que les choses — et parfois aussi les gens — soient exactement comme nous le voudrions.

Si, à la place de ce besoin inutile de contrôle, nous mettions nos efforts à créer de la magie dans nos actions et dans nos relations ? À poser le petit geste qui fait toute la différence ? À offrir un sourire gratuit ou écrire un petit mot plein de reconnaissance et d'amour ? À organiser des chasses au trésor plutôt qu'à trouver le cadeau parfait ?

Si au lieu de conversations superficielles, nous apprenions à mieux connaître les gens que nous croyons connaître depuis longtemps, avec des questions différentes, une écoute différente et une ambiance spontanée plutôt que sans imprévus ? Que croyons-nous que les autres vont retenir : la propreté de notre maison, le repas, les cadeaux ou la magie du moment, le plaisir, la folie des fous rires et l'amour partagé ?

Nos plus beaux souvenirs sont davantage reliés à un moment magique qu'à un objet quelconque !

Créons de la magie dans notre vie !

ÊTRE LIBRE

La plupart d'entre nous souhaitent être libres de toute entrave.

Beaucoup souhaitent être libres, ne pas porter de chaînes, ne rien devoir à personne et faire ce qu'il leur plaît. Pourtant, pour préserver cette liberté, plusieurs se mettent d'autres chaînes à leurs chevilles, comme la peur de l'attachement, de l'engagement et de l'intimité, tout ce qui semble porter ombrage à leur liberté. D'autres travaillent avec acharnement pour être financièrement libres, faisant ainsi de la liberté un objectif à long terme plutôt qu'un état d'esprit permanent.

L'exercice de la liberté des autres constitue souvent une menace à la nôtre. Ce peut être la liberté de l'autre de dire non à nos demandes, de sortir de la relation ou de ne pas y entrer, ou de prendre un autre chemin que celui que nous prenons.

La liberté n'exclut pas l'interdépendance envers les autres, elle en fait son alliée. Elle ne pose pas de limites. Elle ouvre des voies. Pour être libre, il faut aimer. Soi-même d'abord, puis les autres et leurs choix. Chacun de nous porte sa propre liberté en lui, mais malheureusement, la plupart d'entre nous l'ont oubliée, façonnés par les conditionnements sociaux et familiaux.

Puisque nous sommes libres d'aimer inconditionnellement, débarrassons-nous des limites contraignantes qui nuisent à notre bonheur.

Plus nous aimons les autres inconditionnellement, plus nous découvrons notre liberté. Il n'y a pas de liberté sans amour et il n'y a pas d'amour sans liberté.

SE DÉFINIR

Ne nous laissons pas définir par le regard des autres. Leurs lunettes ne sont pas ajustées à notre vue.

Ne nous laissons pas définir par le jugement des autres. Ils n'ont pas marché le même parcours que nous.

Ne nous laissons pas détruire par les paroles des autres. Ils parlent davantage d'eux-mêmes que de nous lorsqu'ils nous attaquent.

Ne nous laissons pas non plus être idéalisés par les autres. La chute du piédestal est parfois abrupte.

Nous sommes le maître de notre vie. Soyons bons pour nous-mêmes, mais soyons lucides et justes.

Ne cherchons pas non plus à étiqueter, juger ou définir les autres. Nous avons déjà assez de travail avec nous-mêmes !

Et si aujourd'hui, nous décidions de ne pas juger les autres et de prendre soin de nous ?

LES OPPORTUNITÉS

Parfois, nous ne voulons rien manquer. Nous voulons accepter toutes les offres et saisir toutes les occasions. C'est comme un appétit vorace d'opportunisme qui se disperse dans tous les sens ! Toutefois, ce ne sont pas nécessairement toutes les opportunités qui nous conviennent. Certaines peuvent être là pour nous dévier de notre route et d'autres pour nous tester ou encore pour flatter notre ego. Évidemment, certaines de ces occasions seront aussi profitables pour nous et serviront notre plus grand bien, mais ce n'est pas parce qu'une occasion se présente que nous devons la considérer comme un signe et qu'il faut l'accepter sur-le-champ.

Avant de sauter à pieds joints dans une nouvelle aventure, il est important de s'arrêter et de vérifier si ça résonne en nous. Si nos principales valeurs sont sollicitées et respectées dans ce projet, il est probablement compatible. Si nous ne retrouvons pas nos valeurs prioritaires ou si elles sont reniées et non partagées par notre partenaire, c'est un signe que ce n'est pas une bonne offre pour nous ou pas le bon moment. Si ça dit oui en nous, alors allons-y, mais si ça dit non, il y a de fortes chances que nous gagnions davantage à ne pas nous engager maintenant et à attendre une meilleure occasion.

En ne nous perdant plus dans les détours et en faisant des choix plus judicieux et plus en harmonie avec ce que nous sommes vraiment, nous gagnerons du temps et de l'énergie pour faire les bonnes choses pour nous. Lorsque nous découvrons notre vrai pouvoir sur nos décisions, tout devient tellement plus clair et plus simple et nous avons beaucoup moins besoin de dire oui sans réfléchir à toutes les demandes.

Faire de meilleurs choix en écoutant notre petite voix intérieure, c'est aussi ça s'aimer.

LES PERTES DE TEMPS

Nous nous plaignons presque tous de manquer de temps. Nous manquons de temps pour faire ce que nous aimons, pour prendre soin de nous et des gens que nous aimons, pour nous occuper de quelque chose qui nous tient à cœur, pour réaliser nos rêves ou pour faire du sport.

Nous avons l'impression de courir du matin au soir et nous sommes désespérés d'avoir enfin du temps devant soi.

Pourtant, combien de temps perdons-nous à critiquer, à juger et à nous plaindre ?

Combien de temps perdons-nous à faire des choses inutiles, à s'écraser devant la télévision ou l'ordinateur sans but précis et à s'ennuyer ?

Combien de temps perdons-nous à observer et juger la vie des autres, à colporter des ragots et alimenter des conflits stériles ?

Combien de temps perdons-nous à faire un travail que nous n'aimons pas et à tolérer des relations destructrices ?

Combien de temps perdons-nous à ressasser de vieilles histoires passées et des souvenirs douloureux ?

Combien de temps perdons-nous à craindre le pire, à anticiper l'avenir et nous perdre dans des scénarios qui ne se réaliseront sans doute jamais ?

Si nous courons, mais que nous faisons ce qui nous rend heureux, alors parfait ! Sinon, quelle perte de temps pouvons-nous éliminer ? Si nous pouvions hiérarchiser trois éléments — choses, relations, buts, valeurs — vraiment essentiels dans notre vie, quels seraient-ils ? Combien de temps sommes-nous prêts à consacrer à ces éléments aujourd'hui, aux choses et aux personnes qui comptent le plus pour nous ?

Le temps aussi est un choix qui nous appartient.

LORSQUE NOUS NOUS LAISSONS BLESSER ENCORE

Chaque fois que nous laissons quelqu'un nous blesser encore, nous acceptons que notre cœur soit piétiné à nouveau.

Chaque nouvelle blessure laisse une cicatrice de plus. C'est comme si nous choisissions de continuer d'avoir mal plutôt que de nous choisir et de nous aimer suffisamment pour nous éloigner.

Rien ne nous oblige à tolérer une situation qui nous fait souffrir. Nous ne sommes pas obligés d'attendre d'avoir appris la leçon avant de sortir de cette zone de tempête. Sortons-en d'abord et comprenons ensuite ce que nous avions à comprendre !

Ne laissons personne nous dépouiller de notre bien le plus précieux : notre estime de soi. Relevons la tête, avançons et éloignons-nous de ce qui nous blesse, même s'il nous semble que ce n'est pas si pire que ça en comparaison à d'autres.

L'érosion de notre estime personnelle ne se fait pas toujours dans un geste d'éclat ni en une seule fois. C'est une foule de petits gestes et de commentaires insidieux qui nous détruisent petit à petit et que nous tolérons trop longtemps.

Notre estime de soi, c'est comme notre enfant intérieur. Protégeons-le et prenons-en soin si nous voulons qu'il grandisse et devienne fort !

METTRE SES LIMITES

Mettre ses limites face aux autres est difficile pour beaucoup de personnes. Nous avons peur d'être jugés et de ne pas être aimés. Souvent, nous n'avons pas appris à dire non étant jeunes, mais notre capacité d'être heureux dépend de notre capacité à mettre nos limites. Ce n'est pas en laissant les autres marcher avec leurs bottes sales dans notre maison que nous garderons nos planchers propres ! Ce n'est pas parce que nous avons de la difficulté à dire non que nous sommes en train de dire oui !

Tant que nous n'apprendrons pas à mettre clairement nos limites dès le début de toute relation et tout au long de celle-ci, nous attirerons trop souvent des personnes qui ne pensent qu'à satisfaire leurs propres besoins en nous utilisant et en abusant de notre bonté. Pour éviter de les décevoir, nous chercherons à acheter la paix à tout prix, alors que la paix ne s'achète pas. Notre capacité à mettre nos limites est directement proportionnelle à notre estime de nous-mêmes. Plus nous nous respectons, plus nous aurons de la facilité à mettre nos limites. Si nous rencontrons des gens qui empiètent constamment sur notre territoire ou qui abusent de notre bonté, c'est un signe indéniable que nous devons mettre des limites plus claires.

L'une des choses les plus difficiles, mais aussi des plus importantes que nous ayons à apprendre dans notre vie, est de savoir mettre clairement nos limites et de les faire respecter. Ceux qui refuseront de les respecter ne méritent pas de faire partie de notre vie. Mettre ses limites, ça ne veut pas dire rejeter les autres ou être moins généreux envers eux. Ça signifie cesser de se rejeter et commencer à être plus généreux envers soi-même.

Ce n'est pas de l'égoïsme. C'est de l'estime de soi. Et c'est la base du bonheur.

NOTRE ENFANT INTÉRIEUR

Devant des choix difficiles, si nous demandions à l'enfant que nous étions et que nous portons toujours en nous ce dont il a besoin maintenant, nous saurions toujours quel est le meilleur choix pour nous-mêmes en ce moment.

Nous deviendrions aussi plus conscients que certaines voies que nous empruntons ne sont pas toujours les meilleures pour nous en ce moment, puisqu'elles blessent ce que nous sommes vraiment, notre âme et notre enfant intérieur.

Pour nous aider, nous pouvons observer une photo de nous à 5 ans et voir quelles émotions ressurgissent.

Gardons cette photo bien en vue pendant quelque temps pour nous guider.

Si nous laissions parler l'enfant que nous étions à propos de la vie que nous menons aujourd'hui, sans doute nous révélerait-il ce qu'il porte en lui comme aspirations, besoins et mission.

Quels sages conseils nous offrirait-il ? Que pourrions-nous faire pour qu'il soit fier de nous ?

Écoutons-le. Notre enfant intérieur, c'est la voix de notre âme.

REFOULER SES SENTIMENTS

Pour éviter des conflits, nous gardons trop souvent nos sentiments pour nous-mêmes, mais ce faisant, nous ne rendons service à personne. Nous refoulons quelque chose d'important et l'autre ne sait pas ce que nous vivons.

La relation survit, mais dans un semi-mensonge.

Ne pas exprimer ses sentiments lorsque c'est le temps, c'est aussi une forme de contrôle et de manipulation. Nous tentons de contrôler la réaction de l'autre en contrôlant ce que nous lui disons.

Par exemple, si l'autre demande si nous sommes fâchés et que nous répondons non alors que nous le sommes, c'est que nous essayons de contrôler sa réaction à notre réponse ou nous cherchons à éviter une dispute. Peut-être aussi gardons-nous nos sentiments pour nous afin de ne pas laisser voir à l'autre que nous sommes blessés.

N'empêche que nous ne sommes pas tout à fait honnêtes en agissant ainsi.

Ça ne veut pas dire qu'il faut tout dire froidement, en tout temps et n'importe comment, mais il y a un entre-deux si nous souhaitons des relations authentiques et honnêtes.

Dès que nos sentiments sont clairs et que nous pouvons identifier ce que nous ressentons, nous pouvons utiliser cette petite phrase non menaçante : « j'aimerais clarifier certaines choses avec toi » afin d'amorcer une discussion plus authentique.

TOLÉRER TROP LONGTEMPS

Certains tolèrent parfois beaucoup trop longtemps l'inacceptable de la part d'autres personnes. Lorsque nous trouvons constamment des excuses et des justifications pour les autres plutôt que de les confronter sur leurs comportements, à plier plutôt qu'à nous tenir debout, c'est signe que la situation est rendue trop loin.

Lorsque nous croyons être coupables pour la moindre des choses ou que les humiliations font partie de notre quotidien, c'est que le harcèlement a pris la forme d'une violence sournoise et inexcusable.

Nous comprenons un jour qu'il n'y a aucune fierté à continuer d'être aimants alors que nous laissons certaines personnes nous faire du mal à répétition. Les autres nous traitent toujours comme nous les laissons nous traiter.

Nous comprenons que nous n'avons pas toujours besoin de souffrir pour apprendre la leçon. C'est dans ces circonstances que nous comprenons la nécessité de nous aimer d'abord nous-mêmes et de choisir notre propre bonheur en premier.

Un jour, nous nous lèverons enfin en disant que tout cela n'a plus de sens et alors nous saurons, dans notre for intérieur et avec tout le courage nécessaire, que nous ne tolérerons plus jamais l'inexcusable. Ce jour-là, nous nous réapproprierons notre vie pour de bon et nous ne laisserons plus rien passer. Nous nous demanderons même comment nous avons pu endurer ces manipulations si longtemps.

Ce jour-là, nous serons enfin libres !

TROP!

Il n'y a jamais trop d'amour dans une relation. Il n'y a jamais trop d'empathie.

Par contre, il peut y avoir trop de tolérance, trop de dépendance et trop de soumission.

Si nous constatons un déséquilibre permanent entre ce que nous donnons et ce que nous recevons, il est grandement temps de réévaluer la relation. Nous faisons parfois l'erreur d'accorder à certaines personnes une place qu'elles ne méritent pas dans notre vie. Malgré des déceptions à répétitions, nous restons patients et tolérants et nous tentons même de les amener à prendre conscience de leurs comportements destructeurs. Peine perdue.

Pendant ce temps-là, c'est nous qui sommes déçus, trahis et trompés. Nous nous décevons et trahissons ce que nous sommes profondément. Nous nous éteignons.

Ce n'est pas parce que nous sortons ces personnes de notre vie que nous ne sommes pas aimants, au contraire. C'est parce que nous nous aimons assez que nous nous respectons.

Malgré leur réaction offusquée, rappelons-nous que le respect va à ceux qui le méritent, et non à ceux qui le demandent. Il n'y a pas de honte à avoir été trahi, sauf si c'est nous-mêmes qui nous trahissons.

Faire le ménage dans notre vie quand il le faut crée la place nécessaire pour que les bonnes personnes puissent y entrer.

Si nous donnons trop ou pas assez, sommes-nous dans la bonne relation avec la bonne personne ? Pouvons-nous équilibrer les choses ? Sinon, qu'attendons-nous ?

LE SYNDROME DU SAUVEUR

Si nous sommes de ceux qui sont toujours là pour les autres et si nous en faisons beaucoup pour eux, si nous croyons être submergés de choses à faire et que personne ne nous aide, si nous croyons ne pas être appréciés à notre juste valeur par ceux que nous aidons et que nous manquons de temps pour nous, c'est que nous sommes atteints du Syndrome du Sauveur !

Aider les autres, c'est bien, mais développer le syndrome du sauveur est une dépendance qui nous épuisera !

Nous privons ainsi l'autre de développer sa propre habileté à trouver des solutions à SES problèmes. Nous nous privons d'une relation équilibrée, où le support mutuel est équitable.

Notre dépendance à notre rôle de sauveur est aussi nocive à notre estime de soi, parce que nos relations avec les personnes que nous voulons « sauver » ne sont pas saines. Au contraire, dans ces relations, nous semblons être aimés seulement pour ce que nous pouvons ou devons faire pour les autres et non pour ce que nous sommes.

Développons notre confiance dans les capacités de l'autre à s'aider lui-même.

Aider, oui. Sauver, non.

QUESTIONNER NOS CHOIX

Certaines personnes aiment créer des tempêtes, mais se plaignent dès qu'il pleut.

D'autres aiment les discussions controversées, mais se désolent de ne pas avoir d'amis.

Quelques-uns refont constamment les mêmes choix inappropriés et sont étonnés de se retrouver malheureux et tristes encore une fois.

D'autres enfin tentent de toujours satisfaire leur conjoint/e, leur famille, leur patron et leurs amis/es, mais s'oublient complètement dans ce processus et se retrouvent épuisés, abusés, manipulés, déçus et malheureux.

Avant de critiquer nos résultats, il vaudrait peut-être mieux s'interroger sur nos choix.

Si notre but est d'être heureux, quels choix quotidiens différents pouvons-nous faire pour y arriver ?

Quelles différences devons-nous apporter à notre manière d'agir si nous voulons des résultats différents ?

Au lieu de nous plaindre de ce que nous vivons, posons plutôt le premier geste nécessaire pour que ça change.

LE BIEN ET LE MAL

La plupart d'entre nous ont tendance à avoir une perception limitée de la réalité. Nous croyons qu'en étant une bonne personne, de bonnes choses nous arriveront. Nous pensons qu'en respectant les règles, nous serons récompensés. S'il nous arrive quelque chose de malheureux, nous avons dû faire quelque chose de mauvais pour le mériter. Si nous souffrons, c'est que l'expérience vécue est négative alors que si nous avons du plaisir, ce que nous vivons est positif.

Pourtant, avec le recul, nous comprenons qu'une expérience vécue comme négative est parfois le plus beau cadeau que nous ayons reçu, parce qu'elle nous a appris quelque chose d'important, parce qu'elle a amélioré notre vie ou parce qu'elle nous a préservés d'une catastrophe.

Il n'y a pas de bon ou de mauvais. La vie alterne entre ce que nous appelons le positif et le négatif. Par contre, tout dans notre vie sert notre évolution. Toute situation apporte son cadeau. Quel cadeau avons-nous découvert dans nos moments les plus difficiles ? Quelle force avons-nous développée ? Quel défaut ou quelle blessure avons-nous guéris ?

LE PASSÉ

Ce que nous avons déjà vécu appartient au passé.

Les déceptions que nous avons eues, les peines d'amour que nous avons vécues, les trahisons que nous avons subies, les renonciations que nous avons acceptées, toutes les fois où nous avons eu mal et même tous les beaux souvenirs qui nous manquent, tout ça fait partie du passé.

C'est notre obsession à les revivre en pensée qui crée notre souffrance.

Lorsque nous ruminons certains événements déjà vécus, nous vivons les mêmes émotions qu'au moment où ceux-ci se sont produits.

Pour arrêter de revivre des souvenirs douloureux qui nous maintiennent dans la peine ou le regret, lorsque nous sommes tentés d'y repenser, rappelons-nous plutôt que « ça fait partie du passé » et revenons au présent.

C'est ici et maintenant que notre Vie se vit.

LES SECRETS

Nous conservons parfois certains secrets qui deviennent trop lourds à porter avec les années. Nous traînons certains d'entre eux comme des boulets au pied qui ralentissent notre évolution.

Sans tout dire à tout vent, il est souvent sage de partager certains secrets qui nous étouffent avec une personne digne de confiance. Je constate souvent que des gens qui se côtoient depuis un certain temps cachent des secrets semblables. Le jour où elles osent enfin s'ouvrir à l'autre, comme ça arrive parfois, elles découvrent qu'elles ne sont pas seules à porter ce fardeau. D'autres l'ont vécu ou le vivent également.

Savoir que nous ne sommes pas seuls à avoir vécu de tels événements allège souvent le poids sur nos épaules. Mieux encore, nous sommes enfin compris.

À deux, nous sommes déjà plus forts.

Si notre secret est lourd, il est temps d'alléger notre fardeau. Laissons notre intuition nous guider vers une personne de confiance auprès de qui nous pourrons déposer notre bagage. Nous pourrons ensuite voyager plus légers !

NOTRE INTUITION

Nous n'avons pas besoin de la validation des autres pour savoir que nos perceptions sont exactes.

L'intuition ne s'acquiert pas par des cours, des enseignements ou des rituels. L'intuition est la conséquence naturelle de notre estime de nous. C'est notre plus grand pouvoir et pourtant, beaucoup ont peur de l'utiliser.

Lorsque nous avons suffisamment d'estime de nous, notre vie devient plus intéressante parce que notre intuition nous guide et nous pouvons faire face à l'inconnu et aux imprévus. Notre niveau de confiance envers la Vie et envers nos capacités à surmonter les étapes plus difficiles est plus élevé et plus solide.

Plus nous avons confiance en nous, plus nous entendons notre intuition et plus nous écoutons notre intuition, plus notre estime de nous augmente.

Lorsque nous laissons notre intuition nous guider, il n'y a plus grand-chose qui nous fait peur. L'intuition, c'est un sherpa dans notre ascension du Kilimandjaro. Elle connaît la route, ses détours, ses ravins et ses raccourcis. Faisons-lui confiance !

DÉVELOPPER NOTRE FORCE

Certaines choses que nous désirons n'arrivent pas dans notre vie parce que nous les bloquons avec nos peurs et nos doutes.

Nous avons parfois tellement peur d'avoir mal à nouveau que nous préférons nous fermer à ce que nous souhaitons si ardemment. Pourtant, la souffrance fait partie de la vie. C'est elle qui nous rend plus forts, plus humbles et plus compatissants. Si nous avions facilement tout obtenu, sans effort et sans douleur, serions-nous la personne que nous sommes devenus ?

La vie est simple, mais certainement pas facile. Nous ne développons pas un corps musclé en étant paresseux et amorphe. Nous le développons en déchirant quotidiennement les fibres de nos muscles, afin de leur permettre de guérir et devenir plus forts.

Il en va de même avec la Vie. Une vie trop facile amène peu de croissance, peu d'évolution, peu de variété et peu à apprendre. Notre force se développe face aux évènements difficiles, aux résistances et aux déceptions. Elle nous indique aussi quel sera notre niveau de bonheur dans la vie.

Puisque toute chose finit par être relative, plus nous avançons dans la Vie, plus nous réalisons que nous avons besoin de peu de choses pour être heureux.

APPRENDRE À RECEVOIR

Certaines personnes doivent apprendre à donner sans attente, avec le cœur grand ouvert, pour l'autre et non pour soi, parce que nous voulons faire plaisir et non parce que nous voulons être aimés.

D'autres doivent apprendre à recevoir sans culpabilité, en disant simplement merci, sans avoir besoin de redonner à l'autre ce que nous croyons avoir trop reçu, sans se sentir obligés de rétablir l'équilibre, mais recevoir avec le cœur grand ouvert.

Notre capacité de recevoir est souvent liée à notre estime de soi. Méritons-nous autant ? Plus nous apprendrons à recevoir, plus nous permettrons à la Vie de nous faire des cadeaux, des surprises, de belles coïncidences et de belles rencontres.

En fait, notre capacité d'être heureux dépend de notre capacité à recevoir avec gratitude. Nous avons en ce moment la quantité exacte de bonheur que nous croyons mériter dans notre vie.

LE BILAN ANNUEL

Nous devrions faire le bilan de chaque année qui s'achève. Rédigeons la liste des beaux événements de l'année et des autres qui furent plus difficiles. Pour chacun d'entre eux, notons ce qu'ils nous ont apporté ou ce que nous y avons appris.

Pour faire place à la nouvelle année, si nous commencions par sortir de notre vie ce qui est négatif ? Les mauvaises habitudes, les situations qui nous rendent inconfortables et surtout les personnes qui nous tirent vers le bas. Celles que nous aimerions continuer d'aimer, mais qui éveillent du négatif en nous, nous siphonnent notre énergie ou nous rabaissent sans arrêt. Parfois, les trois à la fois !

Parfois, nous pardonnons des choses inacceptables pour garder certaines personnes que nous aimons dans notre vie, mais le résultat est rarement positif. Nous constatons souvent que ce qui a été pardonné se répète. Aimer l'autre plus que soi-même dans ces circonstances devient un obstacle au bonheur plutôt qu'un atout.

Autour de nous, il y a tant de bonnes personnes qui nous font du bien. Pourquoi garder à tout prix celles qui ne nous en font pas ?

Faisons de la place pour le meilleur en éliminant ce qui s'avère parfois le pire. Et si, à partir de maintenant, nous nous aimions assez pour choisir le positif dans notre vie ?

LA CENSURE

Certaines personnes semblent nous censurer à notre insu !

Nous croyons avoir dit quelque chose de trop, de la mauvaise manière ou au mauvais moment. Parfois, une question, un seul commentaire, un mot, ou même un regard suffit pour nous rendre inconfortables de ce que nous venons de dire ou de faire.

Que nous appelions ça de l'intimidation, du contrôle ou de la manipulation, il n'en demeure pas moins que nous finissons par ne plus être nous-mêmes en présence de ces personnes et parfois, même en leur absence, si nous avons trop intégré le contrôle de ce que nous pouvons dire, faire, être ou pas.

Par contre, si nous sommes conscients de cette situation, il est grandement temps de se respecter soi-même. Pourquoi donnerions-nous à l'autre le pouvoir de contrôler nos paroles et nos gestes ? Si l'autre ne nous accepte pas dans notre parfaite imperfection, quelle est sa place dans notre vie ? Pourquoi continuer de se soumettre à ses diktats, qu'ils soient discrets ou évidents ? Si nous ne pouvons pas être nous-mêmes avec cette personne, quel est l'intérêt de maintenir cette relation ? N'est-il pas temps de nous aimer suffisamment pour savoir nous-mêmes ce que nous pouvons dire, faire et être, en se respectant et en respectant les autres ?

La censure des autres est un éteignoir d'estime de soi. Ne la laissons pas nous diriger. Seul notre cœur doit être notre guide.

LA RÉALITÉ

Nous nous entêtons parfois à vouloir que la réalité soit autre chose que ce qu'elle est, afin d'être plus conforme à nos attentes. Nous voulons que notre conjoint devienne plus ceci, que notre enfant soit plus cela, que notre patron soit différent, que notre mère soit une meilleure mère ou que notre père ait été plus présent.

Nous allons même parfois jusqu'à y mettre toutes nos énergies pour les changer, en les critiquant «pour leur bien», en leur répétant sans cesse les mêmes rengaines de nos attentes inassouvies et en créant des conflits pour qu'ils changent et qu'ils soient enfin comme nous le voulons.

Puis, un jour, las de nous battre ou éclairés d'une intuition profonde, nous comprenons enfin que ce n'est pas la réalité.

Notre réalité n'est pas LA réalité.

Personne n'est obligé de changer pour correspondre parfaitement à notre réalité.

Nous faisons enfin face à ce qui est et au lieu de vouloir changer l'autre, nous changeons notre perception de l'autre et nous le voyons enfin tel qu'il est, dans tout ce qu'il est. Nous renonçons à en faire le fantasme de nos rêves et nous acceptons que cette personne soit comme elle est vraiment. Nous arrêtons de nous battre en vain.

Au moment où nous voyons la réalité telle qu'elle est, nous ressentons un grand sentiment de liberté et d'amour inconditionnel. Nous comprenons alors que nous sommes tous libres de nos choix et d'être ce que nous voulons être. Les autres aussi.

VOULOIR CHANGER LES AUTRES

Que d'énergie perdons-nous à vouloir que les choses — et les gens — soient autrement !

Souvent, nous mettons beaucoup d'efforts pour amener une autre personne à changer, pour qu'elle soit comme nous le voudrions. Le problème, c'est que nous dirigeons ces efforts en étant en opposition avec elle, en lui laissant entendre qu'elle n'est pas « correcte » comme elle est, qu'elle doit changer pour être « plus heureuse », alors que souvent, la véritable raison est que nous croyons qu'ainsi, nous serons plus heureux.

Pourtant, plus nous poussons dans un sens opposé à l'autre personne, plus elle manifeste de la résistance. Personne n'aime se faire dire qu'il n'est pas correct comme il est. Nous devenons sur la défensive et nous avons des réactions opposées, ce qui crée inévitablement des conflits.

Connaissez-vous la loi de l'effort inversé ? Il s'agit d'abord et avant tout d'accepter la personne comme elle est, de l'accompagner dans son processus de changement et — si elle le désire — de lui refléter régulièrement ses côtés positifs, plutôt que répéter ce qui nous agace de ses côtés « négatifs » et surtout, d'arrêter d'être en attente qu'elle change.

Lorsqu'il n'y a plus de charge négative contre la personne, lorsqu'il n'y a plus de pression, c'est alors que les miracles se produisent ! Trois résultats sont possibles : le premier et le plus fréquent est qu'elle change seule, en douceur, et nous assistons en direct à la beauté de la chose, sans effort. Le second est qu'elle ne change pas et alors, nous faisons nos propres choix. Le troisième est qu'elle ne change pas, mais nous l'acceptons finalement comme elle est.

Dans tous les cas, tout est parfait !

NOTRE VALEUR

Tout ce que nous attirons — événements, travail, amitié, amour, famille, succès et surprises — est déterminé par la valeur que nous *croyons* avoir pour chacun de ces éléments.

Ainsi, si nous aimons notre travail et que nous croyons être compétents, nous attirons un emploi et un environnement de travail à la hauteur de la valeur que nous nous accordons sur cet aspect et nous y aurons du succès.

Si au contraire, dans nos relations personnelles, nous cherchons toujours à prouver notre amour parce que nous avons de la difficulté à croire que nous pouvons être aimés pour nous-mêmes, alors nous attirons des personnes qui nous considéreront avec le même niveau de valeur que nous nous accordons, et nous risquons de nous retrouver avec des personnes qui attendent constamment des preuves de notre affection.

Quelle valeur nous accordons-nous dans chacune des sphères de notre vie ? Regardons notre vie sur ces aspects et nous aurons une idée de l'image que nous avons de nous-mêmes pour chacun.

Nous sommes tous beaucoup plus grands que la valeur que nous croyons avoir ! Élevons la valeur que nous nous reconnaissons, en commençant à l'intérieur de nous, en nous accordant le droit d'apprendre sans nous faire souffrir, en nous respectant davantage et surtout en étant bons pour nous-mêmes.

Ayons le courage d'accepter notre valeur réelle. Nous sommes tous magnifiques et nous le sommes partout, même sur les aspects où nous sommes encore en apprentissage.

DE QUOI AVONS-NOUS BESOIN?

Comment savoir si ce que nous voulons est ce dont nous avons besoin ?

Si cette chose ou cette personne n'est pas présente dans notre vie en ce moment, c'est que nous n'en avons pas besoin dans notre vie en ce moment !

Parfois, ce que nous souhaitons ardemment n'est pas ce dont nous avons besoin pour notre bien-être actuel ou notre évolution.

La Vie n'est pas quelque chose qui nous arrive. C'est quelque chose qui nous répond.

À ce que nous souhaitons de toutes nos forces, mais que nous n'avons pas, la Vie peut répondre de trois façons :

1. Non, ce n'est pas bon pour toi !

2. Peut-être, mais tu n'es pas encore prêt !

3. Attends, j'ai quelque chose de mieux pour toi !

Puisque tout est parfait, ne souffrons pas de notre manque. Préparons-nous plutôt à recevoir quelque chose d'encore mieux !

ÊTRE RESPONSABLE DE NOTRE BONHEUR (1)

Il n'y a pas de meilleure recette pour être malheureux que d'attendre que les autres fassent notre bonheur.

Lorsque nous attendons que les autres devinent nos besoins, nos désirs ou nos attentes, nous achetons un passeport direct pour être déçus et malheureux. Les autres ne sont pas là pour répondre à nos attentes. NOUS sommes là pour répondre à NOS attentes, nos besoins et nos désirs.

Voulons-nous des fleurs ? Nous nous en achetons ! Voulons-nous que les autres prennent soin de nous ? Prenons soin de nous. Aimerions-nous que les autres nous demandent comment ça va et qu'ils nous écoutent ? Si nous nous écoutions ? Si nous allions voir comment nous allons pour de vrai ?

Ce n'est pas la responsabilité des autres de nous aimer. C'est la nôtre. Il n'y a pas de meilleure recette pour être heureux que d'apprendre à faire nous-mêmes notre bonheur, en répondant nous-mêmes à nos besoins et nos désirs. Tout ce qui viendra des autres, ce seront des cadeaux que nous apprécierons davantage parce que nous ne les attendions pas.

L'attente crée le manque. La responsabilité crée la liberté.

ÊTRE RESPONSABLE DE NOTRE BONHEUR (2)

Puisque chacun de nous est responsable de son propre bonheur, nous ne sommes pas responsables du bonheur des autres.

Trop souvent, nous voulons tellement que les autres soient heureux — et si possible grâce à nous — que nous faisons tout ce que nous croyons important pour eux afin qu'ils soient heureux, mais nous partons toujours de nos propres perceptions.

Ce dont nous croyons qu'ils ont besoin pour être heureux n'est pas nécessairement ce dont ils ont vraiment besoin. Qui sommes-nous pour savoir mieux qu'eux ce qui les rend heureux ? Ce n'est pas à nous à leur donner ce dont ils ont besoin pour être heureux. C'est à eux d'aller le chercher et de se le procurer.

En réalité, si l'autre veut être heureux, il doit d'abord le vouloir ! Si nous pensons à sa place, comment peut-il savoir ce qui le rend heureux ? Parfois, en voulant trop en faire pour l'autre, nous risquons de l'étouffer et de nous épuiser.

Pour être heureux, il faut non seulement le vouloir, mais aussi le décider ! Si l'autre n'a pas encore décidé d'être heureux, peu importe les efforts que nous y mettrons, rien ne le rendra vraiment heureux tant que ce ne sera pas son propre choix. Notre responsabilité n'est pas de rendre les autres heureux. Nous pouvons les accompagner, mais nous ne pouvons pas le faire pour eux.

La vérité est qu'en étant responsables de notre propre bonheur, nous favorisons chez l'autre la prise de conscience qu'il est lui aussi responsable de son propre bonheur.

ÊTRE RESPONSABLE DE NOTRE BONHEUR(3)

Puisque chacun de nous est responsable de son propre bonheur, cela ne signifie pas de ne pas contribuer au bien-être de l'autre lorsque c'est possible.

Il ne s'agit pas de devenir égocentrique et d'être indifférent à l'autre. Au contraire, parce que nous prenons soin de nous-mêmes d'abord et que nous nous accordons ce qu'il faut pour être heureux, nous avons davantage le désir d'avoir des attentions pour l'autre, mais sans attente.

Nous donnons plus facilement, parce que nous nous sommes d'abord donné à nous-mêmes, et parce que nous n'attendons pas que l'autre nous donne en retour. Nous sommes libérés. Ce n'est plus une obligation que de donner ou de prendre soin de l'autre. C'est un désir sincère qui émerge de l'amour.

Puisque nos besoins sont comblés par nous-mêmes et que nous n'attendons plus que l'autre les comble, nous avons envie de prendre soin de l'autre et de contribuer à ce qu'il trouve lui-même son bonheur, s'il l'a décidé.

Nous aurons alors le souci de ne jamais plus le faire à *notre* détriment ou contre *notre* gré.

NOS PENSÉES

L'être humain a la remarquable faculté de se rendre malheureux lui-même.

Avons-nous remarqué comment, même lorsque nous sommes seuls, nos pensées nous ramènent à des événements passés qui nous ont fait souffrir ou à des scénarios futurs au potentiel négatif ?

Si nous sommes seuls dans la pièce, c'est que c'est nous-mêmes, avec les pensées que nous entretenons, qui nous rendons malheureux !

Soyons attentifs à nos pensées pour choisir celles qui nous font du bien et non celles qui nous maintiennent dans un état de tristesse ou de colère.

Chaque fois que nous nous maintenons dans un état de colère envers quelqu'un d'autre, c'est que nous ne prenons pas soin de nous. Nous blâmons l'autre pour quelque chose que nous avons besoin de faire nous-mêmes.

En étant attentifs à soi, nous assumerons davantage nos besoins et nos pensées. C'est notre responsabilité et non celle des autres.

Nous seuls sommes responsables de notre bonheur.

NOTRE LUMIÈRE

Au fond de chacun de nous se trouve une lumière magnifique qui irradie d'amour.

Chaque fois que nous ne faisons pas le meilleur choix pour nous, chaque fois que nous prenons des détours, que nous retombons dans les mêmes comportements néfastes, que nous entretenons la colère et le ressentiment, nous réduisons l'apport en oxygène à notre source de lumière et alors elle diminue d'intensité.

Cependant, chaque fois que nous prenons soin de nous, que nous nous respectons, que nous faisons l'effort d'éviter nos pièges habituels, que nous choisissons de pardonner et chaque fois que nous essayons une nouvelle route qui nous semble prometteuse pour notre évolution, alors nous alimentons notre lumière intérieure et lui laissons plus d'espace pour briller.

Lorsque nous faisons de meilleurs choix, notre lumière intérieure grandit et guide encore mieux chacun de nos pas en les éclairant.

Et si, dans nos choix quotidiens et nos choix de vie, au lieu de nous demander simplement si c'est le bon choix pour nous, nous nous demandions si ce choix va permettre à notre lumière de grandir ou de diminuer ? Peut-être que nos réponses nous viendraient plus facilement.

UNE RELATION ABUSIVE

Certains d'entre nous entretiennent inconsciemment une des relations les plus abusives que nous puissions avoir : celle que nous avons avec nous-mêmes.

Nous exigeons toujours plus de nous. Nous ne nous pardonnons pas la moindre erreur. Nous n'écoutons pas notre corps fatigué qui réclame du repos. Nous nous créons des obligations imaginaires et nous affirmons ne pas avoir le choix d'y répondre. Nous faisons passer ce qui fait du bien à notre âme après toutes sortes de détours et de distractions inutiles. Nous tolérons un emploi ou des relations qui nous rendent malheureux. Enfin, nous nions nos propres besoins.

Pourtant, notre vie peut changer si nous nous accordons le droit de dire, de choisir et de faire ce qui nous rend heureux.

Et si aujourd'hui, nous nous accordions le droit de dire à une personne significative ce qui nous rend heureux ? Et si aujourd'hui, nous prenions le temps de faire au moins une chose qui nous rend heureux ?

ÊTRE TOTALEMENT SOI-MÊME

Nous n'osons pas souvent montrer qui nous sommes vraiment.

Au fond de nous, nous savons qu'il y a des côtés plus sombres et moins joyeux, des côtés qui écorchent un peu l'image que nous croyons ou que nous voulons projeter sur les autres.

Par exemple, si nous exerçons un travail sérieux et qui demande de la crédibilité, nous n'osons pas montrer notre côté drôle, frivole ou coquin. Si nous œuvrons dans un domaine demandant beaucoup de rigueur et de force de caractère, nous n'osons pas montrer le côté de nous qui est parfois inquiet, effrayé ou indécis dans le quotidien.

Tous ces masques que nous mettons pour ne pas être reconnus dans notre totalité créent justement des relations partielles et basées sur des parties de nous, rarement sur tout ce que nous sommes en réalité. Ce sont donc des relations incomplètes ou même parfois fausses.

Assumons toutes les facettes de notre personnalité. Certaines se contredisent et d'autres se complètent, mais toutes font de nous la personne exceptionnelle que nous sommes.

Donnons aux autres la chance de nous connaître tels que nous sommes. C'est le premier pas vers l'authenticité et c'est le meilleur moyen d'être entourés de personnes authentiques.

INTERPRÉTER

Interpréter les paroles, les écrits et les gestes des autres est souvent le meilleur moyen de créer un malentendu ou même un conflit.

Lorsque nous jugeons les actions de l'autre à partir de notre propre interprétation, sans valider si elle est conforme à l'intention de l'autre, nous créons des scénarios qui ne peuvent qu'être néfastes pour la relation.

Avant de nous emballer positivement ou négativement sur ce qui a été dit, écrit ou fait, vérifions auprès de la personne concernée si nous comprenons bien ce qu'elle veut dire.

Nous n'osons pas toujours poser les vraies questions par peur de la réponse. Pourtant, c'est dans cette réponse que nous comprendrons mieux l'autre et déciderons alors de notre propre réponse, plus appropriée à ses paroles, ses écrits et ses gestes.

Validons davantage. Interprétons moins souvent !

FAIRE SEMBLANT

C'est fascinant de constater à quel point nous tolérons longtemps les mensonges des autres sans rien dire.

Trop souvent, nous faisons semblant de croire le mensonge de l'autre, tout en sachant qu'il ne nous dit pas la vérité. Pourtant, en ne dénonçant pas ce mensonge, nous sommes coupables au même titre que si c'était nous qui le disions. Nous n'osons pas confronter l'autre dans son mensonge, nous ne disons rien et nous faisons semblant de ne pas savoir que c'est faux. De quoi avons-nous peur au juste ? De perdre une relation où le mensonge est l'une des voies de communication ?

Faire semblant de croire ce mensonge nous en rend complices. Être complice d'un mensonge, c'est mentir aussi !

Être vrai implique de ne pas faire semblant de croire ce que nous savons être faux. Pour des relations authentiques, ayons le courage de demander une communication plus franche en mettant en lumière notre besoin de vérité.

Mieux vaut une discussion difficile qu'une discussion malhonnête.

AVOIR DE LA COMPASSION POUR SOI

Pour développer sa compassion, il faut d'abord savoir se pardonner et prendre soin de soi.

À quoi sert d'avoir de l'empathie envers les autres si nous ne pouvons pas en avoir envers nous-mêmes ?

Se traiter avec dureté et être trop bon envers les autres ne mène qu'à des frustrations personnelles et des relations faussées avec les autres.

Il faut avoir au moins autant de compassion, de compréhension et d'empathie envers nous-mêmes et nos défauts que nous en avons envers les autres. Sinon, tout le processus n'est qu'une fausseté. Comment être tolérants des autres si nous n'acceptons pas le moindre écart de notre part ?

Il ne s'agit pas de se montrer trop indulgent envers soi-même et de se permettre n'importe quoi.

Il s'agit d'éprouver de la vraie compassion pour nos limites afin de développer assez d'amour envers soi-même pour les transcender.

LA PETITE BOÎTE

Certaines personnes nous apprécient tant que nous demeurons dans la petite boîte qu'elles nous ont dessinée.

Tant que nous ne dérogeons pas à leurs attentes et que nous demeurons sagement confinés à cette petite boîte, nous croyons être aimés.

Par contre, dès que nous nous affranchissons, dès que nous dépassons les lignes et dès que nous faisons un pas en dehors de cette boîte, ces personnes nous culpabilisent et nous font sentir inadéquats. Parfois, elles menacent de nous retirer leur amour.

Pourtant, l'amour ne rentre pas dans une boîte, peu importe la grosseur de celle-ci !

N'ayons pas peur de décevoir ce genre de personnes. Osons être nous-mêmes, affirmons-nous dans ce que nous sommes ; sortons de leur boîte et de toutes les autres dans lesquelles nous essayons d'entrer depuis notre enfance.

Nous sommes illimités. Quiconque essaie constamment de nous limiter ne devrait pas faire partie de nos proches.

S'aimer, c'est aussi s'affranchir de nos limites et de celles que d'autres veulent nous imposer.

S'aimer, c'est oser être soi-même, même si ça ne correspond pas aux attentes des autres.

LA PEUR DE L'ABANDON

La peur de l'abandon constitue l'une des principales limites que nous nous mettons inconsciemment.

Parfois, nous avons tellement peur d'être abandonnés que nous faisons tout pour plaire à l'autre, quitte à renier nos propres besoins et outrepasser nos valeurs intrinsèques. Ce faisant, c'est nous-mêmes que nous abandonnons, devenant ainsi notre propre bourreau.

Cette peur de l'abandon nous laisse justement toujours abandonnés, que ce soit par l'autre ou par nous-mêmes. Nous ne pouvons pas empêcher l'autre de nous quitter, mais nous pouvons nous engager envers nous-mêmes à ne plus jamais nous abandonner, à ne plus jamais nier complètement nos besoins fondamentaux pour plaire à l'autre et ne plus transgresser nos propres valeurs par peur d'être délaissés.

Si nous nous engageons à ne plus nous abandonner nous-mêmes, alors la peur de l'abandon disparaît et toutes nos relations changent.

Et si, aujourd'hui, nous faisions un premier pas en nous engageant à ne plus nous laisser tomber, à respecter qui nous sommes et à nous choisir d'abord ?

LES DÉTOURS

Que de détours nous prenons avant de retrouver le chemin qui nous ramène à nous, à l'essence de ce que nous sommes et à notre âme !

Certains vont faire tourner des ballons sur leur nez, sûrs que la célébrité leur apportera le bonheur qu'ils recherchent. D'autres chercheront l'approbation dans le regard du plus grand nombre de personnes possible. Certains se lanceront dans le travail, pensant prouver ainsi leur vraie valeur. D'autres accumuleront des biens, de l'argent ou des relations nombreuses pour démontrer à quel point ils ont du succès.

Nous recherchons tous l'amour de bien des façons et nous y consacrons tellement de temps et d'énergie que parfois nous désespérons de n'être jamais rassasiés.

Pourtant, c'est en reprenant le chemin qui mène au cœur de soi que nous trouverons enfin l'amour et la paix auxquels nous aspirons tant. Tous ces détours que nous prenons ont leur utilité : nous montrer ce qui est vraiment important et ce qui l'est moins.

Revenir en soi, reprendre contact avec son âme, se remettre à l'écoute de soi et s'accorder ce qu'il faut pour prendre soin de ce dont notre âme a besoin, tel est le chemin qui nous rend heureux et qui rend tous les autres chemins futiles.

C'est le chemin le plus simple, et pourtant c'est souvent le plus difficile à trouver.

CE QUE NOUS TOLÉRONS

Ce que nous tolérons va continuer.

Si nous tolérons d'être traités avec mépris, si nous acceptons qu'on nous mente sans rien dire et si nous subissons l'indifférence, tout ça va continuer d'être présent dans notre vie.

Si nous acceptons qu'on nous manque de respect, d'être une seconde option et si nous n'osons pas prendre notre place ni faire le premier pas, tout ça va continuer d'être présent dans notre vie.

De même, si nous croyons que nous ne méritons pas les compliments qu'on nous faits, si nous nous montrons trop modestes envers les gestes de reconnaissance des autres et si nous refusons les cadeaux et les surprises que la Vie nous fait, alors nous n'attirerons ni compliments, ni reconnaissance, ni cadeaux de la Vie, parce que nous les refusons quand ils se produisent.

Faire une liste de ce que nous ne voulons plus tolérer dans notre vie et ne plus accepter ces situations lorsqu'elles se produisent est aussi important que de faire une liste de ce que nous voulons et rester ouverts à les accueillir lorsque ces choses surviennent.

Arrêtons d'accepter ce que nous ne voulons plus et ouvrons grands les bras et le cœur pour recevoir toute la magie de la Vie.

Pour que notre Vie change, nous devons changer d'abord !

LES FAUSSES URGENCES

Nous avons tous beaucoup d'aptitudes à créer constamment de fausses urgences, dans tous les domaines de notre vie.

Nous sommes stressés et nous nous croyons obligés de respecter nos fausses priorités. Nous avons peur de ne pas être à temps, peur d'être jugés si nous ne respectons pas une certaine obligation et peur d'être encore plus pressés.

Pourtant, à force d'être dans l'urgence ailleurs, nous manquons le plus important : vivre notre vie selon notre mission, celle pour laquelle nous sommes ici, et vivre réellement en fonction de notre âme et de nos aspirations.

Nous pensons avoir encore toute la Vie devant nous, mais personne ne sait ce que demain nous réserve. Nous devrions tous être reconnaissants de nous être réveillés encore ce matin et pourtant, nous tenons tout pour acquis.

Nous nous réveillons un jour en réalisant que le temps fut passé à courir après de fausses urgences et qu'il reste beaucoup moins de temps pour réaliser les rêves que nous remettions sans cesse à plus tard.

Ce jour-là, un autre sentiment d'urgence nous habite : celui de vivre enfin tout ce qui donne un sens à notre vie.

Ce jour-là est aujourd'hui !

NOTRE VUE SUR LE MONDE

Chacun de nous a sa manière de voir le monde et de voir sa vie.

Certains sont résolument optimistes et trouvent quelque chose de beau dans tout ce qui leur arrive.

D'autres se disent plus réalistes. Ils affrontent les difficultés avec force et voient les beautés avec une certaine satisfaction.

D'autres trouvent difficiles la plupart des choses qui surviennent dans leur vie et rament souvent pour tenter d'en sortir.

Quelques-uns enfin semblent résolument pessimistes, ne voyant que ce qui ne fonctionne pas et critiquant bien des choses et bien des gens.

Notre vision du monde et de la Vie nous rend-elle heureux ? Oui ? Alors continuons ainsi ! Non ? Alors qu'attendons-nous pour essayer une autre manière de voir les choses ?

C'est toujours ce que nous choisissons de voir dans notre vie qui détermine notre niveau de bonheur. Nous avons tous deux yeux, mais nous avons tous une vue différente de la Vie.

Faisons en sorte que notre vue nous rende la Vie belle, parce qu'elle l'est !

AFFRONTER LA RÉALITÉ

Ce que nous n'osons pas affronter et ce que nous tardons à régler continuera de nous hanter d'une manière ou d'une autre, jusqu'à ce que nous ayons le courage d'y faire face.

Attendre que les choses compliquées se règlent d'elles-mêmes est le moyen idéal de se maintenir dans un état de souffrance. Dépendre de la décision d'une autre personne plutôt que de se choisir ne fait qu'étirer la période de mise à l'épreuve.

Lorsque nous remettons notre bonheur dans les mains d'une autre personne, nous perdons notre pouvoir sur notre droit fondamental : faire nos propres choix pour être heureux.

Reprenons notre pouvoir personnel. Faisons face à ce qui entrave notre bonheur pour y trouver notre solution. Décidons de ce que nous acceptons dans notre vie et de ce que nous ne voulons plus.

Le bonheur ne vient pas des autres. Il est à l'intérieur de nous.

LE COURAGE D'ENTENDRE LA VÉRITÉ

Nous exigeons la vérité, mais sommes-nous capables de l'entendre ?

Nous croyons les belles paroles de certaines personnes, mais nous oublions — volontairement ou inconsciemment — que leurs gestes parlent beaucoup plus fort que leurs mots.

La vérité se trouve davantage dans les actions que dans les paroles, mais nous refusons souvent de la voir. Pourquoi ? Parce qu'accepter de voir la vérité en face, c'est aussi accepter de perdre ses illusions. C'est se retrouver face à une réalité que nous aimerions différente, mais pour laquelle nous ne voulons rien changer. C'est constater que nous nous sommes nourris de faux dieux et que nous nous sommes oubliés en chemin.

Si nous voulons vivre dans l'authenticité, acceptons de la voir partout où elle se trouve. Peu importe si la vérité nous déçoit parfois et même si elle fait mal, elle reste toujours mieux que le mensonge.

La vérité est une condition essentielle au bonheur. Ne passons pas à côté !

NOS BESOINS

La Vie sait mieux que nous ce dont nous avons besoin !

Lorsque nous comprenons enfin que nous obtenons toujours, de façon juste et exacte, ce dont nous avons besoin, la Vie devient tellement plus simple. Nous obtenons alors exactement ce qu'il nous faut, simplement pour nous rendre conscients de ce qui fonctionne et de ce qui ne fonctionne pas dans notre vie, afin de faire de meilleurs choix et pour apprendre à mieux aimer.

Ce n'est pas ce que nous sommes qui nous empêche d'avancer. C'est ce que nous pensons ne pas être.

Nos pensées créent notre environnement et notre vie. Nous attirons ce que nous pensons de nous-mêmes.

Si nous choisissons de nous entourer de gens heureux, conscients, allumés et qui réalisent leurs rêves, nous penserons comme eux. Puis, en devenant nous-mêmes heureux, conscients et allumés, nous attirerons des choses positives. Nous cesserons de bloquer les beaux cadeaux de la Vie puisque nous y croirons.

La Vie nous apportera ce dont nous avons besoin en conformité avec ce que nous serons devenus. La Vie répond toujours à nos besoins à sa façon, en semant plein de belles choses sur notre chemin.

Nous recevons tout ce dont nous avons besoin quand nous cessons de demander ce dont nous n'avons pas besoin !

NOTRE PERCEPTION

Ce ne sont pas les événements qui nous rendent heureux ou malheureux, mais plutôt notre interprétation de ces événements qui dicte notre réaction face à ceux-ci.

Si nous recevons un message sans connaître l'expéditeur, nous ressentirons de la joie si nous croyons qu'il vient d'une certaine personne, ou de la colère si nous imaginons qu'il provient d'une autre personne. Nous aurons de la peine s'il s'agit d'une personne en particulier, ou nous vivrons de la déception si c'est de quelqu'un d'autre. Pourtant, c'est toujours le même message ! Il n'a pas changé, il ne s'est pas transformé et il n'a pas évolué.

C'est seulement notre perception de l'expéditeur qui nous fait vivre toute cette gamme d'émotions.

Il en est ainsi pour tout événement. Nous pouvons choisir de réagir négativement, positivement ou même de façon neutre.

L'important, c'est de choisir la réaction qui nous rend le plus heureux.

Et si aujourd'hui, avant de réagir automatiquement à un événement de la journée, nous nous arrêtions pour changer notre perception d'un événement en une perception plus positive, et trouver la réaction la plus bénéfique pour nous ?

LES CHANGEMENTS

Vouloir préserver à tout prix ce qui existe actuellement, dans le même état et pour toujours, est non seulement utopique, mais constitue également un obstacle au bonheur. La Vie est synonyme de changement.

Beaucoup de gens résistent au changement, souvent parce que l'inconnu leur fait peur. Pour nous aider, imaginons que chaque petit changement que nous faisons dans notre vie est une petite plume de nos ailes qui se déploie. Plus nous osons faire des changements, plus nos plumes prennent de l'ampleur, plus elles se gonflent d'air et prennent leur véritable place. Parfois, ce sont des amis qui viennent souffler sous nos ailes pour nous aider à prendre confiance en nous. Parfois, c'est la Vie, avec une grosse bourrasque de vent, qui vient secouer nos plumes d'un seul coup.

Tôt ou tard, nous aurons à déployer nos ailes et à prendre notre envol véritable, en devenant totalement et parfaitement nous-mêmes, libres des entraves que nous portons encore, souvent inutilement.

Pour apprendre à voler de nos propres ailes, il faut savoir secouer nos plumes ! L'oiseau ne découvre ses ailes qu'au moment où il plonge dans le vide pour la première fois. Il sait alors qu'il peut voler où il veut, et qu'il peut voler plus haut encore en se laissant porter par les vents ascendants.

Déployons nos ailes, plume par plume s'il le faut, et prenons notre envol en faisant enfin ce qui nous rend vivants et uniques, et suivons les courants ascendants que la Vie souffle sous nos ailes.

Il faut parfois plonger dans le vide pour découvrir que nous savons voler ! Et si aujourd'hui, nous osions déployer quelques plumes ?

ÊTRE AUTHENTIQUE

Être authentique, ce n'est pas seulement éviter de mentir, c'est aussi oser dire la vérité, notre vérité.

Ce n'est pas seulement être franc envers les autres, c'est aussi — et surtout — être vrai envers soi-même. C'est dire non quand on n'en peut plus de dire oui. C'est oser dire oui à d'autres choses, alors que la peur nous faisait dire non.

Ce n'est pas seulement oser s'affirmer une fois, c'est s'affirmer jusqu'à ce que l'autre ait compris. C'est accepter de vivre ses émotions de joie et de peine quand elles surgissent et ne pas les retenir pour éviter de perdre la face.

C'est accepter d'exprimer sa colère lorsqu'il le faut, mais sans en perdre le contrôle. C'est oser être différent des autres, dans notre opinion, nos goûts, nos valeurs, et s'aimer complètement tels que nous sommes. C'est suivre l'élan de notre âme, même si le chemin n'est pas encore clair.

C'est dire « je t'aime », sans rien attendre un retour. C'est s'occuper de soi quand notre corps et notre âme le réclament.

C'est laisser tomber les masques pour donner la chance aux autres de nous connaître tels que nous sommes vraiment. C'est ne plus jouer de rôle dans nos relations et être vigilant, afin de toujours s'exprimer à partir de notre vrai ressenti.

Être authentique, c'est s'aimer d'abord, pour mieux accepter les autres ensuite. C'est « se dire » et non plus se taire.

Apprendre à s'aimer, c'est aussi faire l'effort conscient d'être authentiques là où nous avions l'habitude de chercher à ne pas déplaire, d'être assujettis ou d'être silencieux.

NOS DÉSIRS OU NOS BESOINS?

C'est curieux de constater à quel point nous cherchons constamment à satisfaire nos désirs, alors que nous peinons à reconnaître et combler nos besoins véritables.

Nos désirs sont alimentés par la publicité, par les autres et par la société, et nous en voulons toujours plus. Les désirs sont sans fin et ils ont la particularité de se renouveler sans cesse. Satisfaire un désir, ça demeure dans l'immédiat et le court terme. Rapidement, un autre désir est créé.

Mais nos besoins véritables, eux, quels sont-ils ? Le besoin d'être aimé, d'avoir des relations authentiques, de donner, de faire partie d'un groupe, d'être en paix, de se réaliser, de faire quelque chose de significatif de sa vie, d'être utile, d'être reconnu dans son intégrité, d'aimer et de s'aimer.

Qu'avons-nous fait aujourd'hui, hier, cette semaine, pour combler un de ces besoins essentiels pour nous ?

Combler un besoin apporte un sentiment de plénitude, de paix et d'amour. Une fois comblé, un besoin n'est pas remplacé par un autre besoin : il demande juste à être approfondi davantage, pour apporter encore plus de sentiment de joie à long terme. Il se nourrit de lui-même.

Alors que préférons-nous ? Satisfaire des désirs successifs qui nous amènent deux minutes de satisfaction ou combler nos vrais besoins qui apportent un sentiment de bien-être presque permanent ?

Connaître ses véritables besoins et y répondre est un pas important pour apprendre à s'aimer.

NOTRE PETITE VOIX

Nous entendons parfois cette petite voix en nous qui nous pousse à aller plus loin, à sortir des sentiers battus, afin d'explorer de nouvelles façons de faire.

Mais trop souvent, plutôt que de l'écouter, nous la traitons comme une intruse, et nous préférons notre zone de confort, nos habitudes, le connu et même l'ennui qui nous accompagnent depuis trop longtemps.

La peur de nous tromper nous fait ignorer notre intuition et nous préférons nous en remettre à notre mental, ce grand manitou des illusions, parce que c'est celui que nous connaissons le mieux. Ce mental est comme un ami qui nous accompagne depuis longtemps, mais qui nous maltraite, nous conseille mal, et ne pense qu'à lui, mais que nous gardons dans notre vie parce que ça fait longtemps qu'il est là.

Alors qu'il y a cette amie, notre intuition, présente depuis toujours, que nous traitons avec indifférence, mais qui ne demande qu'à devenir notre meilleure amie.

Plus nous avançons dans la vie, plus cette meilleure amie veut nous accompagner sur notre chemin vers notre mission. Qu'attendons-nous pour l'écouter ? Plus nous lui prêtons attention, plus elle nous gratifie de ses sages directions, de son amour inconditionnel, de sa présence rassurante et de cette solidité infaillible. Qui oserait refuser une telle amitié ?

Écoutons notre intuition, car elle connaît notre chemin. Elle est notre phare dans le brouillard quotidien et notre pilier indéfectible.

Et c'est notre meilleure alliée pour toujours.

À LA CROISÉE DES CHEMINS

Nous nous sommes certainement tous retrouvés un jour ou l'autre à la croisée des chemins, ce moment où nous avons l'impression que la prochaine décision que nous prendrons changera à jamais le cours de notre vie.

Or, pour peu que nous en soyons le moindrement conscients, ou que nous voulions vraiment le voir, c'est chaque jour que nous sommes à la croisée des chemins, voir même presque chaque moment de notre vie !

Qui nous dit que la décision banale que nous nous apprêtons à prendre, comme choisir l'endroit où nous irons acheter notre café ce matin, ne changera pas notre vie pour toujours ? Le trajet que nous prendrons pour aller au travail aujourd'hui sera peut-être porteur d'un évènement marquant qui nous fera remettre en question des aspects importants de notre vie. Le fait que nous gardions les yeux baissés ou que nous les levions au moment où nous croiserons quelqu'un ce midi changera peut-être à jamais la trajectoire de notre destinée. Nous rencontrerons peut-être quelqu'un tout à l'heure, ou nous entendrons une phrase qui nous marquera pour toujours et qui influencera profondément nos décisions futures.

Parmi les centaines de décisions que nous prendrons aujourd'hui, il y en a certainement qui changeront notre vie, même si elles nous paraissent banales et sans importance.

Notre vie n'est pas immuable, il n'y a jamais de véritable statu quo. Tout est en mouvement et c'est la beauté de la chose, parce que ça nous incite à vivre le moment présent !

NOTRE PROPRE LUMIÈRE

Nous entendons souvent dire que ce que nous reprochons aux autres, nous le portons soi-même.

Mais l'inverse est aussi vrai : ce que nous admirons chez les autres, nous le portons aussi en nous. Que nous admirions chez les autres leur courage, leurs talents artistiques, leurs dons spécifiques, leur confiance en eux, sachons que nous portons toutes ces lumières en nous, chacun à notre manière unique et à des degrés différents. C'est seulement que nous ne les avons pas encore laissées émerger.

Nous avons chacun nos talents, nos qualités et nos dons. Qu'attendons-nous pour les offrir aux autres, pour en faire bénéficier notre entourage avec amour ? Peu importe qui nous sommes, ce que nous faisons, d'où nous venons, nous portons tous en nous une magnifique étincelle qui ne demande qu'à devenir un phare pour les autres, un soleil pour le monde.

Ne l'étouffons pas sous notre peur du jugement des autres. Nous sommes tous uniques et nous avons tous quelque chose d'unique à offrir. En ne laissant pas nos dons particuliers s'exprimer librement, nous nous privons de bonheur et nous privons les autres d'une richesse dont chacun a besoin.

Émettons notre propre lumière plutôt que de poursuivre celle des autres.

Aujourd'hui, semons un peu d'étincelles partout où nous irons !

QUAND LE TEMPS EST VENU

Ne restons pas là où nous n'avons plus notre place.

Il faut avoir le courage de le reconnaître lorsque certaines étapes de vie sont terminées. Si nous ne nous réalisons plus dans notre travail et que notre motivation disparaît chaque jour ; si nous maintenons une relation sur le respirateur artificiel simplement parce que la peur d'être seul est plus grande que le désir d'être heureux ; si nous nous accrochons à des biens matériels et que nous sacrifions une partie de notre temps pour les entretenir alors que tout notre être aspire à quelque chose de plus profond ; en fait, si notre besoin de sécurité devient plus grand que notre élan de vie, alors il est temps de reconnaître que nous devons franchir une autre étape dans notre vie.

Même si la peur de faire le prochain pas nous habite, il faut savoir reconnaître que la Vie ne nous laissera jamais tomber.

Toute étape que nous franchissons ne nous fait jamais reculer, malgré nos croyances ou les apparences préliminaires. Nous avançons toujours vers une plus grande réalisation de soi.

Nous pouvons déterminer nous-mêmes la vitesse à laquelle nous voulons avancer, ou la Vie va le décider pour nous ! Il est inutile de rester dans une situation déjà révolue.

De l'autre côté de cette étape, la Vie nous attend pour quelque chose de plus grand encore.

CE QUI NOUS RETIENT

Souvent, ce qui nous empêche d'avancer, c'est l'illusion que quelque chose nous empêche d'avancer !

Chaque pas que nous faisons, chaque décision que nous prenons amènent pourtant des changements. Ainsi en est-il des pas que nous ne faisons pas, des décisions que nous ne prenons pas, parce qu'en tentant de rester dans le statu quo, nous amenons quand même des changements et des détours au parcours que la Vie avait prévu pour nous.

Nous croyons que nous ne sommes pas prêts pour agir, que nous n'avons pas les compétences pour changer d'emploi, que nous n'avons pas le talent suffisant pour réaliser nos rêves. Non ! Pour nous réaliser, nous devons renoncer à notre croyance que nous n'avons pas ce qu'il faut pour nous réaliser, que nous ne le méritons pas, que les autres sont meilleurs que nous.

Chacun de nous est unique. Ce que nous rêvons de faire, nous en avons la capacité, le talent et les compétences pour y arriver, qui n'attendent que d'être développées. Si nous pouvons le rêver, nous pouvons le faire. Mais pour ça, il faut faire le premier pas : y croire. Du moins, faire semblant d'y croire et agir comme si nous y croyions de toutes nos forces. Le cerveau ne fait aucune différence.

Alors, la Vie remet en place, juste pour nous, des petits miracles qui, si nous sommes attentifs à les reconnaître, nous donnent des ailes dans la réalisation de nos rêves.

Amorcer le mouvement crée l'élan nécessaire à la réalisation de nos rêves.

PRENDRE SOIN DES AUTRES OU DE NOUS?

Pour plusieurs, c'est difficile de s'accorder le droit au bonheur lorsque certains de nos proches souffrent.

Nous n'osons pas afficher notre bonheur ou notre joie, si l'un des nôtres traverse une passe difficile, s'il est malade ou déprimé, ou s'il vit une situation difficile. Nous constatons souvent cette situation chez les pairs aidants, que je préfère appeler les proches aimants.

À force de prendre soin de ceux qui souffrent, nous nous épuisons et nous avons l'impression que nous ne pouvons pas nous accorder le temps, ni le droit, de faire quelque chose pour soi, pour son propre bonheur, alors que l'autre souffre. Et pourtant, il devient vite impossible de prendre soin de l'autre si nous ne prenons pas d'abord soin de nous-mêmes.

Nous devons nous nourrir de petits bonheurs personnels si nous voulons en répandre autour de nous. Aider, soigner et accompagner demande beaucoup d'amour, certes, mais il ne faut pas oublier de s'aider et de s'aimer soi-même à travers ce processus.

Nous serons de meilleurs aidants si nous prenons soin de nous d'abord. Conservons du temps pour nous chaque jour, faisons-nous un petit plaisir quotidien, accordons-nous le droit de souffler un peu pour mieux aider et mieux aimer ensuite.

Ne nous oublions pas dans ce rôle, sinon, qui prendra soin de nous ?

LE PERFECTIONNISME

Dans notre société, nous valorisons beaucoup le perfectionnisme.

Combien de fois ai-je entendu en entrevue des gens répondre que c'est leur plus grande qualité !

Et pourtant, le perfectionnisme est l'ennemi du bonheur !

Il implique que nous voulons que tout soit parfait, mais à notre manière, alors que c'est un but utopique. Le perfectionnisme implique que nous devions tout contrôler, nous éloignant ainsi du sens même de la Vie qui ne fonctionne jamais sous contrôle de qui que ce soit.

Les gens perfectionnistes sont les premiers candidats à l'épuisement professionnel, puisqu'ils n'arrêteront pas leurs efforts tant que tout ne sera pas parfait — selon leurs normes — et s'épuiseront souvent sans remarquer tous les signes qui leur sont envoyés pour leur montrer un autre chemin. Ils rament souvent à contre-courant, plutôt que de suivre le cours de la rivière.

La Vie est remplie de merveilleuses surprises quand nous renonçons à l'illusion de croire que nous la contrôlons. Laissons-la nous guider. Tout est déjà parfait !

LA PAIX INTÉRIEURE

Lorsque nous désirons vivre dans la paix intérieure, nous ne permettons plus que les autres influencent notre humeur ou contrôlent nos émotions. Nous arrêtons d'attendre que les autres pensent comme nous ou qu'ils agissent comme nous le ferions.

Nous n'avons pas besoin d'attendre que les autres soient ouverts d'esprit. Nous comprenons que c'est à nous d'avoir l'esprit ouvert.

La paix ne vient pas en obtenant ce que nous voulons, mais en nous rappelant qui nous sommes, car ce n'est pas notre opinion qui contribue à changer le monde, c'est ce que nous sommes. C'est ce que nous faisons à partir de ce que nous sommes. Pour ça, il faut avoir le courage de reprendre notre plein pouvoir en osant faire les choses qui nous font peur.

Un acte de courage est toujours un acte d'amour. Un acte d'amour nous rapproche toujours de la paix intérieure.

LES BONNES QUESTIONS

Lorsque nous avons l'impression d'être dans un cul-de-sac, d'être coincés dans une routine ou une situation donnée, d'avoir tout essayé, il existe toujours une solution.

Mais comment la trouver ? Quand le mental a tout essayé, il reste toujours l'intuition pour nous guider. Pour y accéder, nous devons nous appuyer sur quatre questions piliers :

Qu'est-ce que je ne vois pas ?

Qu'est-ce que cette situation essaie de m'enseigner ?

Quel est le cadeau pour moi là-dedans ?

Si j'avais une baguette magique, si le temps et l'argent n'étaient pas des obstacles, et que personne ne serait blessé, qu'est-ce que je ferais pour régler ce problème ?

Laissons venir les réponses sans les censurer, puisque c'est l'intuition qui se manifeste ! Au pire, nous aurons une réponse qui nous mènera vers une solution éventuelle. Au mieux — ce qui se produit la plupart du temps —, nous aurons presque toutes nos réponses. Il se produit un déblocage libérateur, tant pour la situation que pour soi-même.

Surgira alors une solution spontanée, inusitée, ou alors s'installera une confiance pleine de gratitude envers la situation, envers la Vie, car nous comprenons profondément dans notre cœur que nous avions besoin de cette situation pour notre évolution.

DEVENIR CONSCIENT POUR CHANGER

Nous ne pouvons pas changer ce dont nous n'avons pas encore pris conscience.

Nous ne pouvons pas décider d'être plus tolérants si nous n'avons pas encore pris conscience d'être rigides. Nous ne pouvons pas devenir plus aimants si nous ne sommes pas encore conscients que nous jugeons beaucoup. Comment devenir généreux si personne ne nous a dit que nous étions égoïstes ? Comment développer notre courage si nous n'y avons pas encore été confrontés ?

Nous avons tous des qualités que nous portons depuis longtemps, mais nous avons tous des choses à améliorer aussi. Pour prendre conscience de ce que nous avons à changer, la Vie nous met sur la piste. Parfois, elle nous envoie des gens qui auront le courage et suffisamment d'amour pour nous dire la vérité. En d'autres occasions, elle nous envoie des tests de façon régulière, jusqu'à ce que nous ayons compris ce que nous avons à changer. Enfin, si nous ne comprenons toujours pas, elle nous envoie une épreuve, un événement marquant ou même une situation grave, pour qu'enfin nous nous réveillions et que nous prenions conscience de ce que nous avons à modifier.

Prendre conscience de ce que nous devons changer se fait rarement dans la douceur, mais le plus souvent dans une certaine douleur. Il est difficile de constater ce que nous devons changer si nous y résistons depuis longtemps ! Pourtant, plus nous serons souples et ouverts d'esprits, plus nous comprendrons que changer est souvent un processus douloureux, mais bénéfique.

Ainsi, en gardant l'esprit ouvert, moins nous résisterons, et plus ces passages de Vie se feront en pleine conscience et avec gratitude.

SE DÉFINIR

Bien que les autres nous aident souvent à prendre conscience de ce que nous avons besoin d'améliorer en nous, ne nous laissons pas définir par les autres. Les changements qu'ils nous demandent de faire ne sont pas toujours pour notre bien. Parfois, c'est pour le leur ! Sachons reconnaître la différence !

Lorsque nous recevons un commentaire de la sorte, il ne faut pas le rejeter d'emblée, mais il ne faut pas l'accepter sans questions non plus. Arrêtons-nous et voyons si ça résonne en nous, si la remarque nous appartient ou appartient à la personne qui l'émet.

Parfois, même si c'est difficile de l'accepter, nous savons qu'il y a un fond de vérité. D'autres fois, après réflexion, nous sentons que le commentaire ne nous rejoint pas vraiment et nous constatons plutôt que la personne nous perçoit à partir de sa propre projection.

Il ne s'agit pas de prendre seulement ce qui fait notre affaire et de rejeter ce qui nous dérange. Il s'agit d'accepter ce qui nous appartient. Si ça nous aide à grandir, même si c'est difficile à prendre, alors c'est pour nous. Si ça nous rabaisse, même si c'est dit avec un semblant de bonnes intentions, alors ce n'est pas pour nous.

Aimons-nous assez pour écouter notre intuition. Si ça semble faux, c'est probablement que ça l'est. Si ça semble vrai, c'est probablement que ça l'est !

TROP ATTENDRE

Ce ne sont pas les autres qui nous déçoivent ; ce sont nos attentes qui créent nos déceptions.

Les attentes, c'est un refus de voir la réalité telle qu'elle est parce que nous voudrions qu'elle soit comme nous voulons. Nous voudrions que la Vie, les autres et les événements fonctionnent comme nous le voulons, quand nous le voulons. C'est notre besoin de contrôler qui alimente nos attentes.

Nous ne pourrons qu'être déçus, désillusionnés ou frustrés. En même temps, c'est difficile de ne jamais avoir d'attentes. Le mieux, c'est de transformer nos attentes en souhaits, en étant ouverts à la possibilité que notre souhait ne se réalise pas exactement comme nous le voudrions, voire pas du tout.

La Vie sait toujours mieux que nous ce dont nous avons besoin. Elle ne se préoccupe pas de nos attentes !

Quand nous tenons mordicus à ce que certaines choses se passent comme nous le voulons et que nous avons des attentes, nous empêchons la Vie de nous gratifier de ses surprises, de nous offrir le meilleur et de nous amener ce dont nous avons vraiment besoin.

Laissons-la nous faire ses cadeaux. Les plus beaux cadeaux sont souvent ceux que nous n'attendions pas. C'est difficile, je sais, mais si nous vivons vraiment dans le moment présent, nous aurons peu — ou pas — d'attentes, et nous serons peu — ou pas — déçus !

LE TEMPS

Les gens épanouis ont tous la particularité de gérer leur temps avec respect et de l'utiliser de mieux en mieux en vieillissant.

Malheureusement, nous vieillissons parfois plus vite que nous évoluons. Nous nous distrayons, nous perdons du temps et nous passons des heures à faire des choses plus ou moins utiles qui utilisent du temps que nous ne mettons pas à poursuivre nos buts et notre croissance.

Quand nous accordons-nous du temps de qualité pour nous-mêmes, pour faire avancer nos buts, pour prendre notre vie en mains ? Nous attendons que les conditions soient parfaites avant de passer à l'action, mais il n'y a pas de conditions parfaites !

Nous croyons que la prochaine étape de notre épanouissement personnel va arriver demain, sans que nous ayons le moindre effort à fournir. Puis, un jour, nous réalisons que nous n'avons pas amorcé la réalisation d'un de nos rêves, le projetant constamment dans le futur, sans le mettre en branle.

Nous arrivons trop vite à la moitié de notre vie alors que nous ne sommes pas encore à la moitié de nos rêves. Nous attendons que la Vie nous permette de réaliser nos buts, mais c'est la Vie qui attend que nous fassions les premiers pas !

Et si aujourd'hui, nous nous employions à faire ce qu'il faut pour mettre en marche un projet de vie dont nous rêvons depuis longtemps ?

Si au lieu de nous éparpiller, nous nous occupions de mettre en action ce à quoi notre âme aspire, concrètement, afin de dire un jour : « Ce jour-là, ma vie a changé ! »

LE PILOTE AUTOMATIQUE

Si nous vivons sur le pilote automatique, nous ne voyons pas toute la beauté et la sagesse de la Vie.

Si nous nous conformons à ce que les autres attendent de nous, nous ne répondons pas aux attentes que la Vie a envers nous.

Chaque jour, le Vie nous offre des milliers de petits cadeaux sous différentes formes. Chaque jour, plusieurs petits miracles se produisent dans notre vie. Si nous ne les voyons pas, c'est que nous ne vivons pas dans le présent, car nous sommes trop occupés à faire « nos affaires ».

Aujourd'hui, levons les yeux, regardons l'instant en face, voyons la beauté du monde. Concentrons-nous sur ce qui est beau et bon. Observons toutes ces coïncidences et ces miracles qui surviennent dans notre journée.

Voyons tous ces « anges » que la Vie met sur notre chemin pour nous aider, pour nous rappeler de sourire et pour tendre une main réconfortante. Ce soir, faisons la liste des petits miracles survenus dans notre journée.

Si nous ne croyons pas aux miracles, rappelons-nous que nous en sommes un !

LES DÉCEPTIONS

La plupart de nos plus grandes déceptions et de nos plus grandes souffrances sont souvent nos plus belles étapes de croissance, de guérison et de libération.

Ce n'est pas toujours ce que nous croyons au départ, mais souvent, quelques mois plus tard, nous nous apercevons que la cause de notre souffrance nous a également fait grandir. Elle nous a conduits complètement ailleurs, là où la lumière nous attendait.

Parfois même, notre vie se divise en deux périodes : une avant cette souffrance et l'autre après.

Ce jour-là, nous comprenons enfin que tout a une signification dans notre vie, pas toujours immédiate, mais inévitablement sur le parcours de celle-ci. Nous en venons même à éprouver une profonde gratitude pour la situation ou la personne qui nous a tant fait souffrir.

Si nous traversons des choses difficiles en ce moment, courage ! Nous nous libérons d'une vieille carapace qui nous est inutile et qui nous nuit.

La Vie nous façonne, morceau par morceau, tel du charbon brut, pour nous amener tôt ou tard à libérer le diamant étincelant que nous portons tous en nous.

Voulons-nous que notre diamant brille de ses mille feux ? Faisons confiance à la Vie. c'est le meilleur tailleur de diamants au monde !

LIBRES!

Nous rappelons-nous que nous sommes libres d'être nous-mêmes ?

Nous rappelons-nous qui nous étions avant que les autres nous disent comment être ?

Nous souvenons-nous comment nous étions avant de nous comparer aux autres ? Avant que nous renoncions à certains rêves parce que d'autres semblaient mieux y réussir ou parce que d'autres nous ont dit que c'était des rêves de fou ?

Nous rappelons-nous ce que nous aimions faire avant que quelqu'un nous dise que c'était ridicule ?

Qu'attendons-nous pour être assez libres, assez forts et assez mûrs pour être vraiment nous-mêmes ?

Nos rêves n'ont pas à être jugés par les autres.

Nous n'avons pas à nous réduire pour ne pas faire ombrage à ceux qui ont peur de notre lumière.

Nous pouvons aimer ce que nous voulons et être pleinement nous-mêmes, chaque jour de notre vie. Nous n'avons aucune permission à demander pour déployer nos ailes.

Alors qu'attendons-nous ? Allons-y ! Libérons-nous et prenons notre envol !

LES OBSTACLES

Dans notre quête du bonheur, la plupart d'entre nous cherchent à se réaliser.

Certains fixent des buts quotidiens, tandis que d'autres visent de grands objectifs de vie, ou les deux à la fois !

Souvent, nous croyons que préciser notre intention, clarifier notre but et faire une liste de ce que nous voulons est suffisant, mais ça ne l'est pas toujours.

Il faut aussi passer à l'action ! L'une des premières choses à faire pour réaliser nos rêves et atteindre nos buts est d'identifier et d'enlever les obstacles sur notre chemin. Les obstacles peuvent être nos peurs, nos fausses croyances, nos limites, nos fausses priorités, le manque de temps, l'importance que nous accordons aux opinions des autres ou des relations toxiques.

Parfois, NOUS sommes nous-mêmes le plus grand obstacle à la réalisation de nos rêves !

Une fois nos blocages identifiés, il devient possible d'agir sur ceux-ci afin de dégager le chemin pour atteindre nos rêves. Quels obstacles nous empêchent actuellement de vivre la vie de nos rêves ?

Et si aujourd'hui, nous travaillions à enlever un de ces obstacles, pour libérer notre chemin ?

LA PEUR DE RÉUSSIR

Parmi les obstacles qui nous empêchent de réaliser notre rêve ou qui ralentissent notre route, le plus important est la peur de se tromper ou d'être jugé.

Nous rencontrons souvent la peur d'échouer, mais encore plus souvent, la peur de réussir.

Si nous réussissons, cela changera notre vie et notre horizon s'élargira à la grandeur de nos succès. Nous devrons nous ajuster à cette vie nouvelle et parfois, nous avons peur de perdre nos repères habituels, notre routine et notre sécurité.

La peur de réussir implique aussi que nous risquons de faire ombrage à certaines personnes de notre entourage qui veulent nous garder dans notre petite boîte. Beaucoup de gens ont peur de la réussite des autres parce que cela leur rappelle qu'ils n'ont pas encore pris en main leur vie, la réalisation de leurs rêves ni leur propre réussite.

Certains apprécieront notre nouvelle lumière, d'autres resteront dans l'ombre ; c'est leur choix. Notre choix à nous, c'est d'explorer notre potentiel. C'est nous qui décidons du degré de lumière que nous voulons apporter aux autres.

Ne nous limitons pas par crainte de porter ombrage aux autres.

Si notre réussite et notre bonheur en dérangent certains, alors c'est tant mieux ! Cela finira bien par les inspirer !

AIDER LES AUTRES

Beaucoup d'entre nous ont le désir profond d'aider les autres.

Nous sentons leur souffrance et, animés de bonnes intentions, nous cherchons à les aider à « s'en sortir ». Pourtant, vouloir aider quelqu'un à tout prix va parfois à l'encontre de son libre arbitre. Nous devrions intervenir seulement lorsque nous avons sa permission. Son âme sait mieux que nous le chemin à prendre et les épreuves que l'autre doit traverser pour son évolution.

Et s'il n'apprend pas de ses difficultés, il continuera à en rencontrer d'autres jusqu'à ce qu'il décide lui-même, consciemment, qu'il a assez souffert et qu'il veut vraiment s'en sortir. Nous ne pouvons pas le faire à sa place.

Si nous lui imposons notre aide, nous interférons avec son chemin de vie et nous nous exposons à des frustrations et de la souffrance.

Chacun est créateur de sa vie. Lorsque nous acceptons enfin cette vérité, nous savons qu'au moment venu, l'autre fera appel à notre aide s'il est prêt, et s'il en ressent le besoin.

Rien ne sert de forcer. Pour aider vraiment l'autre, nous n'avons qu'à lui laisser savoir que nous sommes là pour lui et à lui tendre la main. Il la prendra lorsqu'il sera prêt.

RIEN N'EST INUTILE

Absolument rien de ce qui nous arrive n'est inutile.

Chaque événement et chaque rencontre viennent s'imbriquer dans notre vie pour nous amener à l'étape suivante.

Chaque pièce de notre casse-tête est importante, car elle permet de poser les autres pièces. Chacune apporte sa couleur, son morceau du grand tout.

Que la situation que nous vivons soit difficile ou non, qu'une rencontre apporte de la joie ou de la peine, chacune représente une étape essentielle qui nous mènera vers d'autres événements et d'autres rencontres, indiquant ainsi notre route jusqu'où elle doit nous mener.

Il ne s'agit pas de trouver un sens à chaque chose. Il s'agit juste de savoir que tout a un sens. Un jour, lorsque nous ferons le bilan de notre vie, nous comprendrons à quoi ces événements ont servi, qu'ils soient petits ou grands.

En attendant, accueillons avec ouverture ce qui nous arrive, puisque c'est de ce morceau dont nous avons besoin en ce moment.

LES BELLES PAROLES

C'est si facile de se laisser séduire par le chant des sirènes.

Combien de fois sommes-nous charmés par les belles paroles et les promesses ? Combien de fois voulons-nous croire que ce que nous entendons est vrai, sincère et réel ?

Nous espérons alors que ce soit vrai, nous avons confiance et nous attendons. Puis, avec un peu de courage et beaucoup de lucidité, nous observons si les bottines suivent les babines, si les gestes correspondent aux belles paroles et si les jours donnent lieu à la réalisation des belles promesses, et nous sommes parfois déçus. Alors nous nous éloignons ou nous changeons de voie.

Puis, tôt ou tard, les belles paroles et les promesses reviennent, parfois par les mêmes personnes, et d'autres fois sous d'autres formes. Et nous voulons encore y croire, mais cette fois, nous avons le réflexe de regarder d'abord les bottines et nous voyons plus vite à qui nous nous adressons.

Dans notre volonté de nous entourer de personnes authentiques, avec qui nous serons nous-mêmes, ne nous limitons pas aux paroles. Regardons les actes, les gestes et les engagements de la personne. Cela en dit bien plus sur celle-ci que tout ce qu'elle peut dire.

C'est bien plus important de démontrer que nous sommes vrais que de prétendre l'être.

LES PERSONNES TOXIQUES

Nous lisons tous les jours des recettes pour être heureux : se dépasser, pardonner, avoir de la compassion, prendre soin de soi, prendre soin des autres.

Toutefois, il y a un élément qu'on oublie souvent : c'est impossible d'être heureux si on garde des relations toxiques dans notre vie.

Nous connaissons tous des personnes qui nous jugent, qui nous regardent de haut et nous rabaissent, qui nous mentent, nous manipulent et nous séduisent pour mieux nous contrôler ensuite. Face à ces gens qui jouent avec nos sentiments ou qui abusent de notre bonté, il est inutile d'essayer de les amener à comprendre et de tenter de les changer. Nous allons nous épuiser !

En faisant le ménage dans nos relations, profitons-en pour nous rebâtir une estime de soi, parce que les personnes toxiques nous la sapent souvent à notre insu. Rapidement, notre niveau d'énergie changera. Nous attirerons des relations plus saines, ainsi que de belles personnes qui partageront nos valeurs et qui nous respecteront.

Aimons-nous suffisamment pour ne plus accepter le poison des relations toxiques.

LES BOULEVERSEMENTS

Il y a de ces étapes où nous avons parfois l'impression que notre vie est virée sens dessus dessous, qu'une vague de fond la traverse ou que le bouleversement nous met à bout de souffle.

Nous perdons nos repères, car on dirait que plusieurs pans de notre vie s'écroulent en même temps.

Pourtant, quel merveilleux ménage la Vie fait pour nous dans ces moments charnières !

Afin de ramener l'harmonie dans notre Vie, les vieilles perceptions, les peurs ancrées trop profondément et les résistances inutiles doivent mourir pour faire place à une infinité de possibilités.

Les personnes qui ne sont plus en harmonie avec ce que nous sommes en train de devenir quittent notre route.

C'est dans ces moments de grands bouleversements que nous devons faire confiance à la Vie.

L'univers est à l'œuvre et détruit le vieux pour faire de la place au meilleur. Il rétablit l'équilibre que nous avions perdu dans notre vie.

Plus grands sont les bouleversements, plus l'accalmie qui suit sera magnifique.

Ce qui n'est plus bon pour nous s'éloigne et le meilleur se rapproche.

C'est ça la raison d'être du chaos : apporter l'harmonie.

SE DIMINUER

Combien de fois nous « contentons-nous » d'une chose, d'une situation ou d'une relation, en attendant de trouver quelque chose de mieux ?

En anglais, on appelle ça « to settle down » que je traduirais ici, pour les besoins du propos, par « se diminuer ». Se diminuer dans notre besoin d'une vraie relation en se contentant de ce qui ne nous correspond pas, réduire nos attentes face à la carrière que nous voulons en acceptant une situation qui ne nous convient pas et en nous disant que c'est mieux que rien. Vraiment ?

Si nous nous satisfaisons d'une relation peu adéquate dans notre vie, quelle place reste-t-il pour que la relation que nous voulons se présente ? Si nous acceptons un emploi monotone en attendant de trouver mieux, quel temps nous reste-t-il pour trouver l'emploi de nos rêves ? Si nous diminuons nos rêves pour ne déranger personne, qui réalisera les rêves qui nous habitent depuis longtemps ?

Bien sûr, certaines situations nous forcent parfois à attendre avant de réaliser pleinement notre objectif, mais en nous diminuant, nous finissons parfois par oublier à quel point nous sommes loin de nous réaliser pleinement.

Nous pouvons être patients, mais ne perdons jamais de vue que nous valons infiniment plus que le modèle réduit de nos rêves les plus grands.

Vivons au moins à la hauteur de nos aspirations ! Pourquoi se contenter de rester sur la première marche quand nous pouvons gravir l'escalier ?

LES PROJECTIONS

Les gens que nous rencontrons dans notre vie sont nos propres projections, et nous sommes les leurs.

Chacun reflète une partie de nous : l'ombre ou la lumière. Lorsque nous jugeons quelqu'un, nous nous jugeons nous-mêmes. Lorsque nous détestons quelqu'un, nous détestons la partie sombre de nous qu'il nous renvoie. Lorsque nous aimons les autres, nous aimons la partie lumineuse de nous qu'ils représentent.

Par nos pensées et nos émotions, nous attirons les énergies complémentaires et contribuons ainsi à créer chaque moment de notre vie. Si nous apprenons à observer les autres pour la projection de nous qu'ils nous renvoient, nous deviendrons alors plus conscients de nos blessures et des croyances limitatives avec lesquelles nous créons notre vie.

Par exemple, si nous avons une blessure d'abandon, nous attirerons, par la croyance limitative que « tous ceux qui m'aiment vont un jour m'abandonner », des gens et des situations qui nous feront vivre à nouveau l'expérience de l'abandon, jusqu'à ce que nous guérissions cet aspect et n'en ayons plus peur. Ainsi en est-il de toutes nos croyances.

En comprenant que les autres nous renvoient une partie de ce que nous sommes, nous pouvons, plutôt que de leur en vouloir, éprouver envers eux de la gratitude pour l'importante leçon qu'ils nous enseignent à leur insu.

NOUS SOMMES LA SOMME!

Nous traînons avec nous, partout et en tout temps, la somme de ce que nous croyons que nous valons : la somme de nos qualités, de nos défauts, de notre richesse, de notre valeur.

Nous transmettons inconsciemment tout ce que nous croyons de nous.

Les autres ne peuvent nous humilier, nous blesser ou nous trahir que si nous nous humilions, nous blessons et nous trahissons nous-mêmes. Les autres nous admirent, nous aiment et nous traitent avec respect qu'à partir du moment où nous sommes fiers de nous, que nous nous aimons et nous considérons avec respect nous-mêmes.

Si nous croyons que nous sommes nés pour un petit pain, la Vie nous donnera raison et les autres nous traiteront ainsi.

Par contre, si nous prenons conscience de notre véritable valeur, si nous acceptons enfin que nous sommes ici pour réaliser pleinement tout ce que nous sommes de beauté, de bonté, de talents et de dons, et si nous nous voyons finalement dans toute notre splendeur, alors la Vie nous donnera raison et les autres nous traiteront de même.

Croire en soi, ça fait toute la différence dans notre vie.

Et vous, que croyez-vous de vous ? Que voyez-vous en vous ?

QUAND LA CHENILLE DEVIENT PAPILLON

La Vie est synonyme d'évolution. Tout évolue, que nous le souhaitions ou non. Nous pouvons choisir d'évoluer par choix, ou attendre que la Vie nous y pousse.

Ainsi, pour pouvoir voler, le papillon doit irrémédiablement renoncer à sa forme de chenille, sinon il rampera toute sa vie. L'appel de la Vie pour évoluer est tellement fort que la chenille décide un jour de s'isoler dans son cocon pour devenir ce qu'elle est réellement : le plus beau papillon qui soit. Si elle résiste au changement, elle ne deviendra jamais papillon.

Ainsi en est-il de l'humain. Nous passons une grande partie de notre vie à ramper au sol, oubliant que nous ne sommes pas nés pour rester une chenille. Puis, un jour, nous nous posons LA question : est-ce que je veux être une chenille et ramper toute ma vie ? Alors nous nous isolons du monde, nous réfléchissons et nous nous enveloppons dans un cocon, pour passer à un autre stade de notre évolution.

Rapidement, notre cocon devient trop petit et nous sommes prêts. Nous laissons tomber notre enveloppe et découvrons avec gratitude que nous avons de grandes ailes pour voler où bon nous semble. Ce jour-là, nous assumons pleinement notre état naturel de papillon, notre mission de vie, et nous prenons notre envol. Nous ne sommes plus une chenille !

Un monde infini nous attend. Déployons nos ailes. Chacun de nous est unique et magnifique !

Il est temps de nous épanouir à la hauteur de notre mission de Vie !

NOTRE ENTOURAGE

Certaines personnes qui semblent déprimées ou négatives sont parfois simplement mal entourées.

Observons les gens qui nous entourent. Sans les rendre responsables de ce qui nous arrive, nous les laissons trop souvent nous atteindre par la perception qu'ils ont de nous, et nous laissons leur énergie négative nous affecter inconsciemment.

Trop souvent, nous maintenons certaines personnes dans notre environnement sans nous demander si cette personne nous fait du bien ou non, si elle nous élève ou si elle contribue à nous maintenir dans un état négatif. Les reproches constants, la remise en doute de nos décisions et de notre façon de vivre, ainsi que leurs jugements, nous maintiennent souvent, de manière inconsciente, à un niveau d'énergie dans lequel nous ne sommes pas heureux.

Si les gens négatifs autour de nous ne contribuent pas à notre bien-être, il est peut-être temps de faire du ménage.

Protégeons-nous des énergies négatives des autres. Entourons-nous de gens positifs et énergiques, qui se réalisent à leur manière, et surtout, soyons ouverts à cette belle énergie de Vie, et nous pourrons constater rapidement que nous sommes portés par leur propension au bonheur.

Le négativisme est contagieux, mais le bonheur l'est encore plus !

MENTIR

Pourquoi mentons-nous ? Nous mentons pour nous protéger et pour être plus grands que nature. Nous mentons par crainte d'être nous-mêmes, parce que nous avons des secrets et que nous ne sommes pas tout à fait honnêtes, parce que nous voulons séduire ou parfois même par habitude.

Le plus souvent, nous mentons parce que nous avons peur des conséquences de la vérité.

Pourtant, aucune relation authentique ne peut se bâtir sur des mensonges, aussi anodins soient-ils.

Les autres nous mentent pour les mêmes raisons. Pourquoi acceptons-nous qu'on nous mente ? Si on accepte le mensonge sans rien dire, sans en parler, c'est qu'il y a peut-être une partie de nous qui nous ment à nous-mêmes. Nous pouvons ignorer ce signal, croire que tout va bien alors que ce n'est pas le cas, ou croire que nous valons moins que la vérité.

Difficile d'avoir des relations authentiques et franches avec les autres quand nous avons de la difficulté à en avoir une avec nous-mêmes !

Le mensonge crée une brèche dans toute relation, que ce soit celle avec les autres ou avec soi-même.

Commençons par cesser de nous mentir à nous-mêmes. Ainsi nous aurons au moins une relation vraie : celle avec nous-mêmes !

Cela ne pourra qu'attirer plus de relations franches dans notre environnement.

Préférons une vérité difficile plutôt qu'un mensonge qui séduit. Notre détecteur de mensonges fonctionnera mieux !

UN BOUQUET DE MIRACLES!

La Vie est remplie de petits et de grands miracles !

De coïncidences en hasards, d'imprévus en surprises, il semble que la Vie ait un plan bien défini pour chacun de nous, pour peu que nous voulions nous ouvrir à elle.

À partir du moment où nous décidons de lui faire confiance entièrement et profondément, et de jouer le tout pour le tout, ce grand plan se déploie devant nous.

Dès que nous osons penser, faire et être différents pour enfin être nous-mêmes, la Vie nous gratifie de ces magnifiques petits miracles quotidiens qu'il ne nous reste qu'à cueillir et apprécier avec toute notre gratitude.

Chaque instant de notre vie devient ainsi une possibilité de bonheur, si nous apprenons à reconnaître ces moments d'éternité.

Et si aujourd'hui, nous cueillions consciemment tous les petits miracles de la journée pour en faire un grand bouquet de bonheur ?

LA SPIRALE DE L'APPRENTISSAGE

La Vie est comme une spirale où nous évoluons en nous élevant, mais aussi en repassant sans cesse, à intervalles presque réguliers, sur les défis que nous avons à surmonter, chaque fois à un niveau plus élevé.

Parfois, nous trébuchons sur notre passé, nous retrouvant devant les mêmes embûches, revivant les mêmes difficultés, en nous disant que nous devrions pourtant avoir abandonné ce modèle.

D'autres fois, c'est le passé qui revient nous hanter, sous d'autres visages, pour régler des situations que nous avions fuies parce qu'elles étaient trop douloureuses ou difficiles.

Et quelques fois, quand la Vie est réellement bonne pour nous, la magie se produit : le passé, le présent et le futur viennent s'unir pour harmoniser notre âme et notre destinée. Les liens entre ce que nous avions à apprendre et ce que nous devons apporter au monde se tissent en un tout fluide et lumineux.

Ce moment de grâce est un cadeau exceptionnel auquel nous avons tous accès, si nous avons l'ouverture du cœur et de l'âme.

CROIRE EN SOI

Peu importe en quoi nous croyons, au bout du compte, nous n'aurons toujours que nous-mêmes comme point de référence.

Qu'importe les méandres que nous empruntons pour nous définir, chacun de ces détours contribue à façonner la personne que nous sommes appelés à devenir.

Ainsi, nous ne pouvons pas juger nos choix antérieurs comme étant bons ou mauvais, puisqu'ils furent nécessaires à la construction de notre personnalité et à l'éveil de notre âme.

Toutes les circonstances de notre vie nous ont permis de définir nos valeurs et de placer les jalons de nos repères, afin que, dans la réalisation pleine et entière de notre « moi », nous n'ayons plus de doute sur le choix de route que nous voulons prendre.

Rien ne sert d'avoir des regrets, puisque tous nos pas nous ont conduits au carrefour de notre vie, précisément là où nous devions être aujourd'hui.

FAIRE DIFFÉREMMENT

Parfois, il faut s'éloigner de ce que nous voulons pour trouver ce dont nous avons besoin !

Si nous voulons vivre quelque chose de grand, mais que nous nous contentons continuellement de l'habituel et de l'ordinaire, quelle place reste-t-il pour que la Vie nous amène l'extraordinaire ?

Si nous accumulons toujours les mêmes choses, faisons les mêmes activités et choisissons toujours les mêmes genres de personnes, il ne reste pas beaucoup d'espace pour accueillir le nouveau, l'inconnu, le progrès, l'évolution et la magie !

Même si nous aimons quelque chose, allons-nous nous contenter de cette chose unique pour le reste de notre vie ?

Au lieu de toujours agir de la même façon, jour après jour, sortons de nos habitudes et agissons différemment, afin d'aller cueillir tout ce que la Vie a d'extraordinaire à nous offrir.

Nous avons presque tous tendance à croire que nous méritons moins que ce que nous espérons. À partir d'aujourd'hui, faisons différemment. Attendons-nous à plus que ce que nous croyons mériter !

LA PEUR D'AVANCER

Ce n'est pas ce que nous craignons de perdre qui nous empêche d'agir ; c'est ce que nous pourrions devenir après avoir agi qui nous effraie.

Lorsque vient le temps des grandes transformations, que nous les provoquions ou que nous les subissions, il y a toujours trois étapes principales.

La première est de résister à ce changement. C'est l'étape la plus souffrante parce que nous avons peur et nous refusons de changer.

Ensuite, vient un moment où la peur du changement fait place au besoin de changement. Nous avons du chagrin, mais nous savons que nous devons faire le deuil de ce qui a été. Simultanément, la transformation annoncée apparaît davantage comme la meilleure solution pour accéder à notre bonheur.

Puis un jour, nous nous levons un matin et le deuil est presque complété. La peur est presque éteinte et nous avons fait LE premier pas vers cette transformation de « ce qui ne peut plus être » vers « tout ce qui est possible ».

Ce jour-là, nous comprenons que nous n'avons pas à être la personne que nous croyons devoir être pour être aimés, et nous devenons enfin la personne que nous sommes réellement.

C'est toute notre vie que nous prenons alors en mains. Le courage et l'énergie reviennent, mais c'est surtout la Joie qui caractérise cette étape. C'est une joie profonde, bâtie sur la certitude que nous faisons finalement ce que notre âme attendait depuis si longtemps.

TOUT NOUS EST UTILE

Nous ne comprenons pas toujours ce qui nous arrive au moment où ça se produit.

Parfois, ça nous prend des années pour mettre en place tous les morceaux. Un jour peut-être, nous nous surprenons même à avoir des regrets.

Pourtant, lorsque nous y regardons de plus près, nous réalisons que TOUT fut utile, que tout a servi à nous construire. Tous les détours, les reculs, les pas de côté et les sauts vers l'avant. TOUT a contribué à faire de nous la personne que nous sommes devenus aujourd'hui.

Nous réalisons que la Vie avait un grand plan pour nous, qu'elle nous y a préparés de longue haleine et qu'il est maintenant temps de le réaliser. Pas plus tard. Maintenant !

Lorsque nous finissons par comprendre que tout fut utile pour devenir qui nous sommes, nous faisons aussi la paix avec tout ce qui nous arrive désormais, parce que nous savons que chaque situation vise à nous construire. Chaque événement et chaque rencontre participent à notre évolution.

Dès lors s'installe en nous une grande paix, profonde, immuable et solide. Ça s'appelle faire confiance à la Vie, totalement et pleinement.

Et ça ne nous quitte plus jamais.

LES SURPRISES

Nous n'avons que peu d'informations sur ce qui nous attend dans la vie, et c'est parfait ainsi.

L'angoisse des mauvaises nouvelles à venir nous est évitée, mais les belles surprises que la Vie nous réserve nous apportent souvent les plus grands Bonheurs. Comment ne pas être émerveillés devant ces miracles qui surgissent sur notre route au moment où nous nous y attendons le moins ?

La Vie est composée de milliers de petits et de grands cadeaux. Certains sont emballés différemment, d'autres ont le mauvais emballage et quelques-uns sont gigantesques, mais chacun d'entre eux apporte son présent, notre présent.

C'est à nous de les reconnaître chaque jour, de prendre le temps de les déballer et de les apprécier. Plus nous nous exerçons à les chercher quotidiennement, plus nous en trouvons !

Parfois, nous trouvons même des trésors !

NOTRE GPS

La raison nous prévient de ce que nous devons éviter pour être malheureux, mais seul le cœur nous dit ce qu'il faut faire pour être heureux.

Notre intuition nous pousse toujours à agir pour notre plus grand bien, mais notre mental nous rappelle sans cesse toutes les bonnes raisons d'avoir peur d'agir ou de prendre ce tournant essentiel à notre évolution.

Suivons donc notre GPS interne ! C'est notre intuition, notre âme qui parle.

Écoutons-la et suivons ses conseils, sinon elle trouvera des milliers de manières de nous rappeler constamment qu'il nous manque quelque chose ou que nous n'allons pas dans la bonne direction.

Faisons-lui confiance. Nous n'avons pas à chercher quelle route prendre. La bonne direction se pointera d'elle-même.

La peur guide toujours le mental, mais l'amour guide toujours l'intuition.

Alors, qui choisirez-vous d'écouter aujourd'hui ?

NOS COULEURS

Il paraît que nous sommes la somme des cinq personnes les plus proches de nous. Nous comprenons donc l'importance de s'entourer des bonnes personnes !

En fait, nous nous entourons surtout de gens complémentaires à nous. Ainsi, nous attirons certaines personnes qui sont neutres, d'autres qui sont plutôt noirs ou blancs et d'autres encore qui osent porter leurs propres couleurs. Tous viennent ainsi compléter notre bouquet coloré.

Peu importe la teinte que privilégient ceux qui nous entourent, il s'agit toujours de couleurs que nous portons en nous, mais que trop souvent, nous n'osons pas montrer, de peur de déranger, de décevoir ou d'être « trop » nous-mêmes. Comme si c'était possible !

Puisque nous portons nous-mêmes toutes ces couleurs, affichons-les fièrement, laissons-les s'exprimer à travers ce que nous sommes vraiment et osons montrer de quelles couleurs nous sommes faits !

Si ça dérange certains, rappelons-nous que c'est une belle manière de leur enseigner l'amour inconditionnel !

Oser porter ses propres couleurs, c'est voyager avec le cœur plus léger et s'élever encore plus haut.

Pour être aimés comme nous sommes, il faut se montrer comme nous sommes !

Quitte à être « trop » soi-même parfois !

L'ESTIME DE SOI

Notre estime de soi, c'est un peu un carré de sable dans lequel nous jouons.

Certains se contentent de petits bacs à sable, d'autres d'un carré plus grand avec quelques jouets, qui sont autant de qualités et de talents qu'ils se reconnaissent.

D'autres agrandissent constamment leur carré de sable, repoussant les parois pour avoir plus de place pour évoluer, grandir et le remplir de qualités, de dons, de talents et d'amis.

Notre carré de sable représente les limites que nous nous imposons chaque jour, croyant à tort que nous sommes nés pour rester dans un carré de cette taille. C'est notre zone de confort initiale.

Cependant, nous pouvons sans cesse repousser les limites de cette zone de confort en agrandissant notre carré de sable, en développant de nouvelles idées, en ouvrant notre esprit, en nous aimant davantage et en osant essayer chaque jour de faire quelque chose de nouveau.

Si nous travaillons chaque jour à agrandir notre carré de sable, celui-ci deviendra une plage entière et sans limites. Nous reprendrons alors notre plein pouvoir sur notre Vie.

LES GENS HEUREUX

Avez-vous déjà remarqué à quel point les gens heureux ont une bonne estime d'eux-mêmes ?

À l'inverse, avez-vous déjà rencontré des gens heureux ayant une piètre opinion d'eux-mêmes ? Impossible !

Il est difficile d'accueillir le bonheur et d'apprécier les moments de joie si nous nous jugeons sévèrement, si nous culpabilisons et avons des regrets, si nous nous croyons moches et que nous sommes toujours insatisfaits de nous-mêmes.

Lorsque nous sommes dans cet état, nous n'attirons pas le bonheur. Nous le faisons fuir.

À l'inverse, si nous avons de la gratitude pour ce que nous avons, si nous sommes bons envers nous-mêmes, si nous prenons soin de nous et nous acceptons comme nous sommes, si nous nous aimons et si nous apprenons doucement à nous aimer, il est fascinant de constater à quel point les moments de bonheur et de joie se multiplient dans notre vie.

Nous devenons des aimants à bonheurs !

Notre capacité à recevoir et à accepter le bonheur est directement proportionnelle à notre estime de soi.

Il n'y a que dans le dictionnaire que le bonheur vient avant l'estime de soi.

Plus nous nous aimons d'abord, plus nous acceptons d'être heureux et plus nous le sommes.

UNE MARCHE À LA FOIS

Tout le monde porte des blessures. Certaines sont plus profondes que d'autres.

La plupart des gens ont l'impression que leurs blessures sont pires que celles des autres. Certains les glorifient même.

D'autres passent leur vie à lécher leurs plaies.

Nos blessures existent pour nous enseigner des leçons importantes, mais aussi pour nous fortifier, nous rendre plus solides et mieux équilibrés.

Chaque fois, nous gravissons une marche dans l'escalier de notre évolution personnelle. Chaque blessure agit comme la contremarche du pallier qu'elle soutient. Elle le solidifie et nous permet d'y monter.

C'est grâce à cette blessure que nous pouvons avancer. Elle sert d'appui si nous en tirons l'enseignement.

Nous n'avons pas besoin d'avoir mal pour avancer dans la vie, mais si nous avons eu mal, c'est que nous avions besoin d'avancer !

NOS TALENTS

Certaines personnes portent depuis toujours en eux des talents extraordinaires et des dons exceptionnels qu'ils ont peur d'utiliser.

Ces peurs proviennent parfois de l'enfance, où nous avons peut-être été rabroués par un parent, un ami ou un professeur, alors que nous expérimentions ce talent.

D'autres fois, l'ampleur de ce don peut nous faire peur, parce que nous savons qu'en le laissant s'épanouir pleinement, notre vie en sera changée pour de bon.

Pourtant, si nous acceptons de déstructurer certaines de nos rigidités et de nos vieilles certitudes, nous réaliserons que notre âme n'attend que de mettre à profit nos talents et nos dons pour le bien de l'humanité, peu importe à quelle échelle.

Même si nous cherchons toute notre vie à contrôler l'appel de notre âme, non seulement nous n'y arriverons pas, mais nous risquons d'en être malades.

Nos dons et talents servent notre mission. Qui sommes-nous pour refuser ce que la Vie nous demande de faire ?

Mettre ses dons au profit de notre mission, c'est s'aimer suffisamment pour laisser notre lumière éclairer le monde.

LES BAGAGES

Nous sommes tous parfois épuisés sans raison apparente.

Nous portons tous, souvent inconsciemment, notre lot de bagages inutiles, qui alourdissent notre trajet, rendent notre voyage moins agréable et ralentissent notre pas.

Ces bagages sont constitués de secrets jamais confiés, de mauvais souvenirs, de conflits non réglés, de regrets non assumés, de chagrins d'enfance et de peines d'adultes. Les abandons, les rejets, les peurs et les dépendances finissent de remplir ces valises trop lourdes pour notre bien-être.

Pourtant, nous continuons de les porter et de nous épuiser en les tirant pour avancer, et nous ne comprenons pas pourquoi nous sommes tant fatigués.

Si nous essayions plutôt de voyager légers ?

Déposons à la consigne tous nos bagages inutiles. Confions à quelqu'un de confiance ceux que nous ne pouvons plus porter seuls et partageons ceux que nous désirons conserver encore un peu.

Traîner notre passé dans notre présent n'a aucun avenir.

Nous n'avons pas besoin de beaucoup de bagages pour être heureux ; le minimum suffit.

Délestons-nous de ce qui nous nuit ou ne nous sert plus.

Conservons seulement ce dont nous avons besoin dans le moment présent. Le reste appartient au passé.

L'ÉCRIN À SOUVENIRS

Au soir de notre vie, qu'y aura-t-il dans notre écrin à souvenirs ?

Nous souviendrons-nous des biens que nous avons acquis ou des moments que nous avons vécus ?

Du travail que nous avons accompli jour après jour ou des moments de joie pure vécus auprès de ceux que nous avons aimés ?

Regretterons-nous d'avoir trop travaillé et pas assez profité de la vie ou d'avoir trop profité de la vie et pas assez travaillé ?

Quelle importance auront alors nos problèmes d'aujourd'hui lorsque nous aurons atteint le bout de notre route ?

Et si aujourd'hui, nous nous employions à remplir avec soin notre coffret à souvenirs ? Si nous nous bâtissions tout de suite de beaux souvenirs pour plus tard, en vivant intensément l'instant présent ?

Faisons nos choix en fonction du bilan que nous aimerions faire de notre vie. Offrons-nous un coffre rempli de souvenirs heureux, de moments tendres et de passions intenses. Ajoutons-y de petits bonheurs quotidiens, des décisions courageuses, des risques captivants, des élans spontanés, des bras ouverts et des cœurs débordants d'amour.

C'est notre écrin. Il ne tient qu'à nous de choisir maintenant ce que nous désirons y conserver précieusement.

Et si aujourd'hui et chaque jour, nous nous créions au moins un souvenir heureux ?

EN SURVIE

Nous sommes si souvent en mode survie que nous en venons à croire que c'est normal.

Que nous vivions une dépression ou relevions d'une maladie, nous sommes en mode survie. Quand nous travaillons avec peine pour joindre les deux bouts, que nous nous battons pour faire respecter nos droits et que nous tentons de conserver une relation qui se meurt, nous sommes en mode survie. Lorsque nous nous inquiétons pour un proche, que nous sommes tentés d'abandonner la partie ou que le stress nous ronge, nous sommes en mode survie.

Peut-être serait-il temps de commencer à vivre plutôt que de seulement survivre ?

Vivre, c'est accueillir les autres comme ils sont, s'abandonner dans les bras de ceux que nous aimons, admirer un coucher de soleil et rendre service ou accepter celui qu'on nous offre. Vivre, c'est aussi écouter de la musique, travailler dans la joie de se réaliser, relever des défis, profiter des cadeaux de la Vie, faire ce que nous aimons, s'amuser, rire, danser, chanter, aimer.

Profiter de la Vie, c'est aussi réapprendre à vivre sans les conditionnements imposés ou acquis. C'est être soi-même, peu importe ce que les autres en pensent. C'est ouvrir son cœur et son âme à soi, aux autres et à la Vie.

Que ferez-vous aujourd'hui pour profiter pleinement de votre vie ?

LE DROIT AU BONHEUR

Notre droit au bonheur, nous ne l'avons pas volé. C'est non seulement un droit fondamental de naissance, mais c'est même un devoir que de faire rayonner la joie autour de nous.

Ceux qui souffrent ont besoin d'exemples de bonheur, et non d'autres exemples de souffrances.

Nous avons tous traversé nos moments difficiles, alors au moment de nous accorder le droit d'être heureux, il ne faut surtout pas se retenir !

Si nous sommes heureux alors que certaines personnes de notre entourage ne le sont pas, si nous connaissons du succès alors que d'autres nous jalousent, ne nous réduisons pas pour éviter de froisser certaines personnes dérangées par notre lumière.

Laissons notre soleil briller, même si certains préfèrent se mettre à l'ombre, et permettons-nous de rayonner de tout notre être. D'autres apprécieront tellement notre chaleur qu'ils auront le goût d'en faire autant.

Le monde a besoin de la lumière de chacun d'entre nous. Ensemble, nous pouvons faire une différence !

SE BRANCHER SUR L'AMOUR

Lorsque nous nous branchons sur l'Amour que nous portons en nous, que nous le mettons au service des autres et que nous le dirigeons aussi vers nous, afin d'être au moins aussi bons pour nous que nous le sommes pour les autres, il se produit alors des phénomènes extraordinaires en nous et dans notre vie.

Les jugements se raréfient, puisqu'il est impossible d'aimer et de juger à la fois.

Les peurs s'estompent, puisque l'amour apporte le courage.

Les colères ne peuvent plus survivre, puisqu'elles étaient alimentées par la peur et le jugement.

La compassion s'installe et un sentiment de légèreté nous soulève, allégeant chacun de nos pas et nous guidant vers ce qu'il y a de mieux pour nous et pour les autres.

Nous avons l'impression de flotter, nous élever et d'être plus libres, plus légers.

Lorsque nous utilisons notre amour pour faire le bien autour de nous, pour aider, consoler, soutenir ou seulement écouter, nous devenons semblables à des anges terrestres, remplissant un rôle essentiel dans notre monde d'aujourd'hui : celui d'aimer.

Lorsque vous serez branchés sur l'Amour, arrêtez-vous quelques instants et observez attentivement. Sentez-vous vos ailes pousser ?

LES HÉRISSONS!

Certaines personnes nous semblent si difficiles à aimer qu'elles nous hérissent !

Parfois, elles testent nos limites et nous trouvons cette attitude d'autant plus pénible que nous avons de la difficulté à les mettre, nos limites.

D'autres fois, elles ont les traits de caractère de nos parents qui nous ont brimés ou blessés étant jeunes.

D'autres encore sont le reflet d'une partie de nous-mêmes que notre amour n'a pas encore éclairée.

Peu importe ce que ces personnes éveillent en nous, aucune ne croise notre route par hasard. Même si leur passage ne sert qu'à nous convaincre d'éviter ce genre de personnes, elles auront joué le rôle qu'elles avaient à jouer dans notre vie, comme toute personne que nous rencontrons.

Au lieu de lutter contre ce genre de situations, accueillons-les, puisqu'elles jouent un rôle important dans notre vie : celui d'apprendre à mieux nous connaître pour pouvoir mieux nous aimer.

LE MENTAL

Si nous ne maîtrisons pas notre mental, nous serons constamment assaillis de pensées, d'obligations, de choses à faire, de listes à régler, de travail à accomplir, de scénarios à construire et de peurs à gérer.

Si nous laissons nos pensées négatives nous envahir, elles se multiplieront et ne nous laisseront aucun répit, devenant toujours plus nombreuses et plus étourdissantes.

Elles prendront toute la place, ne laissant que des miettes pour la créativité, le silence, la plénitude et l'amour.

Taire ses pensées et son mental de temps à autre, c'est accepter de vivre sans filet, de vivre dans son cœur et de se laisser guider par l'intuition sans limites dont nous disposons tous.

C'est faire de la place pour les surprises, la beauté, la tendresse et l'authenticité.

C'est vivre libre dans l'océan infini de l'Amour, plutôt que de se laisser cerner par un mental contrôlant.

NOTRE ÉLAN INTÉRIEUR

Avant de prendre une décision importante, la plupart des gens dressent une liste des avantages et des inconvénients de chacune des options possibles.

Nous voulons faire le bon choix. Nous ne voulons surtout pas nous tromper, alors nous analysons et réfléchissons.

Pourtant, dans cette anxiété entourant notre décision, nous oublions trop souvent un élément important : notre élan intérieur ! Qu'est-ce que se dit à l'intérieur de nous ?

Si nous nous adressions à l'enfant en nous, celui que nous oublions toujours, que penserait-il de notre choix ? Si notre âme, dans un élan spontané et puissant, nous indiquait une direction différente de celle imposée par notre mental, pourquoi ne pas l'écouter ?

Si, au lieu d'avoir peur de nous tromper, nous faisions confiance à l'amour, à ce dont notre âme a besoin pour se réaliser ? Peut-être notre choix paraîtra-t-il insensé aux yeux des autres, et alors ?

Si nous suivons l'élan de notre cœur, rien n'est insensé. Si nous arrivons à faire taire notre mental quelques instants, nous entendrons notre musique intérieure. Notre âme sait toujours mieux que nous ce dont nous avons besoin, même si, en ce moment, nous ne comprenons pas pourquoi.

Suivre notre élan intérieur nous propulse toujours beaucoup plus loin que les freins de la peur et du rationnel.

LE CHAOS

Certaines périodes de notre vie ressemblent au chaos, comme les nébuleuses dans l'univers.

Nous croyons que tout est difficile et souvent, nous ne voyons pas la lumière qui se pointe à l'horizon.

Pourtant, ce chaos est souvent porteur d'un grand miracle.

Ainsi, les difficultés s'agglutinent parfois tellement autour de nous que nous croyons être sur le point d'exploser. C'est exactement ce qui se produit avec une nébuleuse. Lorsqu'il y a trop de poussières, de tensions et de pression, la nébuleuse éclate et cède la place à une nouvelle étoile, belle, brillante et lumineuse.

Il en est de même pour chacun de nous. Chaque épisode de chaos est précurseur d'une nouvelle naissance pour nous.

Ce qui ne nous ressemble plus, ce qui n'est plus conforme à ce que nous sommes devenus, meurt symboliquement, et une nouvelle version de nous renaît, plus lumineuse, douée pour le bonheur, et davantage en affinité avec notre âme.

La prochaine fois que nous serons témoins du chaos dans notre vie, rappelons-nous que de ce chaos naîtra une nouvelle lumière resplendissante : la nôtre, plus belle et plus forte que jamais.

Des ténèbres jaillit toujours la lumière. Tenez bon !

AU CŒUR DE SOI

Il suffit parfois d'une petite chose pour changer le cours de notre vie : un coup de téléphone, une rencontre inattendue, un sourire, un imprévu, une attention particulière, un détour ou un retard.

Ce peut également être des choses plus importantes comme une maladie, une déception, un coup dur ou une perte.

Les événements en soi ne sont jamais entièrement positifs ou négatifs. C'est ce qu'ils apportent comme changements et ce que nous en faisons qui leur confèrent toute leur valeur et leur importance dans notre vie.

Si nous sommes ouverts à accueillir leurs messages, nous pouvons tirer un apprentissage positif de toute situation.

Notre vie peut changer à tout instant.

Même en résistant de toutes nos forces, tôt ou tard, nous devrons prendre le chemin qui mène au cœur de soi, à notre être véritable et à notre authenticité. Résister rend le processus plus long et plus douloureux.

Accepter que la Vie soit changement réduit les aspérités de la route et rend le voyage plus agréable.

ÊTRE VRAI

Au cours de notre vie, nous vivons des expériences variées.

Lorsque ces expériences s'avèrent pénibles, nous érigeons des barrières pour éviter de revivre la même expérience. Il se forme alors des masques couvrant notre moi véritable, comme autant de mécanismes inutiles pour ne pas être blessés à nouveau.

Pourtant, ces expériences dont nous avons si peur, nous les avons DÉJÀ vécues, et nous sommes toujours vivants ! Alors de quoi avons-nous peur ?

Au fil des années, à force de porter ces masques, nous perdons de vue qui nous sommes vraiment.

Puis, un jour, la Vie abat nos masques futiles par une rencontre signifiante, une maladie ou une épreuve qui remet tout en question.

Ce jour-là, comme dans un tronc d'arbre coupé, nous voyons enfin le nombre de couches superficielles que nous portions et nous comprenons que seul le cœur de l'arbre le fait vivre.

Seul notre véritable moi nous fait vivre.

Ce jour-là, nous avons envie de laisser tomber les masques, les faux-semblants et l'artificiel pour révéler enfin notre vrai Moi. D'abord à nous-mêmes, puis au reste du monde.

Ce jour-là, nous assumons pleinement notre authenticité.

Nous sommes enfin vrais.

ÊTRE SON PROPRE HÉROS!

Parfois, nous admirons tellement certaines personnes que nous souhaitons leur ressembler.

Nous tentons de marcher dans leurs pas, de faire et d'être comme eux, mais ça ne fonctionne qu'à moitié.

Ceux que nous admirons sont là pour nous servir de guides à nous éveiller à notre potentiel supérieur. Leur succès doit nous stimuler à nous dépasser, à dépasser nos limites et non à les imiter ou à vouloir leur ressembler. Nous ne devons mettre aucune personne sur un piédestal, puisqu'elle ne peut qu'en tomber. Plus élevé est le piédestal, plus la chute sera abrupte.

Il y a un proverbe qui dit que nous ne devrions jamais rencontrer nos héros, puisque nous ne pouvons qu'être déçus par leurs imperfections.

Ainsi, ce que nous admirons chez les autres, nous le portons assurément en nous-mêmes. C'est ce filon que nous devons exploiter, en lui donnant nos propres couleurs, et non celles des autres.

Ce que nous apportons est unique. N'essayons pas d'être une copie de quelqu'un d'autre. Soyons nous-mêmes !

Soyons notre propre héros dans l'histoire de notre vie.

C'est bien d'avoir des modèles inspirants, mais c'est encore mieux d'aspirer à en être un !

SE RÉALISER

Beaucoup ont l'impression que, pour nous réaliser, nous devons « faire » beaucoup de choses, ou faire « la » bonne chose.

Nous devons trouver le bon emploi, travailler fort et gravir les échelons. Nous devons posséder beaucoup de biens, avoir beaucoup d'argent, faire toutes sortes d'activités, recevoir une foule de gens et être connus.

La réalisation personnelle semble alors se définir par en faire toujours plus, en faire trop même parfois, dans le but souvent inconscient d'être aimés, d'avoir une valeur aux yeux de quelqu'un ou à nos propres yeux, quitte à nous perdre dans ce processus sans fin qui siphonne notre énergie.

Pourtant, la réalisation personnelle vient quand nous n'avons plus besoin de « faire » quoi que ce soit pour être bien. Nous « sommes » bien, tout simplement. Nous laissons notre intuition nous guider, nous restons branchés sur l'amour, nous accueillons avec ouverture les événements de la vie et les gens sur notre route.

Nous ne forçons plus. Nous ne courons plus. Nous nous retrouvons.

Bref, nous nous réalisons pleinement lorsque nous savons être à la bonne place, au bon moment, avec les bonnes personnes.

Le sentiment qui nous habite alors est de rentrer enfin chez soi, d'être à la maison.

Être en soi, peu importe ce que nous faisons. Tout le reste devient secondaire.

VIRAGES

Nous sommes dans une ère de grandes transformations personnelles.

Beaucoup de gens autour de nous vivent des passages de vie importants, des virages à 90 degrés, parfois même à 180 degrés.

Souvent, ces grandes transformations surviennent dans plusieurs aspects de notre vie en même temps : professionnel, relationnel ou personnel. Ces changements sont majeurs.

La plupart de ces grandes transformations constituent des moments difficiles. Se débarrasser de ses vieilles carapaces est douloureux. C'est d'autant plus difficile si nous les portons depuis longtemps. Elles se sont alors cristallisées. C'est douloureux si nous résistons, et les coups pour briser la coquille doivent être plus nombreux et plus forts.

Pour renaître, pour vivre selon ce que nous sommes maintenant, nous devons casser notre vieille coquille, même si celle-ci est comme une cage dorée.

La transformation est plus facile si les coups de bec viennent de l'intérieur de la coquille plutôt que de l'extérieur !

De l'autre côté de ce passage, une nouvelle vie nous attend.

Si nous vivons l'une de ces grandes transformations, soyons courageux. La Vie à l'extérieur de notre vieille coquille est beaucoup plus vaste et plus belle que celle que nous laissons derrière !

LE CADEAU DE NOS PEURS

Nos doutes et nos peurs sont souvent nos propres projections.

Si nous avons peur d'être rejetés, comment nous rejetons-nous ?

Si nous avons peur d'être trahis, dans quelles circonstances trahissons-nous ce que nous sommes vraiment ?

Si nous avons peur d'être seuls, quand nous laissons-nous tomber nous-mêmes ? Si nous doutons que quelqu'un puisse nous aimer vraiment, avons-nous développé la capacité à nous aimer tels que nous sommes ?

Au fond, c'est la peur de perdre et de ne pas être aimé qui refait surface. Les mécanismes de protection s'enclenchent alors automatiquement : repli, anxiété, doutes. Pourtant, quelques instants auparavant, la paix et la certitude habitaient notre cœur.

Lorsque notre mental s'emballe comme un cheval fou sans bride, les doutes et la peur nous assaillent.

Plutôt que de nous juger durement lorsque l'anxiété surgit, tentons de voir ce que ces peurs nous apprennent sur nous-mêmes.

Il y a un cadeau lumineux dans chacune d'elles : celui de nous enseigner à mieux nous aimer.

Parfois, il s'agit juste de tourner son regard vers la lumière.

LE BILAN DE NOTRE AMOUR

À notre dernier souffle, tout ce qui aura compté, c'est l'amour que nous aurons donné et celui que nous aurons reçu. Peut-être même l'amour que nous n'aurons pas donné et celui que nous n'aurons pas reçu.

Tout le reste ne comptera plus. Pourquoi sacrifions-nous autant d'énergie et de temps, chaque jour, sur des choses qui ne compteront plus à la fin ? Combien de nos heures sont consacrées à aimer chaque jour ? Et si, aujourd'hui, nous mettions consciemment de l'amour dans chacun de nos petits gestes ?

Soutenir, sourire, écouter, avoir de petites attentions, offrir son aide, tenir la main, accueillir le silence de l'autre.

Comprendre plutôt que juger, accepter plutôt que se fâcher, ouvrir son cœur plutôt que de le fermer, choisir la voie de l'amour plutôt que le modèle habituel.

Mettre de l'amour dans nos messages, au téléphone, dans nos paroles, dans le ton de notre voix et dans notre regard.

S'accepter soi-même avec amour plutôt que de se taper dessus.

Aimer sans compter, puisqu'au final, aimer c'est tout ce qui compte.

NOTRE CORPS

Notre corps est un merveilleux baromètre de ce qui se passe dans notre âme !

Une baisse d'énergie signifie que quelque chose n'est pas en harmonie dans notre vie ou dans notre âme. C'est l'un des derniers moyens que notre enfant intérieur a trouvés, après nous avoir envoyé plusieurs signes qui sont passés inaperçus, pour nous dire que quelque chose ne va pas dans notre vie en ce moment.

Le prochain signe possible, si nous ne comprenons toujours pas, risque d'être plus marquant, comme une maladie ou un accident.

Cette baisse d'énergie n'est jamais attribuable aux autres ni aux événements. Elle a son origine avec ce que nous laissons entrer dans notre vie ou ce que nous refusons de laisser partir.

Elle est la conséquence directe de nos choix. Elle illustre parfaitement la manière dont nous nous traitons et le niveau de respect que nous avons envers nous-mêmes.

Alors, si nous vivons actuellement une baisse d'énergie, qu'est-ce que notre enfant intérieur essaie de nous apprendre sur nous ?

Pour retrouver notre énergie et notre joie de vivre, nous devons trouver ce que nous avons besoin de changer dans notre vie actuellement et que nous avons refusé de faire jusqu'à présent.

Tout changement, même petit, ravivera notre énergie.

RALENTIR

Prendre le temps de fermer les yeux. Prendre de longues inspirations. Laisser aller nos soucis.

Être complètement dans le moment présent.

Entendre la musique de la Vie autour de soi.

Sourire à soi et pour soi.

Sentir la paix au cœur de notre âme.

Quand avons-nous vraiment pris le temps de vivre pour la dernière fois ? Quand nous sommes-nous arrêtés pour ÊTRE, tout simplement ?

La course folle que beaucoup d'entre nous vivent, le rythme infernal que nous nous imposons trop souvent et les nombreuses obligations que nous assumons constamment nous éloignent de notre bien-être, de notre joie de vivre, de notre capacité à aimer et d'être heureux.

Le temps que nous consacrons à faire autre chose qu'être présents dans l'amour nous vole notre santé, notre quotidien et souvent notre potentiel de bonheur.

Bonne nouvelle, nous avons inventé une formule miraculeuse pour ralentir le rythme de notre vie, une solution qui ne tient qu'en un seul mot : NON !

Apprendre à dire non à tout ce qui n'est pas essentiel permet de dire OUI à tout ce qui nous rend heureux.

LA MAGIE

Mettre de la magie dans nos vies et dans celle des autres est l'un des moyens les moins coûteux d'être heureux et de contribuer au bonheur des autres.

Nos plus beaux souvenirs sont souvent constitués d'instants magiques, où le temps s'est suspendu, où ce qui semblait improbable est arrivé et où les synchronicités sont devenues évidentes.

Créer des moments magiques, c'est sortir de l'ordinaire pour faire plaisir aux autres ou à soi.

C'est croire que tout est possible et le réaliser.

C'est créer des étincelles de joie par de petits gestes attentionnés.

C'est des petits miracles qui nous font don de leur générosité.

C'est de l'amour sans retenue.

La magie, c'est des semences de bonheur à récolter pendant longtemps !

Pour la voir autant que pour la créer, il faut mettre de côté son cerveau d'adulte et le remplacer par son cœur d'enfant.

Et si aujourd'hui, nous remplissions cette journée de moments magiques, tant pour les autres que pour soi, comme autant d'étincelles sur notre route ?

L'ÉQUILIBRE

Dans notre vie, l'équilibre est fragile et difficile à maintenir.

Le plus souvent, nous sommes équilibrés sur un ou deux aspects majeurs de notre vie et peu sur d'autres.

Dans nos relations, nous avons tendance à trop donner ou à trop attendre.

Dans la vie professionnelle, nous travaillons trop ou nous sommes démotivés.

En général, nous avons tendance à être dominés ou dominants, généreux ou égoïstes, introvertis ou extravertis, passionnés ou réservés.

La vie est faite de polarités. Chaque négatif dans notre vie est compensé par un positif tôt ou tard. Chaque difficulté est comblée par un apprentissage. Chaque fardeau apporte son cadeau.

C'est à nous qu'il revient d'assurer le fragile équilibre de nos émotions, de nos sentiments, de ce que nous acceptons et refusons dans notre vie.

Où se situe le point d'équilibre dans notre vie ? Si nous en faisons trop et que nous nous négligeons, que pouvons-nous faire aujourd'hui pour rétablir plus d'équilibre dans notre vie ?

L'ENVIE

L'envie est un poison qui tue à petites doses.

Elle s'immisce dans la perception de gens que nous connaissons peu et dans nos relations les plus intimes.

Elle tue l'admiration nécessaire à l'amitié et à l'amour et fait naître la jalousie qui anéantit tout sur son passage.

Lorsqu'une personne envie quelqu'un, elle porte un jugement à double tranchant : pourquoi un autre et pas moi ? Elle a de la difficulté à accepter la lumière de l'autre alors qu'elle éteint elle-même sa propre étincelle. Elle a sacrifié l'enfant rieur en elle au profit de l'adulte sérieux.

Lorsque nous rencontrons une personne envieuse, soyons conscients que c'est l'enfant en elle qui crie pour être entendu par l'adulte qui le domine au sein du même corps.

Soyons également conscients que ce miroir nous rappelle d'être bons pour nous et pour les autres, que chacun a le droit de faire briller sa lumière avec ses propres couleurs et que personne n'est supérieur aux autres. Il y a de la place pour les étincelles de chacun d'entre nous dans ce monde.

Ce monde a besoin de toutes nos étincelles. La lumière éclaire tout autour, elle ne porte pas ombrage à qui que ce soit.

Il ne tient qu'à chacun de nous de décider à quelle hauteur notre flamme brillera.

MARCHER SUR DES ŒUFS

Avec certaines personnes susceptibles, nous marchons constamment sur des œufs.

Afin de ne pas provoquer leur colère, nous évitons de dire, de faire et d'être quelque chose qu'elles n'aimeront pas.

Dans le but d'éviter des conflits, nous renonçons à nos propres besoins, à nos goûts, nos désirs et nos opinions. Parfois même, surtout si un de nos parents était susceptible, nous pouvons aller jusqu'à nous renier nous-mêmes pour préserver ce semblant de « relation ».

Pourtant, aucune relation, si importante semble-t-elle, ne mérite que nous nous effacions jusqu'à disparaître complètement, pour ne pas que l'autre se fâche.

Se censurer pour ne pas déplaire nous en apprend beaucoup sur notre estime de soi.

Toute notre vie, nous devons apprendre à nous affirmer, à nous tenir debout et à dire notre vérité.

Nous ne pouvons pas renier les efforts de toute une vie pour ne pas déplaire à quelqu'un !

Continuons d'être authentiques, d'être vrais et d'être nous-mêmes. Si ça choque certaines personnes, c'est leur problème, pas le nôtre !

Quelqu'un qui ne nous accepte pas comme nous sommes mérite-t-il d'être dans notre vie ?

AIDER

Aider une autre personne, ce n'est pas toujours trouver les bons mots pour la réconforter.

Les mots peuvent être réconfortants, mais ils ne sont pas toujours nécessaires.

Ce n'est pas toujours non plus lui offrir des conseils. Parfois nous pouvons juste l'écouter si elle a seulement besoin de parler et d'être entendue.

Ce n'est peut-être pas non plus lui dire quoi faire. Cela ne correspond pas toujours à son besoin et elle n'est peut-être pas prête à passer à l'action.

Ce n'est surtout pas lui imposer notre solution à ses problèmes. Nous n'avons pas besoin non plus de lui acheter un cadeau pour la consoler ni de la distraire pour lui faire oublier sa peine.

Souvent, le meilleur moyen d'aider, c'est d'être là, tout simplement et en toute humilité, avec amour, parfois en silence, et de partager avec elle cet instant précis où elle a besoin de quelqu'un.

Ce n'est pas l'amener où nous voulons. C'est aller la rejoindre où elle est.

Lorsque nous voulons aider, l'important n'est pas de trouver la solution au problème de l'autre. C'est de comprendre quel est son besoin à ce moment-là et d'y répondre si nous le pouvons.

LES SECRETS

Combien de fois nous taisons-nous pour ne pas déplaire à l'autre ?

Trop souvent, nous gardons secrètes des choses qui nous étouffent et que nous traînons comme des boulets aux pieds. Nous n'osons pas dire nos émotions de peur de briser la relation ou de nuire à notre image.

Toutes ces notions de secrets, si coutumiers du temps de nos parents, nous les portons encore trop souvent en nous.

Certains secrets de famille sont épouvantables à porter seuls. Ce sont davantage les non-dits que les mots qui détruisent les relations !

Bien sûr, tout ne doit pas être dit à tout le monde, mais il faut prendre conscience que toute blessure gardée secrète ne peut pas être guérie.

Tout secret qu'on nous demande de porter nous ralentit dans notre évolution.

Au bout du compte, se taire, c'est manquer d'air.

Cessons de retenir nos élans. Parlons !

Que cela plaise ou non, si nous voulons guérir et si nous voulons être pleinement nous-mêmes, parlons !

Choisissons la bonne personne et libérons-nous !

Tout secret a une date de péremption, au-delà de laquelle il risque de nous rendre malades.

Le temps de s'exprimer est maintenant venu.

LE MENTAL-MENTEUR

Ah ce mental-menteur ! Il en fait des ravages !

Ce petit hamster qui court dans notre tête, alimenté par nos pensées, nos angoisses et nos peurs nous vole notre paix intérieure. Plus nous lui accordons de l'importance, plus vite il pédale !

Le mental-menteur carbure à une pensée de peur que nous avons, et rapidement, il se met à pédaler et à créer des scénarios gigantesques et grotesques.

Le pire, c'est que nous finissons par croire que notre peur est réelle, que l'histoire montée de toute pièce par notre mental et actionnée par le hamster est vraie.

Nous vivons des émotions inutiles et destructrices. Nous alimentons notre colère et notre insécurité en faisant pédaler toujours plus vite ce hamster tout heureux de nous donner faussement raison.

Nous finissons tellement par croire ce qui n'existe pas que nous risquons même d'attirer ce que nous craignons le plus à force d'y penser.

Pour renverser la situation, il faut changer la nourriture que nous donnons à notre hamster. Lorsqu'il se nourrit de peur, il s'emballe et pédale sans cesse.

Lorsque nous le nourrissons d'amour, il se calme et devient zen.

Branchons-nous sur l'amour, là où le mental-menteur et son employé le petit hamster ne peuvent séjourner.

L'AUTRUCHE

Ce n'est pas parce que nous nions l'existence d'un problème que celui-ci n'existe pas !

La réalité ne change pas parce que nous l'ignorons !

Combien de fois passons-nous par-dessus certains mensonges de ceux que nous aimons en faisant semblant de les croire ? Pourquoi ignorons-nous presque volontairement les signes qui nous indiquent que quelque chose de différent se passe ?

Croyons-nous que le temps va arranger les choses avec une situation donnée ?

Nous nous disons « bof, tout le monde vit la même chose, c'est normal », alors que nous sommes malheureux comme les pierres.

Jouer à l'autruche et se mettre la tête dans le sable est sans doute l'un des meilleurs moyens de ne pas régler une situation indésirable.

Il faut s'aimer suffisamment pour croire que nous valons plus que la situation que nous tentons d'ignorer.

Il faut avoir la force de relever la tête, la lucidité de regarder la situation bien en face et le courage d'envisager les solutions possibles.

C'est difficile et ça fait mal parfois, mais c'est ça, grandir, avancer et évoluer.

Avez-vous remarqué que l'autruche ne peut pas bouger tant qu'elle a la tête dans le sable ?

L'INTUITION

L'intuition n'est pas toujours une voix claire qui nous parle.

C'est parfois le mal de ventre ressenti lorsque quelque chose ne va pas dans notre vie.

C'est l'envie de fuir lorsque nous ne sommes pas à la bonne place.

C'est le malaise général, mais diffus, lorsque nous sommes en présence de certaines personnes.

Par contre, c'est aussi une impulsion spontanée de faire quelque chose de différent.

C'est l'envie soudaine d'appeler une personne sans savoir qu'elle en avait justement besoin.

C'est un élan qui nous guide sur un chemin différent, vers des messages extraordinaires.

C'est savoir que nous sommes à notre place, sans pouvoir l'expliquer clairement.

C'est sentir monter des vagues d'émotions qui montent lorsque nous sommes avec la bonne personne.

C'est faire confiance à la Vie.

C'est aussi notre petite voix qui nous enjoint à dire oui alors que notre mental rationnel croie que nous devrions dire non.

L'intuition, c'est tout notre corps qui nous lance des signaux, c'est la Vie qui nous envoie des synchronicités, c'est la lumière qui guide notre chemin et c'est le message d'amour lumineux que notre âme nous envoie. L'écoutons-nous ?

L'ESPOIR

Lorsque la Vie semble s'acharner sur nous, lorsque la route est cahoteuse, tentons de maintenir allumée cette petite lueur d'espoir que nous portons au fond de nous, par tous les moyens possibles, envers et contre tout.

Ne laissons rien ni personne l'éteindre.

Lorsque nous avons un sentiment de vide, lorsque nous nous sentons seuls, réfugions-nous dans cette petite flamme qui nous dit de ne pas lâcher.

Lorsque nos projets n'aboutissent pas ou que nos rêves sont menacés, rappelons-nous que l'espoir de jours meilleurs est souvent l'un des seuls ancrages auxquels nous pouvons nous raccrocher.

C'est l'espoir qui nous permet de traverser les tempêtes et les déserts, mais c'est aussi l'espoir qui nous permet de rebâtir de nouveaux projets, de croire à de nouveaux rêves, de relever la tête et de faire le prochain pas.

Quoiqu'il arrive, ne perdons jamais cette lueur d'espoir. C'est la lumière de notre âme qui nous accompagne à chaque instant.

GRATITUDE

Une des façons les plus simples d'améliorer notre aptitude au bonheur est de développer notre capacité d'apprécier chaque petite chose de notre vie. Soyons reconnaissants pour les petits moments de joie avec les enfants, les amis, les collègues ou notre amoureux/se.

Ayons de la gratitude pour l'Amour dans notre vie.

Disons merci pour les surprises dont notre chemin est parsemé.

Ayons également de la gratitude pour les moments difficiles, pour l'apprentissage qu'ils nous incitent à faire et qui nous permet de grandir.

Disons merci pour les sourires reçus dans la journée, pour un pépin réglé facilement, pour un cadeau que nous n'attendions pas ou pour un petit geste attentionné et gratuit.

Soyons reconnaissants parce que nous pouvons voir, entendre, toucher, goûter, sentir, chanter, danser et aimer.

Si chaque soir, nous faisons consciemment et concrètement la liste des petits bonheurs vécus dans la journée qui se termine, nous mettons l'accent seulement sur le beau et nous nous assoupirons dans un état positif.

Notre subconscient peut alors faire son travail nocturne pour attirer et répéter des événements beaux et positifs.

Plus nous nous concentrons sur le positif, plus nous en attirons.

La gratitude est l'aimant du bonheur le plus puissant qui soit !

LES ANGES

Les anges sont au centre de beaucoup de discussions depuis un bon moment.

Beaucoup de gens croient en eux et d'autres non. Par contre, la plupart demandent une preuve tangible avant de croire que les anges existent réellement.

La difficulté est due à l'image religieuse des anges qu'on nous a enseignée et que nous avons toujours en tête.

Pourtant, le rôle d'un ange peut être rempli d'autant de façons qu'il peut prendre de formes.

C'est l'amie/e qui nous supporte en cas de détresse, l'enfant qui rit aux éclats ou le geste de galanterie d'un inconnu. C'est un acte de bonté inattendu, un compliment spontané ou un sourire gratuit.

Ce peut aussi être une petite voix qui nous recommande d'être prudents ou de changer de voie, lorsque nous ne voyons pas le danger imminent.

Ce sont aussi les êtres généreux que nous connaissons peu, mais qui nous apportent beaucoup.

C'est un proche attentionné qui prend soin de nous quand nous sommes fatigués.

Il y a encore beaucoup de postes libres dans la profession d'anges terrestres : désirez-vous en être un ?

BLESSURES D'ENFANCE

Dans nos corps d'adultes, combien y a-t-il d'enfants blessés ?

Combien d'entre nous ont été abandonnés ou maltraités ?

Combien ont manqué d'amour pour consoler leur cœur d'enfant ?

Nous ne pouvons pas retourner dans le passé, mais nous pouvons changer notre présent et guérir de nos blessures originelles.

Si nous avons été abandonnés étant bébé, où nous abandonnons-nous encore aujourd'hui ? Soyons à l'écoute de nos besoins profonds et ne nous laissons plus jamais tomber ; choisissons-nous d'abord.

Avons-nous été maltraités ? Les chances sont grandes pour que nous perpétuions ces mauvais soins envers nous-mêmes encore aujourd'hui. Apprenons à devenir bons pour nous, à prendre soin de nous, à nous traiter avec amour et respect, et à ne plus nous malmener.

Avons-nous manqué d'amour dans notre jeunesse ? Il est probable qu'encore aujourd'hui, notre estime de nous-mêmes en souffre.

Au lieu de nous traiter durement lorsque nous nous trompons, développons notre compassion envers nous-mêmes, apprenons à nous aimer un petit peu plus chaque jour, en faisant quotidiennement quelque chose qui nous rend heureux et qui nous fait du bien.

Nous ne pouvons pas effacer nos blessures et personne ne peut les guérir à notre place, mais nous avons le pouvoir de les aider à cicatriser.

L'ESCALE

Un chemin de traverse est une petite route en campagne qui relie deux lacs entre des montagnes.

Il en est de même dans notre vie. Dans les hauts et les bas sur notre route, il arrive que nous sortions du trajet prévu pour prendre un chemin de traverse, sans savoir où il nous mènera.

Ce chemin nous fait découvrir d'autres paysages. Il nous évite parfois de grimper une montagne et nous permet de contourner des obstacles, même si nous y avançons plus lentement, puisque nous ne connaissons pas la route.

Il nous guide souvent vers un autre lieu paisible où nous pouvons nous ressourcer avant de reprendre notre trajet.

Les chemins de traverse nous mènent souvent à des oasis de paix dont nous avons besoin.

Ce ne sont pas des détours. Ce sont des escales.

Les chemins de traverse sont des cadeaux que la Vie nous fait pour nous permettre de faire escale quand nous en avons besoin.

Sachons apprécier ces petits pas de côté sur l'autoroute de notre vie.

LA FIERTÉ

La fierté, c'est se tenir debout quoiqu'il arrive.

C'est ne pas se perdre en voulant plaire aux autres.

C'est accepter ses faiblesses en apprenant les leçons.

C'est savoir dire oui lorsque nous en avons envie et être capable de dire non quand ça ne passe pas.

C'est chercher à se dépasser, en nous acceptant comme nous sommes et sans être en compétition avec les autres.

C'est savoir que notre vie est en accord avec nos valeurs.

C'est reconnaître ses erreurs et demander pardon quand nous blessons, mais c'est aussi accepter les excuses quand nous avons été blessés.

C'est demeurer fort dans les épreuves et vulnérable dans l'amour.

C'est être ouvert de cœur et d'esprit, et être ferme quand vient le temps de s'affirmer.

C'est oser se dire malgré la peur et savoir se taire quand c'est le temps.

C'est être souple sans courber l'échine et être droit sans être rigide.

C'est garder la tête haute dans la dignité, sans regarder les autres de haut.

C'est savoir aimer tout en sachant s'aimer.

Être fier, c'est être soi.

Pleinement.

LES ATTENTES

Trop souvent, nous attendons des autres des qualités qu'ils n'ont pas, plutôt que d'apprécier celles qu'ils ont.

Malgré les efforts que nous mettons à croire que nous acceptons les autres tels qu'ils sont — et nous-mêmes comme nous sommes —, il reste toujours une petite voix qui juge, qui évalue, qui soupèse et qui dit « moi, j'aurais fait différemment » ou « j'aurais dû faire autrement ».

Toutefois, comme personne d'entre nous n'a marché dans les souliers de l'autre, nous n'avons pas à qualifier ce qu'il fait comme étant bon ou mauvais.

Chacun fait de son mieux avec ce qu'il a, même si aux yeux de certains, c'est trop ou pas assez.

Cessons d'avoir des attentes irréalistes envers les autres ou envers nous-mêmes. Elles détruisent toutes nos relations et notre estime de soi.

Ayons les yeux en face des trous pour bien voir la réalité, mais abstenons-nous de juger quand ça ne sert pas le mieux-être de l'autre ou de la relation.

LA RÉSILIENCE

La résilience, c'est fleurir dans une terre aride ou après un hiver long et rigoureux.

Autour de nous, il y a de nombreux résilients silencieux, comme celui qui a survécu à une grave maladie ou qui a repris sa vie en mains après un traumatisme effroyable.

Un être résilient, c'est quelqu'un qui ne s'est pas laissé abattre par les épreuves, mais qui est devenu plus fort grâce à elles.

C'est un combattant courageux qui se tient debout alors que d'autres finiraient par baisser les bras.

C'est un enfant maltraité qui devient un adulte droit et compatissant à la douleur des autres.

C'est quelqu'un à qui on a dit de se taire toute sa vie et qui finit par prendre la parole, SA parole.

C'est un enfant du divorce et des conflits qui persiste à croire à l'amour et au couple.

C'est l'oiseau à l'aile amochée qui réapprend à voler.

Nous sommes tous des êtres résilients. Nous avons tous survécu à nos propres guerres.

Souvenons-nous en lorsque nous rencontrerons une autre épreuve.

Nous sommes capables de survivre. Nous l'avons déjà fait !

LES POSSIBILITÉS

Avons-nous déjà remarqué qu'à chaque moment de notre vie, nous avons une infinité de possibilités ?

Dans toutes nos décisions quotidiennes, à chaque instant, nous avons le pouvoir de choisir ce que nous voulons. Nous avons le pouvoir de dire oui ou non, peut-être, je ne sais pas ou pourquoi pas.

Nous avons le choix de tourner à gauche, à droite, d'avancer, de reculer. Nous pouvons nous fâcher et ruminer le négatif ou l'accepter et rester dans le positif.

Si toutes les possibilités nous sont offertes constamment, pourquoi continuons-nous à dire « je n'ai pas le choix » ? Pourquoi restons-nous dans une situation qui ne nous rend pas heureux ou dans une routine qui ne nous emballe plus ?

Chaque matin, nous avons en main un nouveau jeu de cartes. Pourquoi toujours piger les mêmes ? Mélangeons notre jeu de cartes pour une nouvelle donne !

Chaque jour, 86 400 secondes de possibilités différentes nous sont offertes. Au lieu de refaire inconsciemment les mêmes choix, si nous faisions consciemment des choix plus stimulants pour notre âme ?

Si tout est possible, alors ouvrons-nous à toutes les possibilités, surtout à celles qui nous rendent heureux, et cessons de refaire les mêmes anciens choix qui nous étouffent.

LE TRAJET OU LA DESTINATION?

Plusieurs se demandent souvent où va les mener leur chemin. Ils ont hâte de comprendre les expériences qu'ils vivent actuellement.

Est-ce pourtant la bonne question ?

Si, contrairement à ce que nous croyons habituellement, ce n'est pas où notre chemin et nos expériences nous mènent qui a de l'importance, mais plutôt le trajet et les expériences elles-mêmes qui comptent ?

Si c'était ÇA, la Vie ? Pas la destination, mais le trajet ?

Pourquoi faudrait-il aller quelque part ? Si nous attendons d'arriver à destination, cela ne nous prive-t-il pas de vivre le moment présent ? En fait, la destination est la même pour tout le monde !

Apprécions donc notre voyage, nos expériences, le trajet et le chemin. C'est ce qui nous distingue les uns des autres, puisque nous avons chacun notre route, et c'est ça la Vie.

Faisons de chaque kilomètre de ce merveilleux voyage qu'est notre Vie et de chaque moment que nous vivons une expérience qui compte, parce qu'au bout du compte, c'est ce que nous aurons vécu avant d'arriver à destination qui aura de l'importance.

C'est le chemin qui compte, pas la destination.

Vivons donc chaque moment de notre vie pour ce qu'il est : un instant d'éternité.

LES BONNES QUESTIONS

Lorsque des problèmes surgissent, nous avons d'abord tendance à nous demander « pourquoi moi ? », sans comprendre ce que nous percevons comme une injustice de la Vie.

Puis, la question initiale se transforme en « qu'est-ce que j'ai fait pour mériter ça ? ».

Si nous devenons un peu plus sage, nous nous demandons alors « qu'est-ce que j'ai à apprendre dans cette situation ? », ce qui nous place en mode recherche de la leçon à tirer.

Puis, un jour, nous nous disons que puisque rien n'arrive pour rien, la bonne question que nous devrions nous poser est « quel est le cadeau pour moi là-dedans ? »

Ce faisant, nous nous plaçons dans un état positif pour voir dès maintenant les bénéfices que peut nous apporter cet événement :

Nous donne-t-il plus de liberté et plus de temps, parce que le projet a avorté ?

Nous permet-il d'être davantage nous-mêmes, parce que la relation se termine ?

Revenons-nous aux véritables valeurs de vie, puisque l'argent accumulé ou attendu s'est envolé ?

Dans toute situation difficile, cherchons d'abord le cadeau. Le sens suivra tôt ou tard !

ÊTRE VRAI JUSQU'AU BOUT

Trop souvent, nous cherchons à protéger les autres en leur cachant une partie de la vérité.

Combien de parents ont ainsi caché à leurs enfants les comportements douteux de l'autre parent ?

Combien de couples n'osent pas se dire qu'ils s'ennuient dans la relation ?

Combien d'employés n'osent pas dire à leur patron que son style de gestion démotive l'équipe ?

Combien d'amitiés s'effritent faute d'avoir dit à temps ce qui dérangeait ?

Qui protège-t-on au juste en ne disant pas tout ? Est-ce l'autre, la relation, ou soi-même ?

Pourtant, rien n'est plus rempli d'AMOUR que l'authenticité dans une relation.

Être vrai, c'est aussi s'affirmer au-delà de ce que les conventions sociales dictent, pour être totalement fidèle à soi-même, à ses valeurs et à sa propre vérité.

Être authentique envers soi et franc jusqu'au bout avec l'autre nous libère des peurs que nous portons de briser quelque chose.

Nous comprenons qu'une relation qui ne peut supporter la vérité dans son entièreté n'est qu'une relation partielle et condamnée d'avance.

Le jour où nous nous aimons suffisamment pour être authentiques jusqu'au bout et face à face, nous n'avons plus peur de perdre quoi que ce soit.

VIDE OU TROP-PLEIN?

Le sentiment de vide que nous ressentons parfois au fond de nous serait-il le signe d'un trop-plein ?

Trop de choses superficielles dans notre vie, trop d'encombrement dans notre maison, trop d'obligations inutiles, trop de relations stériles, trop d'activités futiles.

Et si ce sentiment de vide était le meilleur moyen que notre âme ait trouvé en ce moment pour nous dire « occupe-toi de moi ! »

La vie que nous vivons présentement nous rend-elle heureux ? Représente-t-elle vraiment ce que nous sommes ?

Quand nous avons l'impression de passer à côté de notre vie, à côté du bonheur, nous ressentons l'urgence de vivre. Il faut alors avoir le courage de décider ce que nous voulons que notre vie soit à partir de maintenant et de se débarrasser de ce dont nous n'avons plus besoin, ce qui nous étouffe et nous épuise.

Nous devons être prêts à tout remettre en question pour réaligner notre route selon ce que nous sommes devenus, et non plus à partir de qui nous étions ou qui nous voulions être.

Paradoxalement, enlever le superflu fait disparaître le sentiment de vide, parce que nous vivons enfin en fonction de ce que nous sommes profondément, sans artifices. Dès lors, nous voyageons légers !

LIBERTÉ

Choisir sa propre voie, peu importe l'opinion des autres.

Faire ses choix en fonction de son âme, et non en fonction de son statut social.

Renoncer à l'inutile. Se défaire des obligations contraignantes. Désencombrer sa vie. Laisser partir des gens dont la route ne longe plus la nôtre.

Cesser d'avoir des attentes envers les autres et abandonner l'idée d'être parfait.

Choisir ses pensées. Ouvrir son cœur et accepter sa vulnérabilité. Laisser tomber les masques et être authentique.

Sortir des comportements compétitifs et négatifs, de jugement et d'image. Avancer vers tout ce qui est beauté, bonté et simplicité.

Dénouer des liens étouffants et délier les nœuds souffrants du passé. Choisir le pardon, plutôt que la souffrance.

Accepter ce qui est, puisque tout est parfait.

Faire confiance à la Vie, puisque notre passé, notre présent et notre futur sont exactement ce dont nous avons besoin.

Ne plus attendre le bonheur de la part des autres, mais se le construire soi-même patiemment chaque jour.

Bâtir son estime de soi, un pas à la fois.

Être en paix avec soi en premier, pour l'être avec les autres ensuite.

S'aimer d'abord, pour mieux aimer les autres.

C'est ça, être libre.

LES GÉNÉRATIONS

Beaucoup de choses se transmettent de génération en génération : les dons, les talents, les métiers, la culture, les connaissances et la fortune.

Nous héritons aussi du caractère, des valeurs, des croyances, des qualités, de la langue et du statut.

Malheureusement, se transmettent également des blessures et des cicatrices qu'on dit transgénérationnelles. Ce que notre grand-mère a vécu à 16 ans, il y a de fortes chances que nous ou notre fille vivions un événement semblable ou de même nature vers le même âge.

Nous rencontrons peut-être les mêmes obstacles que nos parents et grands-parents. De nombreuses études démontrent la réalité de ces blessures transgénérationnelles. Nous héritons des peurs, des limites et des défauts de nos aïeuls.

Cependant, nous n'avons pas à les vivre comme comme un karma familial. Saisissons plutôt l'opportunité de guérir ces blessures une fois pour toutes, pour nous-mêmes et pour les générations qui suivront.

S'il y a eu des abus, de la violence ou d'autres tares dans notre famille, faisons en sorte que ça s'arrête à nous, ici et maintenant.

Soignons les blessures dont nous avons héritées et réglons ces problèmes, afin que ce que nous transmettions aux générations futures soit l'AMOUR et la compassion que ce travail sur nous nous aura permis de développer.

LEÇONS DE VIE

Quand la Vie décide que nous devons apprendre quelque chose, nous avons beau essayer tous les faux-fuyants pour éviter les événements sur notre route, aucun ne nous permettra d'échapper à ce que nous devons vivre !

Même si nous voulons éviter certaines situations, nous prémunir contre d'éventuels écueils, rien de ce que nous avons à vivre ne nous sera épargné, à moins d'apprendre maintenant ce que la Vie nous demande de comprendre.

Mieux vaut accepter tout de suite que ce que nous vivons en ce moment, c'est ce qui est nécessaire pour notre évolution, que ce soit douloureux ou pas.

Nous aurions sans doute préféré des chemins différents, des finalités autres dans certaines occasions, mais ce que nous vivons actuellement, comme tout ce que nous avons vécu, c'est précisément ce qui est essentiel pour avancer.

Faire la paix avec le présent, c'est s'ouvrir à la Vie et accepter qu'elle sache mieux que nous quelles leçons de vie nous avons besoin d'apprendre pour évoluer.

L'ATTENTE

L'attente est parfois ce qu'il y a de plus difficile : attendre d'être prêt, attendre que l'autre soit prêt.

Attendre sa majorité, attendre un bébé, attendre le bus, la fin de la journée de travail ou le weekend.

Attendre en file, attendre les résultats d'examens de santé, attendre le premier rendez-vous, attendre que son enfant rentre le soir.

Presque toutes les attentes nous semblent interminables, parce que nous sommes en situation passive et non active.

Et si nous faisions de ce temps d'attente un moment de préparation ? Préparons-nous à ce qui approche et acceptons l'attente comme faisant partie du processus, non comme un obstacle.

Méditons et sourions dans l'attente pour rester dans le moment présent.

Aimons l'attente malgré le désagrément de ne pas avoir le contrôle, parce que c'est dans l'attente que nous apprenons à lâcher prise et à faire confiance à la Vie !

LA PAROLE

Devant des situations tendues, nous adoptons souvent une réaction que nous avons apprise très jeunes, sans jamais la remettre en question.

Certains font de l'évitement ou s'enfuient. D'autres abordent la situation avec de la confrontation, voire de l'agressivité. Certains préféreront ignorer le problème et faire comme s'il n'existait pas. Finalement, d'autres se replieront complètement sur eux-mêmes, s'isolant des autres et réduisant la communication à néant.

Ces mécanismes de protection sont actionnés par les peurs qui proviennent de notre enfance : la peur de faire face, d'être jugé, de ne pas être à la hauteur, de faire la mauvaise chose, d'être exploité, de se faire chicaner, de perdre l'amour, de briser son image, de perdre la relation.

Alors qu'en fait, ce que nous cherchons à éviter à cause de notre peur, nous le provoquons justement par notre réaction.

Nous sommes des adultes maintenant !

Libérons-nous des peurs que nous traînons depuis notre enfance. Devant ces situations, déplions-nous pour être à notre taille — ni plus grand ni plus petit —, et surtout, parlons !

Disons les choses comme elles sont.

Aimons-nous assez pour exprimer ce que nous ressentons jusqu'au bout, malgré la peur qui nous tenaille, car seule la parole nous libère et nous permet d'aimer à nouveau, nous autant que l'autre.

S'OUVRIR

En ce moment précis, nous vivons tous exactement le niveau de bonheur, d'amour et d'abondance que nous croyons mériter.

Ni plus ni moins.

Nous vivons précisément ce que nous pensons mériter à tous les niveaux, que ce soit financier, social, professionnel, amoureux, familial, personnel ou physique.

Ce que nous expérimentons illustre clairement les limites que nous nous sommes mises sur les différents volets de notre vie.

Si ce que nous vivons actuellement dans l'un de ces aspects ne nous satisfait pas, le premier pas à faire est de changer notre conception de ce que nous estimons mériter dans cet élément précis.

Tous les efforts pour améliorer notre sort seront vains si nous ne sommes pas d'abord convaincus que nous pouvons laisser entrer davantage de lumière et d'abondance dans notre vie sur l'aspect qui nous préoccupe.

La Vie ne répond pas à ce que nous souhaitons, mais à ce que nous croyons profondément.

Elle ne nous donne pas ce que nous désirons, mais ce que nous considérons comme acceptable, possible ou mérité.

Voulons-nous davantage ? Repoussons nos limites et commençons par croire que nous pouvons recevoir plus.

Il faut s'ouvrir à la Vie pour que la Vie s'ouvre à nous.

AIDER SANS SE PERDRE

Si nous sommes du type sauveur, nous avons beaucoup de compassion pour les gens qui font pitié, qui ont beaucoup souffert, qui n'arrivent pas à réaliser leurs rêves et qui connaissent des difficultés dans plusieurs aspects de leur vie.

Nous sommes souvent poussés par un élan d'entraide pour leur donner une ou plusieurs chances et leur montrer que le monde n'est pas un endroit aussi froid qu'ils le croient.

Aider les autres, c'est bien. Certains en font même une carrière prolifique. Cependant, un trop grand besoin d'aider les autres — ou d'en faire trop pour les autres — peut parfois cacher une estime de soi faible, une fuite de soi-même pour se sentir vivant dans l'aide apportée aux autres.

La compassion envers les autres est une valeur primordiale, mais il faut aussi avoir de « l'autocompassion », s'aider soi-même, prendre soin de soi.

À force de toujours tout donner aux autres sans jamais nous donner à nous-mêmes, nous risquons de nous perdre et de nous épuiser. Ne serait-il pas temps de nous appliquer à nous aider autant que nous essayons de sauver les autres ?

À l'exception des dangers physiques, personne ne peut vraiment « sauver » qui que ce soit.

Chacun est responsable de se sauver lui-même.

Avoir confiance dans la capacité de l'autre à s'aider lui-même est aussi une manière de l'aider.

Alors, si possible, *aidons* autant que nous le pouvons, prenons soin, accompagnons et tenons la main, mais ne nous oublions pas en chemin.

L'AMOUR

Lorsque nous portons attention à l'amour, il apparaît partout, sous des formes différentes.

Il y a parfois peu de différences entre l'état amoureux et l'amitié profonde, entre l'affection pour la famille et le lien privilégié qui unit certaines personnes à leur animal de compagnie.

L'amour que nous portons et que nous recevons se moque bien de la définition que nous lui donnons. Il ne vient pas toujours sous la forme que nous attendions.

Nous aimons d'autant de manières qu'il en existe de recevoir l'amour.

Restons ouverts aux différents visages qu'il prend.

Soyons à l'affût de ses manifestations dans notre quotidien.

Cherchons-le dans les petits gestes, les choses anodines, les paroles tendres, les belles coïncidences. Trouvons-le dans les difficultés, les silences, les conflits, les échecs.

Accordons-nous la possibilité de recevoir l'amour comme il vient, comme la Vie nous l'envoie, sous toutes ses formes.

L'amour est en tout, si nous nous donnons la peine de le voir.

Lorsque nous l'apercevons, nous en recevons du même coup, car nous ne pouvons pas voir des manifestations d'amour autour de nous sans en être éclaboussés !

À L'ÉCOUTE DE SON CŒUR

Nous mesurons l'importance d'une relation, d'une erreur ou d'une perte selon le temps que nous mettons pour en guérir.

Trop souvent, nous prenons pour acquis une personne, une situation ou un confort, et nous fournissons peu d'efforts pour maintenir la flamme allumée.

Malheureusement, ce n'est qu'au moment de la perte ou de son imminence que nous prenons conscience de la signification d'une personne ou d'une situation.

Parfois, l'orgueil ou la blessure nous retient de raviver le feu juste à temps, mais en d'autres occasions, nous comprenons que nous sommes plus forts que notre ego et notre passé. Nous réinvestissons alors dans ce qui compte vraiment pour nous.

Si nous tenons vraiment à quelqu'un ou à quelque chose, rien ne devrait nous empêcher de tout mettre en œuvre pour préserver ce qui nous est précieux, mais sans nous accrocher à ce qui ne l'est déjà plus.

Il s'agit juste d'être à l'écoute de notre cœur et de laisser celui-ci nous guider.

Au bout de la route, nous laisserons notre ego sur terre, mais nous emporterons avec nous ce que notre âme aura semé et récolté comme bienfaits et ce que notre cœur aura donné et reçu d'amour.

LE JEU DE LA VIE

La Vie c'est comme le jeu de serpents et échelles : parfois nous avançons d'un pas à la fois, une case après l'autre, lentement mais sûrement.

Dans certains cas, des événements, des personnes ou des prises de conscience extraordinaires nous font faire un formidable bond vers l'avant, comme lorsque nous arrivons sur une case avec une échelle. Nous avons alors confiance que nous atteindrons notre but rapidement.

Dans d'autres cas, des événements, des blessures ou des comportements nous donnent l'impression de reculer, alors que nous nous croyions si près d'atteindre notre objectif. C'est le fameux serpent qui nous fait reculer.

Toutefois, nous ne retombons jamais à zéro. Nos apprentissages ne nous quittent pas.

Parfois, ceux-ci ont seulement besoin d'être raffermis, confirmés et complètement intégrés.

Puis, nous poursuivons le jeu, nous nous remettons en marche et nous avançons.

Nous ne pouvons pas toujours utiliser des échelles pour aller plus vite et nous ne pouvons pas éviter tous les serpents pour éviter d'avoir mal. L'important c'est de continuer à jouer !

TOUCHER

Le toucher est le seul de nos cinq sens qui peut transmettre et recevoir des émotions.

Il peut être la plus douce des caresses ou le plus violent des gestes, selon l'intention qui l'anime.

C'est le sens le plus branché à notre cœur et parfois à notre ego.

Il a d'immenses pouvoirs. Il scelle les amitiés et les amours, réconforte la personne qui souffre, console la peine, récompense l'effort, adoucit la colère, transmet notre affection et il est le signe le plus manifeste de la tendresse.

Par contre, le toucher prend tout son sens quand notre âme se laisse toucher profondément par d'autres personnes, lorsque nous rencontrons quelqu'un ou que nous assistons à un événement qui vient nous toucher directement au cœur, ou encore lorsque nos émotions les plus profondes remontent à la surface parce que nous sommes bouleversés.

Ces émotions sont celles qui nous rendent pleinement vivants, qui nous donnent le goût d'être meilleurs, qui nous font faire de grandes prises de conscience et de grands virages dans notre vie.

C'est seulement en acceptant sa propre vulnérabilité que nous acceptons de nous laisser toucher.

Notre cœur a besoin de ses deux ventricules pour fonctionner, comme nous avons besoin de toucher et d'être touchés pour être vivants et aimants.

LA SYMPHONIE DE LA VIE

S'aimer soi-même, les autres et la Vie, juste pour le plaisir de le ressentir.

Aimer parce que c'est notre plus grand besoin, notre seul véritable besoin.

Aimer, c'est créer notre harmonie musicale sans attendre d'être aimé, parce que sur ce point, nous n'avons aucun contrôle, alors que nous sommes libres d'aimer.

Aimer, c'est jouer notre propre musique, à notre façon, avec les instruments que nous choisissons et en y mettant toute notre attention et notre cœur, que nous soyons heureux ou que nous ayons mal.

Aimer même quand c'est difficile et prendre le temps de nous accorder, parce que la musique que nous émettons apaise le chagrin.

Aimer sans raison ou pour toutes les raisons, parce que ne pas aimer, c'est vivre sans raison, sans musique et sans harmonie.

Aimer simplement parce que nous sommes plus heureux quand nous aimons que lorsque nous nous retenons d'aimer.

Jouer toute notre partition, en nous accordant avec les autres musiciens de notre vie, pour créer la plus belle des musiques.

Aimer parce que la Vie est une symphonie, que l'amour en est la portée et que tous nos gestes d'amour sont les notes de notre mélodie.

LES TRADITIONS

Nous aimons ou pas les traditions.

Plusieurs ont l'impression que les traditions viennent d'un passé révolu, comme un carcan qui n'a plus de sens pour eux.

D'autres les voient comme une obligation, un fardeau presque, et n'y trouvent aucun plaisir.

Pourtant, nos souvenirs sont souvent liés à une tradition : Noël, notre anniversaire, l'ouverture du chalet, la fête de fin de classe ou la réunion familiale estivale, pour ne nommer que ceux-ci.

Plus tard, nous comprenons que ce qui a compté le plus pour nos enfants, ce sont souvent les traditions que nous avons perpétuées, contre vents et marées, malgré les divorces, la garde partagée et les familles recomposées.

Nous comprenons alors que les traditions sont des repères importants dans la vie, des ancrages essentiels qui nous lient à des moments charnières précis, auxquels nous pouvons nous référer plus tard pour prendre appui.

C'est en redécouvrant l'importance de nos propres traditions que nous découvrons la richesse de notre histoire, passée et présente.

De nos traditions naît une forme d'assurance que certaines choses résistent à l'usure du temps.

Il ne tient qu'à nous de créer nos propres traditions, en harmonie avec nos valeurs actuelles, et de transmettre cet héritage à ceux qui nous sont chers.

COMPLICITÉ

Quel merveilleux sentiment que la complicité !

Cette union du cœur et de l'esprit nous permet de nous comprendre sans même nous parler.

Un simple coup d'œil et tout est dit !

Les fous rires, la communion de pensées et le langage non verbal sont tous des signes évidents d'une belle complicité entre les êtres vivants.

L'authenticité et la confiance en sont les ingrédients de base.

C'est souvent la joie la plus simple qui l'exprime le mieux.

Parfois, c'est tout un groupe qui se retrouve complice dans une situation donnée.

Puis il y a complicité entre amis, chez les enfants, qui est parmi les plus belles manifestations d'amitié, d'affection et de simplicité qui soient.

Lorsque nous en sommes témoins, nous ne pouvons que sourire et être complices à notre tour.

Elle n'est pas forcée. Elle se crée magiquement, par la qualité de présence et d'amour des êtres qui la partagent, par notre ouverture à l'autre et par l'écoute de son langage non verbal.

Chaque fois, elle crée la joie !

Soyons de bons complices de la joie aujourd'hui.

L'IMAGE

Que ne ferions-nous pas pour préserver notre image !

Pour ne pas nous montrer vulnérables, faibles, trop forts, impatients, naïfs ou pas assez ceci et trop cela.

Combien d'efforts mettons-nous à chaque instant pour protéger ce masque que nous portons en quasi permanence de « l'image » que les autres peuvent avoir de nous ?

Nous nous épuisons à préserver cette image que, bien souvent, nous n'avons même pas choisie. Nous nous sommes laissés cataloguer par les autres ou nous nous sommes définis alors que nous étions en mode survie par une image d'invincibilité ou de perfection. Nous sommes devenus prisonniers de ce déguisement depuis de trop nombreuses années.

Nous bâtissons une image pour être acceptés et aimés, pour avoir du prestige et pour ne pas montrer notre fragilité. Cette image devient notre prison dans laquelle nous finissons par étouffer.

Et si au lieu de forcer tant, nous étions simplement NOUS-MÊMES, ici dans le moment présent, sans artifice ni faux-fuyant, sans vouloir plaire, ni séduire, ni forcer, et sans nous montrer plus forts que nous ne le sommes ?

Ne serions-nous pas au moins un peu plus heureux ?

OFFRANDE

Savons-nous vraiment ce que vivent les autres ?

Nous passons trop vite devant les gens que nous croisons sans vraiment nous demander ce qu'ils vivent.

Nous leur demandons « comment ça va », mais nous n'écoutons pas souvent la réponse.

Parfois, nous envions la richesse des autres, leur confort, leur statut, leur popularité ou leur beauté. Nous croyons qu'ils ont tout, mais leur avons-nous seulement demandé s'ils sont vraiment heureux ?

Tant de gens souffrent, seuls et en silence. Que nous en coûterait-il de leur tenir la main quelques instants ? Offrons-leur notre présence, notre écoute, notre regard ou notre attention.

Personne n'a tout dans la vie. Nous compensons souvent un manque par une abondance dans quelque chose d'autre, alors que ce qui nous manque est ce dont nous avons le plus besoin.

Si chacun d'entre nous s'efforçait d'offrir à l'autre ce que lui-même aimerait avoir, nos manques deviendraient des cadeaux que nous offririons aux autres.

Comme la Vie est synonyme d'équilibre, tôt ou tard, nos propres manques en viendraient peut-être à être comblés, du moins en partie par les offrandes des autres, pour peu que nous ayons l'esprit ouvert à les recevoir.

Et si aujourd'hui, nous commencions par offrir notre présence aux autres ?

ÊTRE FORT

Il faut être particulièrement fort pour accepter de montrer sa faiblesse.

Il faut être courageux pour oser accueillir sa peur.

Nous sommes véritablement puissants lorsque nous reconnaissons notre impuissance.

Lorsque nous restons debout et continuons à grimper notre colline ou notre montagne malgré le doute, l'angoisse, le chagrin et la peur au ventre, alors nous savons que quoi qu'il arrive, nous serons toujours plus forts que notre faiblesse, plus courageux que notre peur et plus solides que les épreuves.

Quand nous continuons de croire que le soleil brillera à nouveau malgré la tempête qui fait rage, nous avons franchi une étape majeure dans notre évolution. Nous savons intimement que nous sommes toujours là où nous devons être, peu importe la situation, et que nous avons absolument besoin de cette situation pour notre développement, puisque tout est parfait.

Rendons hommage à ceux et celles qui continuent d'avancer même quand la route semble s'effacer sous leurs pieds.

SOLITUDE

La solitude, ce n'est pas d'être seul.

C'est de se SENTIR seul, même lorsque nous sommes entourés d'amis, de parents, de notre famille et de collègues. C'est se sentir incompris, invisible et négligeable aux yeux des autres. C'est vivre ses deuils et ses chagrins sans avoir personne pour se confier totalement, sans réserve et en toute confiance.

Pourtant, ce ne sont pas les autres qui viendront interrompre notre solitude : c'est nous-mêmes !

Seule notre aptitude à aller VERS les autres, à tisser des liens avec certaines personnes, à entreprendre nous-mêmes la conversation et à faire confiance viendra rompre notre modèle d'isolement, de détachement et de désert affectif ou social.

Bien sûr, une certaine solitude saine est toujours un bienfait nécessaire dans notre vie, mais lorsqu'elle est vécue comme un boulet qui nous tire vers le bas, c'est qu'il est temps d'en sortir.

Accordons-nous le droit de nous ouvrir aux autres, aimons-nous assez pour comprendre que nous avons tous besoin les uns des autres et que sans les autres, nous avançons lentement et péniblement.

Mettons de côté notre orgueil et allons chercher l'aide, le réconfort ou l'appui dont nous avons besoin pour poursuivre notre route.

Nous naissons et mourons seuls, mais entre les deux, nous ne sommes pas obligés de vivre seuls.

RELATIONS DIFFICILES OU GRANDS MAÎTRES?

Un des grands paradoxes de la Vie, c'est de savoir que les personnes qui nous font le plus souffrir sont celles qui nous enseignent nos leçons les plus importantes.

Plus nous résistons à apprendre quelque chose d'essentiel pour notre évolution, plus nous souffrons.

Lorsque nous refusons l'apprentissage trop longtemps, la Vie place sur notre chemin des personnes difficiles — certains diraient des grands maîtres —, qui nous dérangent à un point tel que nous devrons nous réveiller !

Regardons avec quelles personnes nous avons des relations difficiles ou tumultueuses en ce moment. Quelle est la source de la difficulté ? Sur quoi butons-nous toujours avec cette personne ?

Là est l'apprentissage que nous devons faire !

Il ne porte pas sur la personne comme telle, mais plutôt sur nous-mêmes et sur nos propres résistances.

Lorsque c'est douloureux, c'est qu'il y a une sagesse intérieure que nous sommes en train de rejeter. Laquelle ?

Lorsque nous arrêtons de résister, que nous acceptons d'écouter cette sagesse intérieure et que nous apprenons enfin la leçon, la relation difficile devient aisée ou alors nous n'avons plus besoin d'attirer ce genre de situations dans notre vie.

NOS FAUSSES CROYANCES

Savons-nous que notre mental nous ment souvent ?

À un point tel qu'il ne faut pas prendre tout ce que nous pensons comme étant la vérité !

Souvent, ce que nous croyons, pensons ou imaginons n'est justement que ça : une pensée, une croyance, une image. Ce n'est PAS la réalité.

Plutôt que de donner un énorme pouvoir à notre mental, observons la réalité en toute conscience, en nous questionnant.

Le scénario catastrophique que nous échafaudons est-il conforme à ce qui se passe vraiment en ce moment ?

Notre croyance que quelque chose arrive toujours lorsque tout semble sur le point de bien aller est-elle vraiment toujours vraie ?

L'image que nous avons de nous, de notre famille et du sexe opposé soutiendrait-elle l'épreuve d'un test de réalité ?

Notre croyance favorise-t-elle notre épanouissement ou nous empêche-t-elle de prendre notre envol ?

Lorsque nous faisons le ménage de nos penderies, nous nous débarrassons de choses qui ne nous servent plus. Peut-être devrions-nous également faire le ménage de nos croyances et nous débarrasser de celles qui nous limitent.

Voici un indice : une croyance qui nous rend malheureux ou qui nous retient d'être libres est toujours fausse !

ACCEPTER OU TOLÉRER?

Nous entendons souvent dire qu'il faut accepter l'autre comme il est.

Toutefois, accepter l'autre ne signifie pas tout tolérer.

Accepter se fait avec tendresse et ouverture du cœur, alors que tolérer est une demi-mesure et un compromis au détriment de soi.

Nous pouvons accepter l'autre dans ses différences, ses choix, sa personnalité, ses erreurs, certaines de ses faiblesses et ses imperfections, puisque nous sommes tous différents, imparfaits et faillibles.

Par contre, lorsque l'autre dépasse nos limites, lorsque nous ne nous sentons plus respectés ou lorsque la soie des paroles devient du papier sablé, nous n'avons pas à tolérer ces formes de violence insidieuses et destructrices envers notre estime de soi.

Nous avons alors le devoir de mettre clairement nos limites ou de nous éloigner si celles-ci ne sont pas entendues et respectées.

Si notre but est d'apprendre à aimer mieux, soyons conscients qu'il y a beaucoup plus d'amour dans le fait de se respecter soi-même que dans celui de tolérer n'importe quoi.

Aimons l'autre assez pour l'accepter dans ce qu'il est, mais surtout aimons-nous suffisamment pour ne pas tolérer l'intolérable.

PLONGEONS!

Tout ce qu'il faut avant de plonger, c'est un point d'équilibre.

Nous nous arrêtons quelques instants, nous nous assurons d'avoir au moins un petit bout du tremplin sous les pieds, nous respirons profondément et nous ouvrons les bras avec confiance avant de sauter dans l'eau.

Ainsi en est-il de notre vie. Lors des périodes de grands changements, comme celle que beaucoup de personnes vivent ces temps-ci, il nous reste parfois bien peu d'appui sous les pieds, bien peu de repères dans notre vie.

Nous sommes parfois au bord du plongeoir alors que la Vie nous pousse à avancer, coûte que coûte.

Il faut s'arrêter un peu et prendre le temps de se rebrancher sur soi-même pour retrouver un point d'équilibre, sinon c'est la chute sans contrôle.

Souvent, le seul repère qu'il nous reste c'est nous-mêmes, d'où l'importance primordiale de rester connectés à notre âme, quoi qu'il arrive.

Une fois ce contact avec soi rétabli, nous respirons profondément, nous ouvrons les bras, nous faisons confiance à la Vie et nous nous lançons dans le vide !

Nous plongeons vers l'inconnu et vers une nouvelle étape de notre cheminement, car nous savons que la Vie nous guidera.

UNE GOUTTE D'EAU DANS L'OCÉAN?

Sur l'échelle de la Vie, peu importe où nous sommes dans notre développement spirituel, professionnel, financier, social ou autre, nous avons autant de valeur les uns que les autres.

C'est ce que nous faisons avec ce que nous sommes, où nous sommes maintenant, qui nous rend uniques et différents.

Nous ne sommes pas supérieurs ou inférieurs, seulement différents.

Même si nous entendons souvent dire que nous ne sommes qu'une goutte d'eau dans l'océan, c'est peut-être notre goutte d'eau qui fera la différence pour d'autres personnes.

Chaque goutte d'eau reflète le magnifique spectre des couleurs qui l'entourent.

Nous sommes peut-être tous des gouttes d'eau dans l'océan, mais l'océan n'existerait pas sans gouttes d'eau.

Chacun de nous apporte sa contribution unique au grand tout, quoi que nous en pensions. Chaque goutte s'appuie sur les autres pour former l'océan. Seule, elle s'évaporerait.

Nous avons tous besoin les uns des autres pour créer le mouvement de notre vie, de la Vie.

Partageons nos couleurs et notre unicité avec ceux qui nous entourent.

Rayonnons le plus possible.

Remplissons notre mission de goutte d'eau. Nous *faisons* une différence !

SE FONDRE DANS LE DÉCOR

Lorsque nous cherchons à nous faire aimer depuis notre plus tendre enfance, nous en venons à nous perdre nous-mêmes.

Nous finissons par nous fondre dans le décor pour essayer de correspondre aux attentes des autres.

Nous nous suradaptons, cherchant constamment à plaire aux autres pour être aimés.

Nous prenons la couleur de notre environnement, et nous y perdons notre propre couleur. Nous nous perdons tant de vue que nous ne savons plus qui nous sommes ou ce que nous aimons et nous oublions nos goûts, nos passions et nos rêves.

À force de vouloir être aimés des autres, nous avons surtout oublié de nous aimer.

À partir du moment où nous réapprenons à nous aimer, le regard que les autres posent sur nous a de moins en moins d'importance.

Apprendre à s'aimer quand nous ne l'avons pas appris dans notre enfance est un processus qui se fait à petits pas et à petites doses, quotidiennement et patiemment, comme si nous apprenions à marcher.

Puis un jour, vient un moment de bascule. Ce jour-là, nous aurons tellement bien appris à nous aimer que plus jamais nous ne nous perdrons de vue !

Nous comprenons alors que c'est beaucoup plus facile d'aimer et d'être aimé lorsqe nous nous aimons d'abord.

L'ÉGO OU LE CŒUR?

Lorsque notre ego mène notre vie, nous avons besoin de gagner, d'avoir raison et d'être le meilleur.

Nous ne voulons pas admettre nos torts ni être pris en défaut.

Nous recherchons les compliments, l'approbation et l'admiration.

Même si nous nous sentons souvent inférieurs aux autres, nous agissons comme si nous étions supérieurs.

Nous cherchons à être parfaits, à impressionner et à étaler notre savoir.

Toutefois, lorsque nous laissons notre cœur guider notre vie, tous ces verbes et ces adjectifs que l'ego adore ne trouvent plus leur place dans notre quotidien.

Nous cherchons à aider, à être utiles et à rendre service.

Nous privilégions les relations harmonieuses plutôt que d'avoir raison.

Nous nous sentons l'égal des autres, nous acceptons de nous tromper et d'être imparfaits, tant que nous sommes aimants et que nous apprenons.

Au lieu de chercher à impressionner, nous cherchons une manière d'aimer mieux.

Nous savons qu'il nous restera toujours beaucoup de choses à apprendre et c'est ce qui nous motive.

Nous ne cherchons plus à être aimés à tout prix, mais à aimer mieux.

C'est le cœur qui tient les rênes de l'ego, pas l'inverse.

Lorsque nous jugeons, il n'y a pas de place pour aimer. Lorsque nous aimons, il n'y a pas de place pour juger.

AUTO SABOTAGE

Avons-nous déjà été près d'un moment de bonheur ou de réussite que nous attendions depuis si longtemps et au moment où notre rêve s'apprête à devenir réalité, nous faisons le contraire de ce qui nous rendrait heureux ?

Nous nous autosabotons — inconsciemment — en donnant plus de poids à nos fausses croyances qu'à nos possibilités de bonheur. Nous vandalisons notre rêve en cultivant une faible estime de soi qui nous fait croire que nous ne méritons pas de vivre une telle joie. Nous ruinons ce moment de bonheur en restant ancrés dans une attitude de victime qui dit : « je le savais, c'est toujours comme ça ! ».

Quelque chose dans notre attitude, notre énergie et nos pensées crée un fossé entre nos aspirations et leur réalisation, et contribue à attirer ce triste résultat qui confirme les trois points précédents !

Si nous continuons de penser et de faire la même chose, nous aurons toujours le même résultat.

Pour changer cette finale, nous devons modifier l'introduction. C'est à nous de changer d'abord nos croyances et notre discours intérieur et de nous aimer suffisamment pour nous donner le droit d'être heureux.

Le reste suivra.

CHOISIR SA RÉACTION

Face aux irritants de la vie, nous avons trois choix : résister et se fâcher, se décourager et se sentir victime ou faire comme l'huître et en tirer le meilleur parti possible.

Chaque fois qu'un grain de sable s'immisce dans la coquille de l'huître, comme elle sait qu'elle ne pourra plus s'en débarrasser, elle l'enveloppe de nacre et le polit, jusqu'à ce qu'il devienne une perle magnifique.

Une huître qui n'a jamais été irritée par un grain de sable ne produit pas de perle, car la perle est sa blessure cicatrisée.

Il en est de même pour nous.

Nous ne pouvons pas éliminer nos blessures, mais nous pouvons choisir d'utiliser nos ressources intérieures pour en faire les plus belles perles possibles, afin que nos blessures ne soient jamais vaines.

Nos perles font partie de notre richesse et de notre unicité.

À l'image de l'huître qui doit s'ouvrir pour livrer toute la beauté de sa perle, ouvrons-nous aux autres pour partager notre trésor intérieur.

La prochaine fois que nous vivrons une situation difficile et qu'il y aura un grain de sable dans l'engrenage de notre vie, plutôt que de réagir négativement, rappelons-nous que nous sommes en train de façonner une nouvelle perle !

PRENDRE SOIN DE SOI

Tant de gens sont durs envers eux-mêmes.

Nous forçons pour remplir toutes nos obligations et quand c'est complété, nous en rajoutons !

Nous allons au bout de nos capacités physiques, mentales et émotionnelles en nous inventant des responsabilités que personne ne nous demande.

Nous n'écoutons pas les signaux de notre corps et de notre âme et nous dépassons nos limites au point de tomber malades ou de nous rendre jusqu'à l'épuisement.

Nous ne nous respectons pas nous-mêmes comme être humain, à un point tel que si une autre personne nous traitait de la même manière que nous nous traitons, nous la fuirions en courant !

Et pourtant, nous continuons de nous faire violence jour après jour. Pourquoi au juste ?

Personne ne tire avantage de nos propres exigences envers nous-mêmes. Pourquoi les maintenons-nous ?

Et si nous décidions aujourd'hui de devenir un bon ami pour nous-mêmes ?

Si nous prenions soin de nous, comme nous prendrions soin de la personne qui nous est la plus chère ?

Peut-être aurions-nous moins d'attentes et de déceptions envers les autres, parce que nous oserions enfin combler nous-mêmes la plupart de nos besoins, plutôt que de nous mettre à bout ou de l'exiger en vain des autres.

Peut-être aussi notre monde deviendrait-il meilleur, parce que nous serions plus calmes et plus heureux.

NOS AILES

Au fur et à mesure que nous cheminons dans notre vie, nous traversons tous des épreuves à la hauteur de nos capacités.

Ces épreuves sont toujours légèrement plus difficiles que ce que nous croyons être capables de faire, puisque notre croissance comme être humain dépend de notre capacité à relever ces défis qui nous sortent de notre confort habituel, afin que nous apprenions les leçons de vie.

Parfois, lorsque nous ne relevons pas ces défis au fur et à mesure qu'ils se présentent, ceux-ci s'accumulent et arrivent presque tous en même temps.

Nous comprenons alors le retard dans nos apprentissages !

Par contre, plus nous avançons, plus notre capacité à relever ces défis grandit. Elle devient comme une nouvelle paire d'ailes qui nous est octroyée chaque fois que nous réussissons, pour que nous puissions voler un peu plus haut et un peu plus loin avec le nouveau niveau de conscience acquis.

La prochaine fois que nous vivrons l'un de ces défis, rappelons-nous que nous sommes en train de développer une nouvelle paire d'ailes mieux ajustées à nos capacités.

Nos anciennes sont devenues trop petites pour nous !

BESOIN D'AMOUR

Quand les vagues se retirent et que la marée redescend, de nombreux cœurs esseulés se retrouvent à sec sur la plage.

Nous vivons en ce moment une période de grandes transformations, de fins et de commencements, de deuils et de renouveaux. De restructuration, dirait la consultante en moi ! D'évolution, dirait la coach en moi !

Malheureusement, nous vivons souvent nos apprentissages isolés et en vase clos. Nous croyons être seuls à les vivre ou encore nous ne voulons pas embêter les autres avec nos problèmes.

Pourtant, tant de gens vivent actuellement des drames personnels qu'il importe plus que jamais d'être tous solidaires. Soyons présents pour les autres, même ceux que la Vie éloigne.

Surtout, soyons là pour nous également, pour ne pas nous oublier dans cette période cruciale de transformation à petite ou grande échelle.

Plus que jamais, nous avons tous besoin d'amour, un besoin si immense que nos autres besoins paraissent insipides.

Chacun de nous peut-il, aujourd'hui, le faire transcender sur tout le reste ?

Que l'Amour grand, pur et désintéressé guide aujourd'hui chacun de nos gestes et chacune de nos paroles, afin que nos souffrances se transforment en compassion pour nous-mêmes et pour les autres.

QU'ATTIRONS-NOUS?

Nous attirons tout ce que nous croyons, pas nécessairement ce que nous voulons.

Nous pouvons désirer fortement une certaine chose, mais si notre discours intérieur — subtil, mais fortement ancré en nous — nous répète que nous ne le valons pas, ça risque de ne jamais se produire.

Nous aurons beau répéter des phrases de motivation pendant des jours, si nous croyons au fond de nous ne jamais y arriver, qu'il se produit toujours quelque chose au dernier moment pour empêcher la réalisation de nos rêves et si dans notre for intérieur, nous ne croyons pas que « ça se peut », nous sabotons notre rêve sans nous en rendre compte.

Nous devons découvrir la croyance ultime et limitante que nous nourrissons en lien avec ce que nous voulons.

C'est cette croyance enfouie, cette petite phrase assassine qui constitue notre conversation avec l'univers.

Puisque l'univers répond à notre discours intérieur, il nous donne raison.

Lorsque nous démasquons cette croyance saboteuse, nous pouvons la transformer en porteuse de notre rêve.

Nous attirerons alors ce que nous voulons vraiment, parce qu'il n'y aura plus de barrière invisible entre notre rêve et sa réalisation.

SUIVRE LE CHEMIN DU CŒUR

Suivre le chemin du cœur, c'est écouter sa petite voix intérieure qui nous dit de prendre à gauche alors que le mental est sûr que nous devons aller à droite.

C'est accueillir à cœur ouvert sur sa route quelqu'un qui a besoin de réconfort.

C'est renouer avec une ancienne amitié que nous avions perdue de vue pour des raisons qui nous semblaient importantes dans le passé, mais qui ne tiennent plus la route maintenant.

C'est suivre la voix de nos passions parce qu'elles nous indiquent toujours notre mission de vie.

C'est choisir « le chemin le moins fréquenté » parce que nous sommes sûrs de nous y retrouver.

C'est ouvrir son cœur à de nouvelles rencontres et s'éloigner des gens toxiques.

Peu importe si nous avons parfois l'impression de faire un détour, prendre le chemin du cœur, c'est toujours prendre la bonne route, celle dont nous avons besoin pour aller où nous devons être.

C'est rester à l'écoute de la signalisation universelle qui nous guide vers la bonne sortie au bon moment.

Suivre le chemin de l'amour, c'est donner un sens à sa vie en suivant le sens qu'elle nous indique.

SUSPENDRE LE TEMPS

Il y a des moments dans la vie où le temps semble suspendu et nous flottons littéralement dans le vide.

Des moments de grâce où nous comprenons enfin pourquoi nous avons vécu certaines choses qui nous ont menés exactement là où nous devons être en ce moment.

Un instant magique où la lumière brille enfin, comme si tout se mettait en place et que nous avions finalement un portrait global de notre raison d'être.

Dans la Vie, nous sommes toujours au bon endroit, au bon moment.

Par contre, nous avons parfois des éclairs de lucidité qui nous font comprendre à quel point cette phrase est juste et vraie.

Ce que nous vivons ne nous « arrive » pas. C'est nous qui l'avons créé.

Lorsque nous comprenons que nous créons notre réalité, nous choisissons avec soin les pensées avec lesquelles nous voulons la créer.

Avec de la pratique et de l'amour pour soi, nous attirons de plus en plus ces moments où le temps s'arrête, afin que nous savourions à sa juste valeur cet espace de Vie dans le moment présent.

Et si aujourd'hui, nous suspendions le temps quelques instants, afin de goûter à cette sensation d'infini ?

LE COURAGE

Le courage ne se manifeste pas toujours par des actes héroïques.

Avoir du courage, c'est se respecter assez pour savoir dire non, plutôt que de céder aux demandes qui ne nous conviennent pas.

C'est accepter de reconnaître la réalité même quand elle fait mal.

C'est se relever des coups durs, encore et encore, parce que rien ne peut nous détruire sans notre consentement.

C'est se montrer vulnérable, alors que les masques seraient si faciles à remettre pour nous protéger.

C'est parfois avancer dans le vide, même avec la peur au ventre, parce que nous savons qu'il y aura toujours un soutien et un appui quelque part, même si nous croyons être seuls.

Le courage fait toujours équipe avec la peur, parce que l'un n'existe pas sans l'autre.

Faire preuve de courage, c'est accepter d'être imparfait et s'aimer quand même, parce que le courage est l'une des plus grandes preuves d'amour envers soi-même.

À CONTRE-COURANT

Personne ne tenterait de remonter une rivière en ramant à contre-courant.

Au contraire, les kayakistes et les canoéistes utilisent le courant et s'y adaptent le mieux possible, pagayant lorsque c'est nécessaire et se laissant porter par les flots lorsque la rivière est calme.

Pourtant, nous faisons souvent le contraire dans notre vie. Nous ramons à contre-courant lorsque nous refusons ce à quoi la Vie nous demande de faire face et il est rare que nous nous laissions juste porter par le courant en admirant le paysage.

Lorsque nous allons dans le sens contraire de la rivière, nous nous épuisons, nous ramons sans arrêt en espérant contrecarrer les plans que la Vie a faits pour nous.

Soyons un peu plus sages en suivant le flot de la Vie.

Ramons fort pour ne pas chavirer lorsqu'il y a des pierres dans notre rivière, mais allons toujours dans le sens du courant.

Les rapides font partie de la rivière, tout comme les eaux calmes.

La Vie et la rivière ne nous veulent pas de mal, alors apprécions la balade dans toute sa splendeur et laissons-nous porter par le courant.

LES CAILLOUX

Tous les événements que la Vie met sur notre chemin sont comme les cailloux du Petit Poucet.

Chacun d'eux est placé sur notre route pour que nous puissions rentrer à la maison, pour que nous retrouvions le chemin qui nous ramène au cœur de nous-mêmes.

Parfois, nous devons vivre des moments difficiles pour nous amener à laisser tomber tout ce qui nous nuit dans notre voyage.

Ces moments sont les cailloux qui nous rapprochent de nous-mêmes, de notre centre et de notre âme.

Nous les percevons comme des obstacles, mais ce sont plutôt des étapes cruciales pour notre développement.

Rien de ce qui nous arrive n'est inutile. Aucun événement ni aucune personne ne sont placés sur notre chemin par hasard.

Chaque fois que nous avons l'impression de perdre quelque chose, nous sommes redirigés vers quelque chose de meilleur.

Notre tâche est de retrouver le chemin qui nous mène à notre authenticité.

LAISSONS NOTRE AGENDA OUVERT

Nos vies sont chargées d'obligations familiales, personnelles et professionnelles, d'activités sportives, sociales et culturelles, de responsabilités et de choses à faire que nous nous imposons.

Même pendant nos vacances, nous rédigeons des listes de choses à faire que nous n'avons pas le temps de faire à d'autres moments.

Lorsque nous nous occupons ainsi, quelle place reste-t-il à la Vie pour nous faire don de ses cadeaux, de ses petits miracles quotidiens, de ses surprises et de ses belles rencontres qu'elle nous destine ?

C'est dans nos moments non planifiés que nous pouvons avoir droit aux plus beaux cadeaux de la Vie.

Laissons-nous de la place dans notre agenda et dans notre cœur pour que, lorsque les choses ne se déroulent pas comme prévu, nous puissions apprécier la magie du cadeau dont la Vie nous fait présent.

Plus nous saurons nous arrêter au lieu de toujours courir, plus la Vie aura la chance de nous rattraper pour nous faire profiter de ce qu'elle nous offre de plus beau.

Ce n'est ni l'agenda ni le mental qu'elle nourrit, c'est le cœur et l'âme de ce que nous sommes.

C'est dans les imprévus que se cachent les plus beaux trésors !

LES DEUX CÔTÉS

On dit souvent que nous pouvons voir une situation de deux façons : positivement ou négativement.

Que nous pouvons choisir de voir le verre à moitié vide ou à moitié plein.

Et si nous tentions de voir la situation dans son entièreté ? Toute chose étant complète en soi, il y a forcément un côté lumineux et un côté sombre à toute situation.

Si nous acceptons de voir les deux facettes, nous pouvons choisir consciemment de nous concentrer sur le côté lumineux.

Ainsi, nous ne vivons plus dans l'illusion ou dans la déprime. Nous commençons plutôt à vivre dans la connaissance qu'en toute chose, il existe un aspect positif et un aspect négatif, mais que nous faisons le choix conscient de mettre nos énergies sur le côté qui nous rend heureux.

Nous ne renions pas l'aspect plus difficile. Nous cherchons plutôt l'apprentissage que nous devons en retenir.

En agissant ainsi, nous apprécierons toute la magnificence de l'aspect lumineux de toute situation.

Cette façon de voir la Vie nous donne le courage d'affronter chaque situation difficile afin d'en tirer le meilleur pour nous et nous procure la lucidité d'aborder chaque situation positive avec la conscience nécessaire.

Ainsi, nous comprendrons et accepterons que tout est toujours parfait.

Même si ça ne se passe pas toujours comme nous le voulons.

LES PETITS SIGNES

À l'instar de simples roches détournant le cours d'un ruisseau, il suffit parfois de peu de choses pour changer le cours de notre vie. Ce peut être un appel, un sourire ou un détour de la route, un moment d'inattention, un oubli ou un emportement.

Heureusement, la Vie nous envoie souvent de petits signes pour nous ramener dans le chemin qui est le nôtre.

Nous gérons souvent notre vie comme une entreprise. Nous essayons de tout planifier, de tout diriger et surtout, de tout contrôler.

En agissant ainsi, nous ne voyons pas tous ces merveilleux petits indices que la Vie met sur notre chemin et nous nous éloignons de notre propre route.

Notre vie, ce n'est pas une entreprise, c'est un cadeau unique et exceptionnel que nous déballons quotidiennement.

Chaque jour, ces signes sont sur notre chemin pour notre propre bien-être.

Restons à l'affût de tous ces moments imprévus, inattendus et merveilleux, comme autant de surprises qui contribuent à notre bonheur, pour peu que nous y soyons ouverts et prêts à les recevoir.

AVOIR RAISON

Que d'énergie perdons-nous à toujours vouloir avoir raison !

Que cherchons-nous à prouver ? Que l'autre a tort et que nous sommes meilleurs ? Que nous sommes supérieurs ?

Certains vont même jusqu'à se rendre malheureux pour prouver qu'ils ont raison de croire qu'ils ne méritent pas d'être heureux !

Choisissons nos batailles. Ce n'est pas important de gagner tous les arguments si cela nous fait perdre ceux que nous aimons.

Il n'y a pas qu'une seule vérité. Nous avons chacun notre vérité.

Qui sommes-nous pour affirmer que notre vérité est meilleure que celle de l'autre ?

Le but de toute discussion ne devrait pas être de chercher à avoir raison, mais de trouver une solution.

Si la relation compte plus que de gagner l'argument, ne nourrissons pas notre orgueil d'une victoire qui nous coûtera une relation qui nous tient à cœur.

Privilégions l'harmonie plutôt que le conflit.

Ne renonçons pas à nos valeurs pour autant, mais sachons reconnaître que nous pouvons avoir raison et l'autre aussi.

LES DEUILS

Les deuils sont des étapes de Vie difficiles, mais essentielles sur notre chemin.

Chacun de nous vit différents deuils, comme le passage à l'âge adulte, où nous devons renoncer à l'insouciance de l'enfance. Le départ du nid familial pour voler de nos propres ailes est aussi un deuil, tout comme la perte d'un emploi, une séparation, la perte d'une amitié, d'un amour ou le deuil de nos parents et de ceux qu'on aime.

Toute notre vie, nous vivons des deuils parce que la Vie en est constituée.

Certaines choses doivent mourir et changer de forme pour que nous puissions grandir, vivre quelque chose de mieux et poursuivre notre route en acceptant ces pertes avec courage, mais aussi avec reconnaissance.

Soyons reconnaissants, parce que rien de nouveau ne peut survenir si l'ancien ne meurt pas.

Chaque deuil porte en lui la semence d'une nouvelle vie.

Tout ce qui sort de notre vie fait de la place pour du mieux : un meilleur emploi, une amitié plus profonde ou un plus grand amour.

Nous ne perdons rien. Tout se transforme.

Même dans la douleur d'un deuil immense, souvenons-nous que la Vie est en train de fabriquer un trésor pour nous.

Laissons-lui le temps de le peaufiner et accueillons la renaissance qui viendra ensuite avec le cœur ouvert, car la Vie continue.

NOS COULEURS

Un peintre n'utilise jamais qu'une seule couleur à la fois au bout de son pinceau.

Il sait que c'est le mélange des couleurs qui donnera cette teinte qu'il cherche et qu'il voit déjà avec ses yeux intérieurs.

De la même manière, nous avons besoin de toutes nos qualités et nos défauts pour être la personne unique que nous sommes.

Nous avons besoin de nos couleurs et de celles des autres pour nous épanouir.

La Vie n'est jamais noire ou blanche. Elle n'affiche pas non plus seulement les teintes de gris.

La Vie est faite de toutes les couleurs. C'est le mélange des couleurs, du noir, du blanc et des gris qui nous donnent un tableau magnifique.

C'est à nous de choisir les couleurs avec lesquelles nous voulons peindre nos journées.

Il y a tant de choix, pourquoi se contenter du gris ou du noir ?

C'est dans les moments sombres qu'il est le plus important de sortir nos pinceaux et nos tubes de couleurs et de peindre le tableau coloré que nous voulons faire de notre vie.

C'est notre tableau. Donnons-lui nos couleurs les plus éclatantes !

CHOISIR LE BONHEUR

Toutes nos possibilités de bonheur se situent uniquement dans le moment présent.

Comment pourrions-nous être heureux plus tard si nous n'apprenons pas à l'être dans le moment présent ?

Évidemment, certaines situations rendent plus difficile notre aptitude au bonheur, mais si nous arrivons à rester dans la perfection du moment présent, nous nous situons dans un espace d'amour et non de souffrance ou de déception.

Lorsque nous comprenons que toute chose est parfaite, nous en tirons au moins une parcelle de bonheur en chaque chose.

Chaque fois que nous tentons de contrôler les personnes ou les événements, nous réduisons nos possibilités de bonheur.

Chaque fois que nous jugeons les autres ou nous-mêmes, les institutions ou la situation, nous nous éloignons de notre capteur de bonheur.

Par contre, chaque fois que nous lâchons prise, nous atteignons un nouveau niveau de liberté et de bien-être qui nous permet de toucher à nouveau à notre centrale du bonheur.

Chaque fois que nous nous abstenons de juger, de critiquer, de commenter négativement ou de nourrir nos peurs, nous donnons la place nécessaire pour que des sentiments plus heureux s'installent en nous.

Le bonheur est un choix parfois difficile à faire, mais toujours possible.

LA FRAGILITÉ

Nous jouons parfois les hommes forts et les femmes fortes devant l'adversité, les coups durs et les aléas de la Vie.

Pourtant, au fond de nous gît un petit enfant fragile qui a besoin d'être rassuré et protégé.

Ce n'est pas en faisant les durs que nous le rassurerons. Vient un temps dans la Vie où, quand la vraie force intérieure s'installe, nous chérissons notre fragilité parce qu'elle nous rappelle qui nous sommes vraiment.

Nous sommes à la fois constitués de cette fragilité qui nous habite depuis notre naissance et de cette force que nous avons conquise et développée au fil des ans, souvent au prix de longues épreuves douloureuses.

C'est dans notre fragilité que se trouvent notre authenticité et notre vulnérabilité.

C'est là où nous ne jouons pas de rôles, où nous sommes pleinement nous-mêmes.

C'est en osant afficher notre fragilité avec des personnes dignes de confiance que grandit notre amour envers nous-mêmes, parce que nous comprenons enfin que c'est notre fragilité qui fait notre force, puisqu'elle est authentique et que nous sommes tous égaux dans notre zone de vulnérabilité.

ÊTRE ENTENDU

La plupart d'entre nous connaissent les principes de base pour bien communiquer.

Nous faisons des efforts pour mieux nous affirmer et pour nous exprimer davantage, mais avons-nous remarqué à quel point c'est difficile d'être entendus par certaines personnes ? C'est comme si nous parlions dans le vide ! Nous exprimons clairement nos demandes, nos émotions et nos attentes, mais c'est comme si nous n'avions rien dit !

Dans ces circonstances, nous pourrions blâmer l'autre, crier plus fort ou couper la communication, mais nous n'apprendrions rien de la situation.

Peut-être que la vraie question à poser lorsque cela nous arrive est : où est-ce que je ne m'entends pas moi-même ? Dans quelles circonstances est-ce que je ne m'écoute pas, que je n'écoute pas mes besoins, mes émotions ou mes attentes ?

Chaque expérience que nous vivons est là pour nous apprendre quelque chose sur NOUS.

Si nous ne sommes pas entendus par une autre personne, quels besoins refusons-nous de reconnaître en nous et d'y répondre ?

La seule manière de régler un problème qui se répète dans nos relations avec les autres est de trouver comment nous nous faisons vivre ce problème à nous-mêmes.

Dès que nous avons trouvé la réponse et que nous avons fait le changement approprié pour nous-mêmes, nous n'aurons plus besoin de revivre cette situation avec les autres. Nous l'aurons réglée !

TENONS BON!

Avec les années, nous apprenons que nous ne pouvons pas sauver quelqu'un qui préfère se noyer plutôt que de faire l'effort d'apprendre à nager.

Malgré toute notre bonne volonté, la sortie de la zone de souffrance d'une personne ne peut se faire qu'à partir de sa décision, pas la nôtre.

Malheureusement, certaines personnes ont besoin de souffrir beaucoup avant de s'éveiller à leur belle lumière. Les pousser en plein soleil alors que leurs yeux n'y sont pas encore adaptés est comme tirer sur la carotte pour qu'elle pousse plus vite. Ça ne marche pas !

Aux gens qui ont l'impression d'être en train de se noyer : tenez bon ! Vous finirez par être capables de nager et de rejoindre le rivage. Vous pouvez y arrivez !

À ceux qui les entourent et qui les aiment : tenez bon aussi, mais restez sur le rivage !

Accompagnez sans vous noyer. Il faut être un nageur fort et expérimenté pour ne pas être emporté par quelqu'un qui est en train de couler.

Lançons des bouées, encourageons et tendons des perches, mais ne coulons pas en voulant sauver les autres.

Gardons nos pieds solidement ancrés sur la terre ferme. Le fait de nous en être sortis nous-mêmes parlera plus que tous les discours que nous pourrons tenir.

SORTIR DE NOS ZONES D'OMBRES

Parfois, il semble que certains d'entre nous se complaisent dans leurs zones d'ombres. Nous ne voulons pas déranger et nous n'osons pas nous affirmer.

Nous éprouvons des problèmes et nous cherchons refuge dans notre zone d'ombre. Nous cultivons le négatif, nous ruminons nos difficultés et nous avons l'impression qu'il ne fera plus soleil pour nous.

Pourtant, s'il y a de l'ombre, c'est que le soleil est toujours là.

Parfois, nous n'avons qu'à faire un pas de côté ou à nous tourner pour nous retrouver en plein soleil. Il y a un proverbe qui dit : garde ton visage au soleil et les ombres seront toujours derrière toi.

En d'autres moments, nous restons volontairement dans l'ombre, n'osant pas nous afficher tels que nous sommes, n'osant pas exploiter pleinement tous nos talents par peur de nous retrouver en pleine lumière. Pourtant, le monde a tellement besoin de notre lumière, de nos talents.

Dans ces cas, il ne s'agit que de faire un pas en avant pour atteindre la zone ensoleillée.

Nous avons toujours le choix : l'ombre ou la lumière.

C'est de la lumière dont nous avons besoin. C'est de notre lumière que le monde a besoin. Il y a déjà assez d'ombres comme ça.

Et si aujourd'hui, nous faisions un pas vers le côté éclairé de notre Vie ?

LA CONFIANCE OU LA MÉFIANCE

Pour certains faire confiance est facile. Nous les entendons dire : je fais confiance jusqu'à preuve du contraire.

Pour d'autres c'est la méfiance d'abord. L'autre doit prouver qu'il est digne de confiance avant qu'ils la lui accordent.

Peu importe quelle est notre approche, elle illustre surtout notre estime de soi.

Si nous avons vécu dans l'acceptation et la reconnaissance étant jeunes, nous aurons plus de facilité à faire confiance, car nous ne nous sentirons pas menacés sans arrêt.

Notre estime de soi est plus solide et nous avons confiance en nos propres moyens pour composer avec une situation où notre confiance serait trompée.

Si nous avons vécu dans la méfiance ou la maltraitance dans notre enfance, il est normal que la confiance envers les autres soit difficile à bâtir.

Si nous vivons dans la peur des autres ou la crainte d'avoir mal, nous choisirons la méfiance comme mode de protection. Notre estime de nous-mêmes est plus vulnérable aux agissements des autres et nous croyons qu'être méfiants nous évitera de nous faire avoir. Cependant, nous dépenserons ainsi beaucoup d'énergie à tenter de nous protéger.

En fait, c'est en apprenant à s'aimer soi-même que nous comprendrons que nous pouvons NOUS faire confiance pour faire face à toute situation et que la méfiance, bien que porteuse de prudence, ne doit pas diriger notre vie.

Vivre dans la confiance est une magnifique aptitude au bonheur.

EXCUSES

Avons-nous tendance à nous excuser pour tout et pour rien ?

Sommes-nous de ceux qui ont toujours l'impression que tout est de leur faute et qui doivent s'excuser en permanence et pour n'importe quoi ?

À moins d'avoir blessé volontairement quelqu'un, nous n'avons pas à nous excuser d'être ce que nous sommes !

Peut-être avons-nous parfois l'impression de ne pas être à la hauteur de ce que nous aimerions être, mais nous n'avons pas à nous excuser pour ça. Nous sommes en constante évolution.

Nous sommes tous porteurs de notre propre lumière.

Lorsque nous laissons notre lumière briller et lorsque nous sommes pleins d'amour, nous ne faisons pas ombrage aux autres.

Au contraire, notre lumière reflète sur les autres.

Peut-être que pour certains, notre lumière éclaire leurs propres zones d'ombre et que ça les dérange.

Si nous recevons des reproches pour ça, comprenons que cette partie de la relation ne nous appartient pas. C'est à eux de décider de ce qu'ils veulent faire de leurs zones sombres.

Nous n'avons pas à nous excuser de rayonner, même si ça les dérange.

Assumons-nous et rayonnons ! Le monde a besoin de la lumière de chacun d'entre nous.

LA PEUR DE SOUFFRIR

Nous avons tous eu notre part de déceptions, de peines d'amour et de trahisons.

Plus nous en avons connu, plus nous voulons éviter de revivre ces émotions douloureuses. S'installe la peur de souffrir, qui nous retient de nous investir, de nous engager et d'aimer à nouveau avec abandon. Cette peur qui nous empêche de faire confiance et d'embarquer avec enthousiasme. Nous agissons alors comme si la peur de souffrir pouvait nous éviter de souffrir.

Pendant que nous nous retenons de nous investir à nouveau, nous nous privons de ce qui pourrait nous rendre heureux dans le moment présent. Nous nous empêchons de vivre pleinement, au cas où nous aurions mal un jour.

La peur de souffrir ne nous protège pas de la souffrance. Elle nous prive du bonheur présent.

Personne n'a de garantie sur quoi que ce soit dans sa vie, mais nous avons plus de chances d'être heureux en nous investissant à fond dans le moment présent.

Si la souffrance survient un jour, alors nous y ferons face à ce moment-là. Ne perdons pas notre présent par peur du futur à cause de blessures du passé.

Nous sommes fragiles ? Et alors ? N'est-ce pas dans la fragilité que réside toute la force de notre vulnérabilité ? N'est-ce pas dans la délicatesse d'une fleur que réside sa grande beauté ? Croit-elle ne pas être assez forte pour survivre à la prochaine tempête ? Non. Elle vit, tout simplement.

Alors, vivons pleinement.

BIEN COMMUNIQUER

Quel défi que de bien communiquer !

Tant de malentendus et de conflits découlent des ratés de communication. Tant d'éléments entrent en compte lorsque nous voulons dire quelque chose d'important. D'abord, il faut être capable de s'affirmer, de « se dire ».

Puis il faut être entendu par la bonne personne ! À combien de reprises avons-nous exprimé nos frustrations envers quelqu'un en en parlant à quelqu'un d'autre plutôt qu'à la personne concernée ? Et nous nous étonnons que ça ne s'améliore pas !

Nous devons prendre en considération certains éléments essentiels si nous voulons être entendus et compris. D'abord, nous devons être clairs (le but) et vrais (SE dire) sur ce que nous avons besoin de dire. Nous devons donc choisir avec soin le contenu (les mots) et le contenant (le ton).

Nous devons aussi savoir reconnaître le moment où notre message est le plus susceptible d'être entendu. Ce n'est pas dans la colère, devant un groupe ou dans d'autres circonstances peu favorables que notre message sera bien reçu. Si nécessaire, soyons patients et attendons le moment propice pour exprimer ce qui nous tient à cœur. Voulons-nous nous défouler et avoir raison (alors c'est l'ego qui mène) ou améliorer la relation (ici, c'est le cœur qui agit) ?

Tant de conflits seraient évités si nous apprenions à tenir compte de ces piliers de base de la communication : le message, les mots, le ton, le moment et surtout, l'amour, car quel est l'intérêt de communiquer sans amour ?

DIRE NON

Lorsque nous nous respectons assez pour être capables de dire non à ce qui ne nous convient pas — des situations, des relations ou des demandes —, nous envoyons un puissant message à l'Univers de ce que nous voulons attirer dans notre vie.

Ce que nous refusons est aussi important que ce que nous acceptons.

Le processus d'élimination est aussi important que le processus de création.

C'est à nous de trier entre ce que nous acceptons et ce que nous refusons. Acceptons ce que nous avons envie de vivre plus souvent et refusons ce que nous ne voulons plus attirer dans notre vie.

Combien de fois nous éloignons-nous de ce que nous sommes vraiment, de notre mission, de nos intérêts et de nos intentions en acceptant ce qui ne va pas dans le même sens de ce que nous voulons ?

Dire non à ce qui n'est pas aligné avec notre âme fait de la place pour le meilleur.

Nous façonnons notre vie par ce dont nous nous éloignons, autant que par ce dont nous nous rapprochons.

Savoir dire un vrai non à ce qui ne nous convient pas et savoir dire un oui retentissant à ce que nous voulons : c'est ainsi que nous créons notre bonheur.

DIRE OUI!

Dès que nous savons dire non à ce qui ne nous convient pas, il nous reste à apprendre à dire oui à tout ce qui nous rend heureux, à la beauté de la Vie, aux surprises qu'elle met sur notre chemin et aux cadeaux qui surgissent aux détours de notre route.

Trop souvent, nous refusons les offres de la Vie et acceptons ce que nous ne voulons pas !

C'est cette habitude — souvent inconsciente — qu'il nous faut inverser.

La Vie a un grand sens de l'humour. Sous des emballages parfois douteux se cachent les plus beaux cadeaux qui soient.

Dire oui à ce qui nous sort de notre zone de confort habituelle, c'est aussi accepter les possibilités de bonheur que ces invitations recèlent.

Accepter que la Vie ne réponde pas toujours à nos attentes comme nous le souhaiterions, c'est s'ouvrir à ce qu'elle a de mieux en réserve pour nous. Faire confiance à la Vie est une plus grande source de joie, de paix et d'amour que de vouloir contrôler tout ce que nous vivons.

Lorsque nous éliminons ce qui est toxique, l'univers se charge de combler le vide par ce qui est bon pour nous.

Dire oui à la Vie, c'est se faire à soi-même un immense cadeau !

LES SYNCHRONICITÉS

La Vie saupoudre notre quotidien de petits moments magiques pour lesquels on a trouvé le merveilleux nom de synchronicités.

Tous ces petits hasards, coïncidences et rencontres fortuites qui nous font dire WOW ! et qui nous laissent sans voix. Ces instants précieux où nous pensons à une personne et qu'elle nous appelle ou nous écrit.

Ce commentaire que nous nous apprêtons à faire et que quelqu'un d'autre exprime en même temps. Une expérience difficile que nous vivons alors que nous découvrons un article qui exprime exactement ce que nous ressentons. Ces retrouvailles non orchestrées qui tombent au bon moment. Ces discussions spontanées qui nous font réaliser certaines choses cruciales pour nous alors que nous sommes prêts à les entendre.

Ces synchronicités sont de magnifiques cadeaux de la Vie. Ce sont des signes qu'elle met sur notre chemin pour nous indiquer la route à suivre. Ce sont des baumes qu'elle nous offre gracieusement lorsque nous avons besoin de réconfort. Ce sont des évidences de ce qui est plus grand que nous quand nous sommes sur le point de perdre foi en la Vie et parfois, en nous.

Plus nous sommes ouverts, plus nous voyons ces synchronicités et plus nous éprouvons de la gratitude envers l'immense générosité de la Vie.

Et si aujourd'hui, nous prêtions une attention particulière à ces synchronicités ?

LA SPONTANÉITÉ

Dans notre monde, beaucoup se sentent presque obligés de tout planifier : les vacances, la retraite, les voyages, les repas de la semaine ou les tâches de la journée.

Bien sûr, pour la plupart des gens, une planification est importante et permet une meilleure organisation de ces activités.

Toutefois, nous oublions souvent de laisser de la place pour la spontanéité, cette belle étincelle de joie qui nous permet de dire oui à de petites folies imprévues, à des bonheurs insoupçonnés et à des découvertes inouïes.

La spontanéité, c'est accepter une invitation qui nous détourne quelque peu de notre itinéraire, parce que l'élan de notre cœur nous donne envie de dire oui.

C'est embarquer ensemble dans un projet stimulant qui vient tout juste de naître.

C'est dire notre commentaire avec candeur et respect.

C'est oser suivre son côté enfant pour la joie que cela nous procurera.

C'est accepter de faire les choses différemment parce que notre intuition nous invite à le faire.

La spontanéité, c'est suivre son cœur d'enfant. C'est se laisser de la place pour être vraiment nous-mêmes. C'est se garder de l'espace et du temps dans notre vie trop remplie pour que surgisse le meilleur de ce que nous sommes.

LE LÂCHER PRISE

Ah! Ce fameux lâcher-prise qui pose tant de difficultés à tant de gens!

Nous nous demandons souvent comment faire pour lâcher prise. Quand faut-il lâcher prise et quand faut-il tenir bon?

En fait, peut-être l'expression est-elle mal utilisée. Si, au lieu de lâcher prise, peu importe ce que ça veut dire, nous acceptions enfin ce qui arrive?

Soyons convaincus que tout est parfait, que tout ce qui nous arrive est pour le mieux, même ce qui nous déplaît royalement!

Lâcher prise, c'est accepter que nous ne contrôlons pas tout, mais que nous pouvons choisir nos batailles. Certaines méritent d'être menées, mais elles sont beaucoup moins nombreuses que nous le croyons.

Pour préserver notre harmonie et nos possibilités de bonheur, il vaut mieux parfois renoncer à affronter les moulins à vent et se concentrer sur ce qui a vraiment de l'importance pour nous et surtout, sur ce qui nous rend vraiment heureux.

Le lâcher-prise, c'est faire confiance à la Vie, c'est accepter d'être ici, maintenant, dans l'instant présent, certains que ce que nous vivons est exactement ce dont nous avons besoin en ce moment même pour notre évolution.

C'est dans cette attitude que nous nous sentons légers et que nous découvrons la paix de l'âme et la sagesse du cœur.

Je le dis souvent et j'y crois profondément : la Vie sait mieux que nous ce dont nous avons besoin!

LE CŒUR DÉSACCORDÉ

Dans certains passages tumultueux de notre vie, nous nous retrouvons parfois avec le cœur désaccordé, comme si nous ne nous souvenions plus de la partition que nous jouons dans notre propre vie.

Il semble alors que plus rien n'est en harmonie avec notre âme, souvent pas même nous !

Nous avons l'impression de ramer à contre-courant constamment, de livrer bataille après bataille en nous épuisant continuellement. La vie nous semble alors pénible et la pièce difficile à jouer.

Pourtant, nous sommes notre propre accordeur de piano. C'est à nous d'ajuster les cordes sur lesquelles nous jouons nos propres notes et c'est encore à nous qu'il revient de recréer l'harmonie que nous voulons entendre dans notre vie. Pour y arriver, il faut cesser d'attendre que les autres accordent leur instrument. Nous sommes responsables de notre propre piano, et non celui des autres !

C'est en ajustant chaque note, en guérissant chaque blessure, en réparant chaque touche et en corrigeant nos comportements défectueux que nous arriverons à recréer une symphonie harmonieuse dans notre vie.

De temps en temps, il nous faudra accorder de nouveau notre personnalité pour qu'elle continue d'être en harmonie avec notre âme.

Nous sommes responsables de notre partition. C'est seulement en allant au cœur de nous-mêmes que nous pourrons jouer la magnifique musique pour laquelle nous sommes ici sur terre.

LA MAGIE DU PRÉSENT

Quel merveilleux cadeau que le présent ! Avons-nous remarqué toute la magie de notre présent ?

C'est dans le moment présent que se vivent les plus belles synchronicités, ces instants magiques que nous confondons avec le destin.

C'est dans le moment présent que se trouvent le rire, la joie et la paix.

Lorsque nous sommes en colère, c'est que nous revivons un événement du passé et lorsque nous sommes anxieux, c'est que nous nous projetons dans le futur.

Quand nous jugeons, c'est à partir d'expériences antérieures. Quand nous avons peur, c'est le passé et le futur qui s'amalgament pour nous empêcher d'apprécier le seul moment qui nous appartienne vraiment : le présent.

Regardons la beauté de la Vie autour de nous et ce qui nous a amenés là où nous sommes en ce moment, à lire ces lignes sur le présent.

Ici et maintenant, malgré tout ce que notre mental veut nous faire croire, nous avons ce qu'il faut pour être heureux. Lorsque nous vivons vraiment dans l'instant présent, un grand sentiment de paix nous envahit.

Nous sommes ici et nous sommes vivants !

Nous tenons notre bonheur dans nos mains. Inutile de le chercher dans les souvenirs du passé ni de le planifier dans le futur. La vraie magie du présent, c'est que c'est le seul endroit où se trouve notre bonheur.

DES PAPILLONS DANS LE VENTRE

Avez-vous déjà connu cette extraordinaire sensation d'avoir des papillons dans le ventre ?

Avez-vous déjà été tellement enthousiasmé et excité en pensant à une personne ou un projet que tout votre être tremblait de bonheur et de fébrilité ?

Bien sûr, nous avons presque tous connu un jour ou l'autre cette délicieuse sensation alors que nous tombions en amour.

Cette fabuleuse impression que le temps s'arrête et qu'il n'y a que nous, nos papillons et l'autre qui existons !

Ces papillons sont aussi nos guides lorsque vient le temps de prendre des décisions importantes. Si nous hésitons entre deux emplois, la tête — le mental — veut choisir l'emploi sécuritaire, mais le cœur — les papillons — veut choisir celui qui nous excite, même s'il est moins payant et moins sûr.

Si nous hésitons entre deux voyages, deux quartiers où déménager, des invitations à souper ou des activités, il suffit de s'arrêter et les papillons nous indiqueront ce qui nous attire le plus.

De même en est-il de nos choix de vie. Les papillons dans le ventre, c'est la voie que choisit notre âme pour nous indiquer la meilleure route à prendre pour notre évolution.

Si nous n'avons pas cette sensation devant un choix, c'est que ce n'est pas le meilleur choix.

Si nous sommes à l'écoute de nous-mêmes, nous pouvons même dire : pas de papillons, pas de décision !

LES VALEURS

Nous avons tous reçu de nos parents un bagage de valeurs que nous avons intégrées tôt dans notre enfance.

À l'adolescence, si nous avions un caractère fort, nous avons peut-être rejeté quelques-unes de ces valeurs. La plupart d'entre nous ont bâti leur vie à partir des valeurs héritées de leurs parents, qui les avaient reçues de leurs parents.

Aujourd'hui, ces valeurs héritées rejoignent-elles l'adulte que nous sommes devenus ? Vivons-nous dans la maison de nos parents ou avons-nous bâti la nôtre, qui nous est propre et qui nous ressemble ?

Nous perpétuons souvent les idées, les valeurs et les peurs que nous ont transmises les gens de notre entourage sans même les remettre en question. Qu'est-ce qui nous appartient vraiment ?

Plus tôt nous définirons nos propres valeurs, plus facilement nous prendrons toutes nos décisions.

Ce qui ne sera pas en harmonie avec nos valeurs sera plus aisément rejeté, puisqu'il ne nous conviendra pas.

Nous transmettons également nos valeurs à nos enfants. Nous devrions nous réjouir le jour où ils bâtiront les leurs, même s'ils rejettent certaines de celles que nous leur avions léguées.

Ce jour-là, eux aussi commenceront à vivre leur propre vie.

Et vous, quelles valeurs guident votre vie ? Lesquelles souhaitez-vous transmettre ?

TISSER DES LIENS

Les liens que nous tissons tout au long de notre vie en disent beaucoup sur nous.

Ils indiquent notre capacité d'engagement, montrent notre niveau de confiance et parlent de notre volonté à maintenir vivant ce qui nous tient à cœur.

Certains liens se développent au fil des années, d'autres sont forts presque instantanément.

Que ce soit en amour ou en amitié, la force des liens qui nous unissent aux autres est déterminée par la qualité d'amour que nous donnons à chacune de ces relations.

Plus nous sommes aimants, plus les liens seront solides.

Les liens ne sont pas des nœuds. Ils ne doivent pas nous étouffer, mais nous solidifier et nous aider à devenir plus forts à travers nos étapes de vie.

Ceux et celles qui sont là avec compassion quand nous avons besoin de soutien sont fort probablement nos liens les plus solides.

L'amitié et l'amour des gens qui nous tiennent la main au bon moment sont de merveilleux miracles dans notre Vie.

Chérissons ces liens, entretenons-les nous aussi avec amour et soyons nous aussi, pour ceux d'entre eux qui en ont besoin, le lien solide et aimant dans leur vie.

NOS BESOINS

Lorsque nous sommes de mauvaise humeur sans connaître la raison, demandons-nous auquel de nos besoins nous n'avons pas répondu.

Trop souvent, nous prétendons que nos besoins ne sont pas importants et nous hésitons à les exprimer. Lorsque nous le faisons, c'est timidement pour ne pas trop déranger ou par peur de passer pour une personne capricieuse ou exigeante.

Parfois, nous sommes si peu à l'écoute de nous-mêmes que nous ignorons même quels sont nos besoins. Si nous ne connaissons pas nos propres besoins, si nous ne les exprimons pas et si nous croyons ne pas être entendus lorsque nous osons les exprimer, alors qui y répondra, sinon nous-mêmes ?

Lorsque nous finissons par exprimer ce qui nous tient à cœur, nous avons parfois la surprise de constater que nous n'avons pas été entendus dans ce que nous demandions. Avons-nous été assez clairs ? Avons-nous pris tant de détours et utilisé tant de raisons fausses pour nous exprimer que le message a été dilué dans une avalanche de mots inutiles ?

Il est impossible d'être « trop » clairs.

Apprenons à nous centrer sur ce qui est important pour nous et à y répondre.

Car personne ne peut deviner nos besoins si nous ne les exprimons pas clairement.

DONNER OU RECEVOIR?

La plupart d'entre nous aiment beaucoup donner aux autres.

Souvent, nous en faisons notre mode de vie et nous pouvons même en faire notre carrière ! Donner aux autres sans attente est un principe spirituel et humain important qui rend le monde meilleur.

Toutefois, certains d'entre nous donnent parfois trop et finissent par être frustrés que ces « dons » semblent à sens unique.

Si nous sommes fatigués et vidés, si nous faisons passer les besoins des autres avant les nôtres et qu'au moment où nous avons besoin d'aide il semble n'y avoir personne, c'est probablement que nous donnons trop.

Pourtant, les autres aussi aiment donner. Si nous leur interdisons de le faire envers nous, c'est comme si eux refusaient que nous les aidions ; nous serions déçus.

C'est plus facile de donner que de recevoir, puisque lorsque nous donnons, nous sommes davantage dans une position de pouvoir qui nous évite d'avoir à montrer notre vulnérabilité. Nous nous fermons aux autres, souvent parce que nous croyons ne pas mériter de recevoir.

La Vie est une question d'équilibre. Apprenons à recevoir autant qu'à donner.

Pour ne pas avoir d'attentes déçues envers les autres, apprenons d'abord à se donner à soi-même, à prendre soin de soi et à être bon pour soi.

Apprenons à recevoir de nous-mêmes, afin de nous ouvrir à la générosité de la Vie et des autres.

ASSEZ!

Quand avez-vous dit la dernière fois « C'est assez ! »

Pourquoi tolérons-nous l'intolérable, l'inacceptable, ou ce dont nous ne voulons plus ?

Nous n'avons pas à avoir peur d'oser nous tenir debout et de dire « C'est assez ! » à toute forme d'abus, de violence, d'exploitation, de mépris, de harcèlement, d'humiliation, de mauvais traitements, de mensonges et de trahisons. Si nous attendons que l'autre arrête de nous traiter ainsi par lui-même, cela risque de ne jamais arriver !

C'est à nous seuls que revient la responsabilité et le pouvoir de nous tenir debout et de dire c'est assez à ces formes de non-amour. C'est en puisant au fond de soi, dans la plus petite parcelle d'amour de soi si nécessaire, que nous trouverons la force et le courage de mettre fin à notre trop grande tolérance à ce qui ne nous convient plus.

C'est en allant chercher de l'aide pour confirmer que ce que nous endurons depuis trop longtemps n'a pas de sens que nous finirons par comprendre que nous valons plus que ces mauvais traitements.

C'est en réapprenant à s'aimer soi-même, doucement et en étant bon pour soi, que nous guérirons petit à petit les blessures que ces abus ont laissées sur notre âme. Personne ne mérite de tolérer quelque forme d'abus que ce soit.

Si nous en vivons, aujourd'hui est le bon jour pour dire « C'est assez ! »

Demain sera déjà une journée de trop !

NOTRE VOILIER

La Vie c'est comme la mer : parfois nous voguons tranquillement sur l'eau, nous laissant porter par les vagues et suivant le courant, mais à d'autres moments, une tempête se lève et nous avons de la difficulté à naviguer entre les vagues qui se déchaînent.

En navigation, on dit que « Lorsque la tempête se lève, il faut baisser les voiles et garder le cap ».

Baisser les voiles, c'est lâcher prise pour tenir bon. C'est demeurer attentif aux mouvements des vagues afin de les suivre sans résister.

Sur un voilier, lorsque la tempête est forte, on fera jusqu'à trois baisses de ris pour passer au travers.

Dans nos propres tempêtes, il faut ariser nos voiles pour garder le cap le temps que la mer se calme, car toute tempête finit par passer. Rien ne dure éternellement.

Nous sommes le capitaine de notre bateau. Maintenons le cap sur notre objectif, mais faisons un avec la Vie. Si nous offrons encore de la résistance quand c'est tumultueux dans notre vie, pensons à baisser les voiles d'un ris de plus, à lâcher prise un peu plus afin de suivre le courant sans couler.

À vous tous qui traversez des tempêtes en ce moment : tenez bon ! La mer finit toujours par se calmer.

ÉCHEC ?

Nous connaissons tous des échecs un jour ou l'autre. Des projets avortent, des relations se terminent. Nous vivons des espoirs déçus, de mauvais placements, la perte d'un emploi, etc.

Même si nous faisons tout pour les éviter, nous rencontrerons quelques échecs au cours de notre vie.

Souvent, la peur d'échouer empêche plusieurs personnes d'avancer, de prendre de beaux risques, d'innover et de mettre en branle la réalisation d'un rêve, d'un projet ou d'un engagement.

Pourtant, rien n'est garanti dans la Vie.

Que nous ayons peur d'échouer ou non ne changera pas l'issue du projet.

En fait, c'est souvent par les échecs que nous apprenons le plus, alors pourquoi en avoir peur ?

Ce sont de ces expériences difficiles que nous tirons les plus grands enseignements. Ce sont elles qui nous rendent plus forts et plus solides. Toutes nos expériences de vie nous façonnent, qu'elles soient positives ou non.

Sachons extraire de chacune d'elles le meilleur afin de faire en sorte qu'aucune n'aura été vécue en vain.

Ainsi, nous pourrons dire que l'échec n'existe pas vraiment. C'est une forme d'apprentissage aussi importante que le succès.

C'est à nous de lui donner la valeur appropriée et de le rendre positif au final.

BESOIN D'AIDE ?

Nous connaissons tous des difficultés de toute nature dans nos vies.

La plupart du temps, nous savons comment les surmonter et nous réussissons à les régler, mais il survient des moments où une difficulté persiste plus fortement. Parfois même, tous les problèmes de même nature semblent se donner le mot pour nous assaillir en même temps. Les uns après les autres, ces difficultés nous assomment et nous mettent K.O.

Nous ne savons plus comment faire face à la musique. Certains baissent les bras, alors que d'autres veulent fuir et s'isoler, mais ce n'est pas en fuyant que nous devenons forts. C'est en affrontant l'épreuve, la personne ou la situation.

Si nous voulons devenir la personne courageuse que nous admirons chez certains, la seule recette qui fonctionne est de faire face à ce que nous vivons, quitte à prendre nos problèmes les uns après les autres pour les régler.

Si cette étape nous paraît insurmontable, cherchons de l'aide auprès des personnes qui peuvent nous aider. Des personnes qui nous aideront à faire face à notre musique, mais sans le faire à notre place. Des gens assez aimants pour ne jamais nous juger et assez forts pour nous aider à traverser ces étapes de vie.

Si nous vivons une situation difficile et qui nous semble insurmontable, de grâce, ne nous isolons pas. Des ressources professionnelles existent pour nous aider. Contactons-les !

Parfois, de petits miracles nous attendent au bout de ce premier geste de courage !

LE RESPECT

Lorsqu'il nous semble que les autres nous manquent de respect, qu'est-ce que cela nous enseigne sur nous ?

La plupart du temps, cela nous indique que nous ne sommes pas respectés à cause de trop de gentillesse, des difficultés à mettre nos limites, d'une trop grande tolérance à des comportements indésirables ou d'un trop grand besoin de ne pas déplaire et d'être aimés. Parfois, peut-être manquons-nous également de respect envers certaines personnes.

Pourtant, tout comme pour être aimés nous devons d'abord nous aimer nous-mêmes, pour être respectés, nous devons d'abord nous respecter nous-mêmes et respecter les autres.

Le respect, comme l'amour, il faut en donner pour en recevoir.

Si nous vivons régulièrement des situations où d'autres nous manquent de respect et où nous manquons de respect envers nous-mêmes, respectons-nous nos limites ?

Respectons-nous dans notre authenticité, dans nos valeurs et nos choix.

Si le respect est une valeur importante pour nous, offrons-le au moins autant que nous l'attendons.

Plus il semble que les autres nous manquent de respect, plus il est urgent de respecter ce que nous sommes et de porter attention au respect que nous avons envers les autres.

Nous serons respectés le jour où nous aurons du respect pour nous-mêmes et pour les autres. Pas avant !

LE BONHEUR AU QUOTIDIEN

Que de temps perdu et d'espoirs déçus à rechercher le bonheur dans les grands miracles, le grand frisson ou l'événement extraordinaire !

Malgré quelques rares moments de grand bonheur dans une Vie, le vrai bonheur ne se trouve pas dans l'exceptionnel. Il se tient dans le quotidien. Toutefois, comme nous sommes occupés à l'attendre et à le surveiller, au cas où il passerait devant chez nous, il vit souvent dans notre maison sans que nous le reconnaissions.

Le Bonheur, c'est le rire d'un enfant, un repas en famille, les yeux brillants de ceux que nous aimons, l'amitié qui fait chaud au cœur, l'amour dans notre vie, la musique dans nos oreilles. C'est prendre le temps d'admirer un coucher de soleil, l'énergie que nous ressentons en abordant une tâche qui nous passionne, le bien-être après une course. C'est un moment de tendresse, un fou rire complice, une synchronicité heureuse. C'est savoir que nous faisons une différence positive pour quelqu'un, faire un câlin, donner de son temps, faire une visite qui fait plaisir.

Quelle que soit la petite chose qui fera notre bonheur aujourd'hui, savourons-la, car le bonheur n'est pas la destination. C'est le chemin.

Chaque petit moment de bonheur est une pièce du casse-tête qui compose le grand bonheur.

Le vrai bonheur réside dans notre aptitude à voir et à apprécier tous ces petits bonheurs quotidiens.

Et vous, quels sont vos petits bonheurs de la vie de tous les jours ?

À CEUX QUI SOUFFRENT

À ceux d'entre vous qui vivent des moments difficiles, à ceux pour qui la vie est fragile, à ceux que j'aime et que vous aimez : je suis de tout cœur avec vous.

Certaines personnes songent à quitter ce monde alors que d'autres s'y accrochent de toutes leurs forces et de toutes les façons possibles. Il n'y a que la Vie, ici et maintenant, qui compte, l'amour que nous y mettons, les apprentissages que nous en tirons.

N'ayons pas de regrets, puisque nous aurons vécu intensément, nous aurons aimé, et nous nous serons laissés aimer.

Laissons notre trace par l'amour et la compassion que nous aurons semés tout au long de notre parcours.

Soyons bons pour nous, même dans les moments difficiles. Accompagnons ceux qui souffrent, mais ne nous oublions pas.

L'amour se donne et se reçoit, mais il ne se calcule pas.

Aimons sans attente et donnons sans retenue, autant à nous qu'aux autres.

Quelle que soit votre souffrance, elle a un sens, que vous le trouviez ou non.

À tous ceux qui souffrent, je vous envoie tout l'amour que je porte, pour que des étincelles de lumière jaillissent dans votre cœur et que vous les semiez à votre tour.

La Vie est belle à toutes les étapes, même quand elle est difficile.

Je pense à vous avec amour ! xxx

AVANT DE JUGER

Avant de juger les autres, connaissons-nous réellement leur histoire ? Savons-nous ce qu'ils ont traversé et ce qu'ils traversent en ce moment ?

La Vie des gens est souvent faite de passages difficiles qui laissent des cicatrices parfois si profondes qu'elles conditionnent certains de leurs comportements. D'autres fois, ce sont les chagrins intenses et fréquents que ces personnes ont vécus qui les amènent à adopter des attitudes qui peuvent déranger — souvent par mécanisme de protection — parce que ces attitudes leur ont permis de surmonter leurs difficultés. Qui sommes-nous pour les juger ?

Si nous regardions dans notre propre cour, nous verrions nous aussi nos comportements d'autoprotection, nos attitudes défensives et nos mécanismes de survie.

Avant de juger les autres, essayons de connaître leur histoire, intéressons-nous à eux et ouvrons notre cœur à ce qu'ils vivent. Ça ne veut pas dire d'accepter n'importe quel comportement des autres envers soi. Ça signifie vouloir comprendre l'autre plutôt que de le condamner.

Lorsque nous jugeons l'autre, c'est souvent la partie de nous qu'il nous reflète et que nous ne voulons pas voir que nous jugeons. Quand nous ouvrons notre cœur pour comprendre, nous voyons ce que nous avons à guérir et nous devenons capables de compassion envers l'autre.

Avant de juger, aimons. En partant du cœur, le jugement devient impossible.

Que notre regard soit plein d'amour plutôt que de jugements.

LE SYNDROME DE L'IMPOSTEUR

Combien de fois nous retrouvons-nous dans des situations où nous ressentons le syndrome de l'imposteur ?

Nous craignons qu'un jour quelqu'un découvre que nous ne sommes pas assez qualifiés pour ce nouveau travail ou pour donner cette conférence, que nous ne sommes pas suffisamment doués pour cet instrument, que nous avons démarré une entreprise sans avoir tout ce qu'il faut pour réussir, que notre nouvel amour s'apercevra que nous ne sommes pas aussi parfaits qu'il le croit.

Le syndrome de l'imposteur, c'est avoir l'impression que nous ne devrions pas être là, que nous n'avons « pas le droit » de faire telle chose parce que nous avons peur de ne pas y arriver. Pourtant, si nous y sommes, c'est que nous en sommes capables.

Ce syndrome, qui provient de notre manque de confiance en nous, nous fait souvent démissionner sans même avoir essayé. Nous avons autant peur du succès que de l'échec. Pour le surmonter, nous devons foncer et nous croire capables de faire ce qui nous attend.

Aimons-nous suffisamment pour nous répéter inlassablement que nous portons cette capacité dont nous doutons encore.

Plus nous aurons de l'amour pour nous-mêmes, plus nous nous croirons capables de faire ce qui nous effraie et plus nous réussirons.

Osons foncer ! La peur sera alors remplacée par l'amour de soi et le syndrome de l'imposteur se transformera en un retentissant « j'ai réussi ! »

TRAÎNER LES SCEAUX PLEINS DU PASSÉ

Nous traînons souvent dans notre vie les traumatismes non réglés du passé.

Nous craignons de les regarder, d'en parler et même de nous faire aider pour les régler.

Nous sentons que si nous ouvrons cette boîte de Pandore, la souffrance vécue à l'époque va revenir aussi vive et nous paniquons juste à cette idée.

Pourtant, nous les traînons quand même ces traumatismes, ces blessures et ces douleurs de notre passé.

Ils agissent comme autant de boulets, d'obstacles, de freins à notre bonheur, à notre épanouissement.

C'est comme si chacun d'eux était un sceau rempli de sable mouillé. Le sceau est le traumatisme et le sable lourd, ce sont les émotions qui s'y rattachent.

Nous ne pouvons pas changer ce que nous avons vécu, mais nous pouvons nous libérer de la charge émotionnelle que chacun de nos sceaux contient. Il suffit d'avoir le courage de chercher de l'aide afin de vider chacun de nos sceaux du sable lourd de nos émotions qu'ils contiennent.

Nous continuerons sans doute à porter nos sceaux, mais ils seront légers, parce qu'ils seront dorénavant vides de leur contenu émotionnel.

Et ils ne nous freineront plus dans notre épanouissement.

LE MANQUE DE CONFIANCE EN SOI

Avons-nous déjà vu un bébé qui manque de confiance en lui ?

Non, parce qu'à la base, nous naissons tous assez confiants dans la Vie, envers les autres et en nous-mêmes. Ce n'est qu'au fil du temps, des rencontres et des expériences de vie que nous renforçons notre confiance en nous ou que nous la perdons petit à petit.

Un encadrement trop rigide, un manque d'amour, de soins ou de sécurité, des événements petits et grands que nous vivons durant l'enfance, pendant que nous construisons notre personnalité, nous font perdre confiance en nous, en nos moyens et en notre sécurité.

Nous grandissons ensuite avec ce manque de confiance en nous qui agit comme un cercle vicieux : moins nous avons confiance en nous, plus nous attirons des expériences difficiles qui renforcent notre manque de confiance.

Le manque de confiance en soi est donc acquis et non inné.

Par conséquent, nous pouvons choisir de nous en débarrasser, puisqu'il ne nous appartient pas. Nous l'avons appris.

Bien sûr, il s'est bâti sur une longue période et nous ne pouvons pas l'éliminer du jour au lendemain, mais nous pouvons finir par nous reconstruire une vraie confiance en soi. Il suffit de prendre soin de nous chaque jour comme nous aurions aimé le vivre dans notre enfance.

Il est temps d'apprendre la confiance en soi.

Il n'y a que nous qui pouvons nous la donner, en réapprenant à être bons pour nous chaque jour.

VOULOIR PLAIRE

Vouloir plaire aux autres est sans doute un désir normal. La plupart d'entre nous préfèrent être aimables, rendre service et aider.

Nous cherchons à plaire dans le but d'être appréciés, souhaitant ainsi que les autres nous renvoient une image positive de nous-mêmes.

Toutefois, lorsque nous nous perdons à vouloir plaire, c'est que nous allons trop loin. Nous perdons de vue qui nous sommes pour tenter de devenir — ou de paraître — ce que nous croyons que les autres attendent de nous.

À force de vouloir plaire autant que possible, nous ne savons plus qui nous sommes vraiment et quels sont nos goûts, nos valeurs, nos désirs.

Chercher à plaire, c'est comme se regarder dans un miroir en souhaitant qu'il nous renvoie une image différente de ce que nous sommes.

Et si la solution était d'avoir comme objectif de se plaire à soi-même ?

Être bon pour soi et vouloir se rendre heureux d'abord est une étape importante pour cesser de quêter aux autres ce que nous pouvons nous offrir nous-mêmes.

C'est un premier pas sur le chemin de notre guérison face à tous les manques que nous avons connus.

Se plaire à soi est une des étapes essentielles vers la reconstruction de son estime personnelle.

C'est réapprendre à s'aimer à petits pas, en choisissant d'être authentique plutôt que gentil.

LE PLAISIR

Pour plusieurs, il faut être sérieux. Nous le voyons dans certains lieux de travail où le rire semble absent ou dans certains groupes sociaux et spirituels. Parfois, le plaisir est même vu d'un mauvais œil. Pourtant, quelle merveilleuse expression de la joie que le rire ! Être sur le chemin de notre évolution n'exclut pas d'avoir du plaisir !

Combien de fois nous prenons-nous trop au sérieux ? Nous abordons avec tellement de sérieux la plupart des aspects de notre vie — le travail, l'éducation des enfants, nos obligations financières et nos responsabilités professionnelles — que nous devenons tendus et crispés à force de vouloir que tout soit sérieusement parfait.

Pourtant, si nous observons certains événements de notre Vie avec du recul, nous en rions souvent. Lorsque nous écoutons les anecdotes des autres, nous ne pouvons faire autrement que de rire avec eux des choses cocasses qui leur sont arrivées.

Bien entendu, c'est plus difficile de rire et d'avoir du plaisir dans la souffrance, mais c'est quand même possible si nous sortons quelques instants de notre état. Quels beaux souvenirs que sont certains de nos fous rires !

Dans notre apprentissage du Bonheur et de l'estime de soi, apprenons à avoir du plaisir et à rire.

La Vie nous offre tous les jours, sur notre chemin, des synchronicités amusantes et des petits moments drôles, si nous acceptons d'y prêter attention.

Rire et avoir du plaisir font partie du chemin vers l'estime de soi.

La Vie a le sens de l'humour. C'est nous qui nous prenons trop au sérieux !

PLUS TARD

Combien de fois répétons-nous : « quand je serai à la retraite, je voyagerai », « quand je serai en vacances, je prendrai du temps pour moi », « quand les enfants auront quitté la maison, je m'achèterai un piano et j'apprendrai à en jouer », « quand j'aurai une amoureuse, je serai heureux », « quand j'aurai du temps, j'écrirai un livre, j'apprendrai à peindre, je ferai partie d'une chorale » ou « quand j'aurai de l'argent, je ferai tout ce que j'ai toujours rêvé de faire. »

Nous agissons comme si nous nous donnerons plus tard la Vie que nous voulons vivre maintenant. Qui sait si nous serons encore ici « plus tard » ? Qui sait ce que la Vie nous réserve ?

Le Vie ne se vit pas plus tard. Elle se vit maintenant ! Avons-nous des rêves ? Choisissons-en un — ou quelques-uns — et commençons à les concrétiser maintenant.

Malgré ce que nous croyons, nous sommes le maître de notre temps et nous choisissons de l'utiliser selon ce qui est important. Peut-être est-il grandement temps de réévaluer ce que nous considérons comme important POUR NOUS.

Dégageons-nous du temps, ici et maintenant, pour faire ce dont nous avons envie à travers de nos vraies obligations et non celles que nous ajoutons inutilement pour nous sentir occupés ou importants.

Utilisons notre temps, ici et maintenant, pour faire ce qui nous rend heureux.

Pas demain. Aujourd'hui !

CADEAU DE LA VIE

Nous passons des années à penser à nos rêves et à nos désirs les plus profonds.

Souvent, nous mettons des choses en place pour qu'ils se réalisent. Nous nous croyons prêts à travailler fort pour qu'ils deviennent réalité.

Puis, un jour, un miracle se produit. La Vie nous présente un de nos rêves sur un plateau d'argent, tout beau, facile à réaliser et déjà prêt pour nous, parfois avec l'aide d'interventions qui semblent presque magiques ou célestes.

C'est tellement extraordinaire que nous sommes tentés de croire que c'est trop beau pour être vrai.

Alors, nous avons peur !

Nos vieilles peurs remontent à la surface. Nos vieux schémas négatifs et inquiétants veulent prendre le dessus.

Nous hésitons à accepter ce cadeau incroyable.

Certains le refuseront même, ou le saboteront de peur de ne pas être à la hauteur ou d'avoir à changer trop de choses dans leur vie.

Il est impossible de rendre notre vie meilleure si nous n'acceptons pas de changer ce que nous vivons maintenant !

Acceptons de laisser aller le contrôle sur certaines choses, de décevoir ceux qui ne nous aiment pas vraiment et de réorganiser notre quotidien.

Lorsque la Vie nous fait un cadeau, il n'y a qu'une seule réponse possible et pleine de gratitude : oh oui, merci !

APPRENDRE DE NOS PEURS

Nous connaissons tous la peur dans plusieurs sphères de notre vie.

Sur certains points, nous sommes braves et nous ne craignons pas d'avancer.

Dans d'autres zones, la peur qui nous tenaille est tellement forte qu'elle nous paralyse et nous n'osons pas entreprendre quoi que ce soit.

Pourtant, la peur est une grande enseignante. D'abord, elle nous protège du danger réel, plutôt rare.

Elle nous indique aussi l'étape à franchir en pointant dans sa direction comme une flèche. Elle cherche toujours à nous apprendre quelque chose sur nous-mêmes et nous indiquer un aspect de nous que nous devons abandonner ou développer.

Aucune peur n'est inutile. Elles existent toutes pour nous faire grandir.

Lorsque nous y faisons face, elles nous permettent toujours de guérir une blessure du passé et d'agrandir nos possibilités de bonheur.

Une fois surmontée et chaque fois que nous la traversons, la peur diminue jusqu'à disparaître.

Face à la peur, nous avons toujours le choix : la dompter une fois pour toutes et avancer courageusement ou la laisser gérer notre vie en rapetissant constamment nos horizons.

La prochaine fois que nous rencontrerons la peur, la dompterons-nous ou la laisserons-nous nous dompter?

L'HORIZON

Quel merveilleux moment lorsque nous pouvons apercevoir l'horizon au loin devant nous !

Que nous visitions des endroits surplombant une vallée, le sommet d'une montagne, le rivage d'un fleuve ou que nous soyons face à la mer, voir l'horizon nous permet de respirer plus profondément et plus calmement, comme si une sorte de paix intérieure s'installait et que le temps ralentissait, afin que nous en profitions davantage.

Pourtant, dans notre Vie, nous oublions souvent de nous donner cet horizon, ce grand espace pour respirer, contempler, nous calmer et nous rassasier de paix.

Nous butons sur nos problèmes et nous sommes comme le petit robot face à un mur qui recule avant de le frapper de nouveau.

Devant les difficultés, nous geignons, nous crions et nous pleurons, nous tentons de trouver immédiatement la solution et nous avons une vision courte.

Nous oublions de prendre du recul, de prendre le temps et l'espace nécessaire pour respirer un peu, de sentir la Vie agir en nous et pour nous, et de lâcher prise sur l'issue de la situation.

Quand nous sommes face à une situation qui nous bouleverse, plutôt que de buter dessus sans arrêt, donnons-nous le recul nécessaire pour voir l'horizon dans cette situation.

C'est dans cet espace entre nous et l'horizon que se trouvent nos solutions.

POURQUOI LA DOULEUR?

Quel sens donner à notre souffrance ? À celle de ceux que nous aimons ?

Comment accepter notre impuissance à voir souffrir longuement ceux qui nous sont chers ?

La douleur n'est pas l'œuvre du karma. Elle ne nous punit pas d'une quelconque erreur de notre passé.

Elle nous enseigne quelque chose d'essentiel, sinon elle ne serait pas présente.

Nous avons quelque chose de fondamental à apprendre de cette leçon de vie pénible.

Parfois, à travers leurs épreuves, les personnes qui souffrent finissent par comprendre ce qu'elles devaient transformer ou accepter dans leur vie. Elles ont retenu l'enseignement dont elles avaient besoin.

Nous pourrions alors croire que leur douleur disparaîtra, mais il n'en est pas toujours ainsi.

Si leur souffrance persiste, peut-être la douleur permet-elle à ceux qui souffrent de devenir des maîtres de courage, de lumière et d'amour pour nous qui les côtoyons.

C'est peut-être à nous maintenant d'apprendre les leçons de ces grands maîtres dans nos vies. Ils nous enseignent ce que nous avons besoin de comprendre pour notre évolution, parce que toute souffrance doit avoir un sens.

Toute douleur, vécue ou accompagnée, a pour but ultime de nous apprendre à mieux aimer.

APPRENDRE À S'AIMER

Apprendre à s'aimer est souvent le travail de toute une vie.

C'est un déconditionnement face aux messages à notre propos que nous avons entendus depuis notre naissance et que nous avons interprétés comme négatifs.

C'est souvent l'accumulation de ce qui nous a semblé des échecs, des abandons ou des humiliations.

Nous ne savons pas toujours par où commencer notre apprentissage à mieux nous aimer.

En fait, il y a deux conditions essentielles pour y arriver.

La première est de fuir le négatif !

Si nous demeurons entourés de personnes négatives, si nous écoutons les mauvaises nouvelles et si nous baignons dans des environnements négatifs, il est quasi impossible d'apprendre à être bien avec soi.

Puisque le négatif attire le négatif, en maintenant des pensées négatives, nous attirerons d'autres personnes et d'autres événements défavorables à notre estime de soi. Fuyons le négatif, chaque fois que c'est possible.

La seconde condition nécessaire pour réapprendre à s'aimer est de faire chaque jour au moins une bonne chose pour soi, de manière à apprendre à écouter ses besoins et à y répondre, de redécouvrir ce qui nous fait plaisir et d'être bon pour soi, comme nous le sommes souvent avec les autres.

Fuir le négatif et attirer le positif à soi, chaque jour, en faisant au moins une bonne chose pour soi, voilà les deux premiers pas vers l'estime de soi.

NOUS EN AVONS BESOIN!

La plupart du temps, ne pas obtenir ce que nous voulions nous permet d'obtenir exactement ce dont nous avions besoin !

Nous souhaitons un certain emploi, nous sommes à la recherche de la bonne personne pour nous, nous voulons être choisis pour nos compétences ou nous cherchons la bonne maison, mais souvent les choses ne se passent pas comme nous le voulions.

Parfois, il ne se passe même rien du tout ! Tous nos efforts semblent infructueux. Que de coups d'épée dans l'eau, nous semble-t-il !

Pourtant, la Vie a toujours son plan de match pour nous.

Dans certains cas, nous devons apprendre la patience, le discernement, la capacité de s'affirmer et de dire non à ce qui ne nous convient pas vraiment. Dans d'autres cas, la Vie nous prépare quelque chose qui correspond exactement à ce dont nous avons besoin en ce moment.

Ce n'est pas toujours ce que nous voulions, mais c'est souvent mieux et c'est TOUJOURS ce dont nous avions besoin à ce moment précis de notre Vie.

Alors, pourquoi perdre tant d'énergie à résister ?

Si c'est dans notre vie, c'est que nous en avions besoin. À nous d'en tirer le meilleur parti.

LE PARDON

Garder rancune envers quelqu'un, c'est traîner un boulet du passé dans notre vie actuelle.

Pardonner, c'est se libérer du passé pour qu'il ne teinte plus notre présent. Pardonner ne veut pas dire qu'il faille renouer avec la personne qui nous a blessés, clarifier la situation avec elle ou continuer à supporter l'insupportable. Pardonner signifie que nous nous dégageons totalement de cette blessure du passé et que nous refusons de continuer à la porter.

C'est faire la paix avec ce qui nous a blessés, afin de vivre en paix à partir de maintenant.

C'est surtout pardonner à soi-même d'avoir accepté de vivre cette relation qui nous a fait mal. C'est pardonner à soi-même de ne pas avoir pu faire autrement à ce moment-là, puisque nous avons fait du mieux que nous pouvions dans les circonstances.

Lorsque nous pardonnons, nous prenons la pleine responsabilité de notre propre bonheur, nous acceptons de voir chaque personne comme étant un enseignant et nous arrêtons de jouer à la victime. Chaque personne fait du mieux qu'elle peut.

Pardonner nous aide à réduire nos attentes et surtout à créer en nous un espace de lâcher-prise et d'amour. Nous découvrons toute la force de notre cœur le jour où nous pardonnons totalement à ceux qui l'ont brisé.

Nous apprenons un peu plus l'estime de soi quand nous pardonnons à nous-mêmes.

Le pardon nous libère de nos blessures alors que la rancune nous y enchaîne.

LES NIDS-DE-POULE

Sur notre route, nous rencontrons tous des nids-de-poule, ces moments difficiles ou inconfortables que nous n'avions pas prévus, parce que la route nous semblait belle et droite.

Nous croyons alors tomber dans un fossé, alors que ce n'est qu'un trou dans la route, qui nous oblige à ralentir et à nous repositionner.

Parfois, lorsque le trou est profond, ça demande plus d'effort pour en sortir et peut-être même l'aide d'une dépanneuse, mais nous finissons toujours par nous en sortir.

Dans la Vie, ces moments pénibles ont pour but de nous éveiller, de nous faire grandir, de nous permettre de rectifier notre trajectoire et de prendre un moment de réflexion.

Ce ne sont pas des coups du destin pour nous punir. Ce sont des opportunités de croissance et des zones d'ombre avant l'émergence de la lumière.

Apprécions à leur juste valeur chacun de ces instants difficiles. Ils sont un signe indéniable que nous sommes en train d'émerger en conscience.

Chaque fois, nous devenons une personne nouvelle et meilleure.

Chaque étape est utile, même si elle est inconfortable.

L'ENVOL

Nous sommes nombreux à vouloir nous affranchir de nos limites, à vouloir nous délester du carcan de notre passé et à vouloir guérir ces blessures qui nous empêchent de fonctionner librement.

Nous perdons du temps à gémir et attendre qu'un miracle de l'extérieur se produise, alors que le miracle, c'est nous qui le créons le jour où nous décidons de prendre pleinement notre vie en mains et de relever la tête pour prendre notre envol, vivre notre vie et notre mission.

Nous osons alors sortir de notre nid et de notre confort douillet, car nous savons que c'est à l'extérieur de notre zone de confort que réside la grande aventure de la Vie.

Nous avons le courage de sauter dans le vide, sachant que c'est la seule manière que l'oiseau a d'apprendre à voler.

Nous perdrons quelques plumes en prenant notre envol, c'est inévitable.

Il est impossible de plaire à tout le monde. Vaut mieux répondre à nos propres attentes et laisser tomber quelqu'un que de nous laisser tomber pour répondre aux attentes de quelqu'un.

C'est notre vie. Ce n'est pas celle des autres.

Chacun vit sa vie, alors il est inutile de continuer à assumer les responsabilités des autres et à vouloir leur plaire à tout prix.

Il est grandement temps de prendre notre envol et de vivre enfin la vie qui nous attend : la nôtre.

LES MIRACLES

La plupart d'entre nous espèrent des miracles dans notre vie. Nous souhaitons ardemment voir notre ami guérir de sa terrible maladie, nous espérons gagner à la loterie, trouver la bonne personne pour nous, avoir l'emploi de nos rêves ou éviter une situation catastrophique.

En général, nous souhaitons de gros miracles, des miracles remarquables, indéniables.

Pourtant, notre Vie est constituée de petits miracles quotidiens, nombreux et fréquents, mais que nous tenons tellement pour acquis que nous ne les voyons plus.

Nous être levés ce matin est déjà un miracle.

Avoir des gens qui nous aiment, un emploi, un toit et des amis, des sens qui fonctionnent, pouvoir marcher, rire et pleurer, ce sont tous des petits miracles.

Plus nous sommes à l'affût des miracles, plus nous en rencontrons. Ce peut être une inconnue qui nous sourit, quelqu'un qui nous aide, un geste de bonté, de don de soi ou de réconfort, ou des synchronicités quotidiennes.

Plus nous serons conscients de ces petits miracles qui se produisent abondamment dans notre vie, plus nous aurons de la gratitude envers ce grand miracle qu'il nous est donné de vivre.

Nous verrons alors que dans l'attente des grands miracles que nous espérons, la Vie nous gratifie constamment de milliers de petits miracles pour nous inciter à maintenir notre foi en elle et garder vivante notre confiance dans sa sagesse.

FAIRE DES CHOIX

Chaque jour, nous recevons plusieurs sollicitations pour aller à une conférence, suivre un atelier, participer à une formation, à une fête ou à un dîner, ou encore visiter une exposition.

La vie est pleine d'occasions de toutes sortes qui nous sont offertes et que nous pouvons choisir au gré de nos envies... et de notre budget !

Souvent, nous ne voulons rien manquer. Nous voulons participer à tout, de peur que si nous refusons une invitation, nous manquions quelque chose d'important ou alors nous ne soyons plus invités. Alors nous disons oui, même à des choses qui ne nous réjouissent pas.

Plutôt que de choisir seulement ce qui nourrit vraiment notre âme, nous essayons d'être partout à la fois.

Pourtant, à force de vouloir être partout, nous ne sommes jamais vraiment nulle part.

Apprendre à faire des choix en fonction des besoins de notre âme et de notre corps et laisser tomber ce qui risque de nous déprimer ou de nous faire perdre du temps, voilà un grand défi quotidien.

Apprendre à s'aimer, c'est aussi se choisir. C'est dire oui à ce qui nous allume et, dans la mesure du possible, dire non à ce qui nous éteint ou ce qui semble une corvée.

Connaître ses propres besoins et ses priorités, laisser tomber ce qui est inutile et faire ses choix en fonction de soi, voilà la clé qui ouvre la porte vers l'amour de soi.

LA PATIENCE

La patience est l'art de lâcher prise, de faire confiance, de garder espoir et de savoir qu'au bout du compte, il y aura un résultat, quel qu'il soit.

C'est attendre que l'autre comprenne à son rythme ce qui compte pour nous.

C'est savoir que nous arriverons un jour à maîtriser ce nouvel apprentissage.

C'est avoir l'intime certitude qu'il vaut parfois mieux inspirer un grand coup que d'expirer son exaspération.

C'est tenir la main d'un ami cent fois alors qu'il se débat avec ses leçons de vie.

C'est recommencer le même trajet jusqu'à ce que nous le maîtrisions.

C'est aimer, surtout lorsque c'est difficile de l'appliquer.

C'est vivre les épreuves jusqu'à ce que nous en ayons tiré la bonne leçon, en étant bons pour soi et sans se dénigrer.

C'est accueillir les défaillances de l'autre avec amour et sans juger lorsque celui-ci travaille fort à les dépasser.

C'est accepter de ne pas avoir le contrôle sur quoi que ce soit, tout en demeurant maître de soi.

La patience a également ses limites quand notre intégrité est menacée, mais c'est dans l'amour que la patience s'épanouit le plus.

La patience, c'est ce qui donne à la Vie le temps d'agir dans notre vie.

C'est l'espoir, la Foi, la sérénité.

AIMER

Malgré ce que nous prétendons vouloir, nous ne sommes capables d'accepter que la quantité d'amour et de bonheur que nous croyons mériter.

Nous acceptons d'être aimés exactement dans la mesure où nous nous aimons.

Pour recevoir plus d'amour, il faut en donner davantage aux autres et apprendre à s'aimer plus.

L'amour ne se demande pas, ne se quête pas et ne s'exige pas.

C'est à la base de toute vie, mais plusieurs d'entre nous l'enfouissent trop souvent sous les peurs, les blessures, les abandons.

Tout le monde veut être aimé, mais combien s'aiment réellement ? Tous les comportements humains sont motivés par l'amour ou par un appel à l'amour. C'est quand ils en méritent le moins que les gens ont le plus besoin d'être aimés. Notre Vie et notre bonheur seront calqués sur notre capacité d'apprentissage à aimer, à s'aimer soi-même et à aimer les autres.

Être amoureux nous apprend à aimer une personne de tout notre être, mais nous devons aussi développer la capacité de remplir notre être d'amour pour les autres.

L'amour nous enflamme. Laissons-lui toute la place pour réchauffer les cœurs : le nôtre et celui des autres.

S'ÉCRASER OU SE RELEVER ?

Vous est-il déjà arrivé d'être tellement intimidé par une personne ou une situation que vous n'osiez plus être vous-mêmes ? Pire encore, vous êtes vous déjà senti écrasé au point de vous aplatir, alors que la plupart de vos comportements devant cette personne étaient alimentés par la peur d'être écrasé davantage ?

Lorsque nous renonçons à notre propre pouvoir parce que nous sommes intimidés ou écrasés devant une personne ou dans une situation, c'est un signal d'alarme clair qu'il est temps d'en sortir ou de s'affirmer.

Notre soumission devant ces situations ou ces personnes vient souvent d'une figure d'autorité fortement dominante de notre enfance et devant laquelle il nous semblait impossible de nous tenir debout, mais cette situation n'existe plus aujourd'hui. Si nous continuons d'attirer à nous des situations ou des personnes semblables, c'est justement pour nous en libérer, pour guérir cet aspect de nous qui demande encore des soins et parce que nous en sommes capables maintenant.

Si nous sommes écrasés par une personne ou une situation, il est grandement temps de nous relever.

Personne ne peut nous écraser sans notre consentement.

CHAQUE CHOSE EN SON TEMPS

Avez-vous remarqué qu'en tirant sur une carotte, elle ne poussera pas plus vite ? Au contraire, elle sera toute petite et sans saveur.

C'est une analogie dont je me sers souvent en coaching : chaque chose en son temps.

Rien ne sert de précipiter les choses, de pousser les autres et de se faire violence pour que ça aille plus vite. Les choses arrivent lorsqu'elles doivent arriver. Les gens changent lorsqu'ils sont prêts et les apprentissages se font lorsque nous avons compris. Pas une minute avant.

Nous voudrions souvent tout comprendre et tout intégrer à l'instant, surtout quand l'attente nous semble insupportable. Nous voulons changer d'emploi, mais nous ne trouvons pas ? Que nous reste-t-il à apprendre ou à donner dans notre emploi actuel ? Nous souhaitons rencontrer l'amour, mais cela n'arrive pas quand nous nous croyons prêts ? Que nous reste-t-il à développer ou à régler pour être un meilleur conjoint en attendant ? Chaque délai dans nos demandes à l'Univers est utile. Faisons en sorte qu'il ne soit pas vain pour nous.

Quand quelque chose ne vient pas aussi rapidement que nous le voulons, ne tirons pas sur la carotte pour qu'elle pousse plus vite. Au contraire, arrosons-la et continuons de favoriser sa croissance jusqu'à ce qu'elle soit mûre.

Il en est de même pour nous. Ne restons pas inactifs, en mode attente ou sous pression. Continuons de favoriser notre croissance jusqu'à ce que tout soit prêt.

Chaque chose en son temps.

LA BONTÉ

Les gestes de bonté, petits ou grands, ne coûtent rien, mais ils ont une valeur inestimable, tant pour le cœur de celui qui les reçoit que pour l'âme de celui qui les offre.

Il n'y a aucune limite de temps ou de quantité. Dans toute circonstance, il est possible d'offrir un geste de bonté ou, à tout le moins, d'avoir des pensées de bonté.

Chaque fois que nous ne jugeons pas, c'est un geste de bonté.

Lorsque nous rendons service, bien sûr, mais aussi lorsque nous prenons quelqu'un dans nos bras, que nous écrivons un petit mot d'encouragement, que nous tendons la main, que nous écoutons, que nous sourions.

S'arrêter quelques instants pour être présent pour l'autre et son besoin sans nécessairement être obligé de résoudre son problème. Juste d'être là, libre et à l'écoute, est déjà un geste de bonté.

La Vie nous offre chaque jour une multitude d'occasions d'offrir des gestes d'amour aux autres et à soi.

La bonté, tout comme l'amour, a plus de saveur lorsque nous savons être bons pour nous aussi, lorsque nous savons nous arrêter pour être présents à nous-mêmes.

En mettant dans nos pensées, dans nos paroles et dans nos gestes envers les autres et envers nous-mêmes toute cette bonté et cet amour que nous portons tous en nous, nous contribuons à rendre ce monde meilleur.

S'ÉCARTER DE NOTRE CHEMIN !

À certains moments de notre vie, il semble que tout devient stagnant.

Les choses ne bougent plus et nous attendons des miracles qui ne viennent pas. Nous voulons des changements. Certaines situations nous rendent malheureux et nous espérons qu'elles finiront par se régler, mais il ne se passe rien.

Plus nous attendons après un changement, plus les autres aspects de notre vie s'enlisent comme s'ils se mettaient en file d'attente eux aussi.

Nous avons l'impression de traverser un moment difficile et nous sommes tentés de ne plus croire aux miracles.

Puis un jour, mûris par la lassitude de l'immobilisme dans notre vie ou par la souffrance de notre situation, nous prenons une décision, une seule.

Soudainement, tout débloque, tout change et tout ce qui était stagnant se met en mouvement.

Les situations qui semblaient inextricables se résolvent et ce que nous attendions depuis si longtemps se produit.

Nous sommes alors de nouveau tentés de croire aux miracles, mais le vrai miracle est d'avoir enfin eu le courage de prendre une décision difficile.

Nous comprenons alors que c'est souvent nous qui bloquons le chemin à la Vie en ne bougeant pas et qui l'empêchons de nous gratifier de ses cadeaux.

Parfois, il suffit de prendre une décision et de s'enlever de notre chemin pour laisser la route libre à la Vie !

QUAND LE PASSÉ CONTRÔLE LE PRÉSENT

Laissons-nous une personne de notre passé contrôler notre présent ?

Avons-nous tendance à nous écraser lorsqu'on nous parle d'une certaine façon ? Nous justifions-nous devant ce que nous percevons comme des blâmes, même si nous ne sommes pas responsables de ce qu'on nous reproche ? Nous avons tous été marqués par certaines personnes dans notre passé, que ce soit un parent, un professeur, un ex-conjoint, un ami ou un patron.

Si nous avons eu la chance de vivre de belles expériences avec ces personnes, alors nous sommes plus forts aujourd'hui de tout ce qu'elles nous ont apporté. Si l'un de nos parents était très autoritaire, il y a des chances que nous soyons maintenant très exigeants envers nous-mêmes, au point de nous blâmer si nous ne sommes pas parfaits. Si notre ancien conjoint nous dénigrait constamment, il y a des chances que nous soyons sur la défensive dans nos nouvelles relations amoureuses. Si un ami a ri de nous lorsque nous avons fait une présentation orale en classe, nous serons peut-être terrorisés aujourd'hui si nous avons à prendre la parole en public. Ces événements et ces personnes font pourtant partie du passé. Ne les laissons plus contrôler notre présent.

Devenons conscients de ce que nous traînons de notre passé et qui nous nuit afin de nous en débarrasser pour de bon. Libérons-nous de ce qui entrave notre bonheur.

Chaque jour est une nouvelle occasion de recommencer à zéro et de choisir seulement ce qui nous élève et nous rend heureux.

Le reste ne nous appartient pas.

SOUVENIRS HEUREUX

Notre sac à souvenirs est-il rempli de souvenirs heureux ou malheureux ?

Lorsque notre humeur s'assombrit subitement de façon inexplicable, peut-être avons-nous ramené sans le savoir un souvenir malheureux à la surface ?

Nous avons tous des souvenirs heureux et des souvenirs malheureux. Pourtant, certaines personnes semblent préférer parler de leurs souvenirs malheureux que des autres, comme s'il y avait une certaine valorisation à avoir beaucoup souffert.

Tout le monde souffre. La souffrance fait partie de la vie, mais nous avons tous des souvenirs heureux, aussi minimes et peu nombreux soient-ils. Pourquoi ne pas mettre l'accent sur ceux-ci et se les remémorer plus souvent ?

Se rappeler des petits moments de bonheur attire d'autres moments de bonheur. Se rappeler trop souvent des événements malheureux attire d'autres événements malheureux.

Nous attirerons ce avec quoi nous alimentons notre énergie.

Se concentrer sur ce qui est positif créera plus de petits moments de bonheur que de rester dans le souvenir de ce qui nous a fait mal.

LES DÉFAUTS

Nous avons tous certains aspects de notre personnalité que nous aimerions changer, un défaut dont nous voudrions nous débarrasser ou une mauvaise habitude que nous aimerions perdre. Nous avons tous un blocage qui nous limite depuis trop longtemps et des peurs qui nous empêchent d'être complètement nous-mêmes.

Trop souvent, nous avons tendance à être durs envers nous-mêmes lorsque nous n'arrivons pas à surmonter ces défauts et que nous retombons dans les mêmes écueils.

Pourtant, toutes ces choses que nous aimerions améliorer sont simplement des parties de nous qui manquent d'amour. De notre amour.

Ce n'est pas en nous en voulant lorsque nous fléchissons à ceux-ci que nous arriverons à les transcender.

C'est en aimant pleinement la partie de nous qui a ce défaut, cette mauvaise habitude, ce blocage et cette peur que nous arriverons à les guérir.

Ces défauts sont des parties souffrantes de nous, mais ils ne sont pas nous.

Ce sont de mauvaises herbes dans notre jardin de fleurs que nous devons sarcler en y semant de l'amour et en nous aimant complètement.

Leur rôle dans notre vie est de nous indiquer là où nous manquons d'amour envers nous-mêmes.

Dès que nous avons compris cela et que nous y répondons, nous n'en avons plus besoin et nous en guérissons.

LA PRESSION

Avons-nous l'impression d'être constamment sous pression ? Avons-nous tellement d'obligations à remplir, de délais à respecter, de personnes à satisfaire et de besoins à répondre que nous nous épuisons à tenter de répondre à toutes ces attentes ?

Nous sommes des bourreaux impitoyables pour nous-mêmes, nous en demandant toujours plus. Nous nous faisons des listes interminables de choses à faire que nous rallongeons dès que nous en avons coché quelques-unes. Nous voulons tellement être à la fine pointe des dernières nouveautés, des gadgets, des nouvelles tendances et des images sociales que nous nous perdons de vue. Nous sommes tellement pressurisés que nous oublions même de nous demander pourquoi nous faisons tout ça. Est-ce que ça répond à nos valeurs fondamentales ?

Parfois même, nous ne nous souvenons même plus quelles sont nos valeurs !

Nous sommes occupés à satisfaire notre ego et ses demandes incessantes et nous oublions de répondre aux besoins fondamentaux de notre âme. Et nous nous étonnons que le bonheur nous fuie !

Et si nous inversions les choses ? Si, avant de tenter en vain de répondre aux attentes démesurées de notre ego, nous commencions par prendre soin des besoins de notre âme et y répondions avec tout notre cœur ?

Nous constaterions alors qu'il n'y a pas de pression à suivre notre âme, que le temps ralentit et qu'une grande douceur, dotée d'un immense élan vital, nous nourrit constamment sans nous épuiser.

Nous comprendrons alors que c'est le seul chemin qui mène au cœur de soi.

LA RÉALITÉ

Regarder la réalité en face demande beaucoup de courage et de lucidité.

Nous devons arrêter de nous mentir, de nier l'évidence, d'enjoliver certains passages et de faire face à ce qui est, ici et maintenant.

C'est aussi faire le deuil de nos illusions, de ce que nous aurions aimé vivre par le passé, comme une enfance heureuse, des parents aimants ou un environnement chaleureux, mais que nous n'avons pas connu.

C'est faire la paix avec ce qui a été et accepter que nous ne puissions pas changer le passé pour le rendre conforme à ce que nous aurions aimé qu'il soit.

En ayant la lucidité de faire face à notre réalité, nous nous offrons le courage de changer notre présent pour en faire ce que nous voulons, ici et maintenant.

Nous pouvons choisir de tirer le meilleur de tout ce que nous avons vécu, sans nier la réalité, et de nous en servir pour construire un présent et un avenir meilleur.

Rien n'est vécu inutilement, même les manques et les peines. C'est en faisant face à ce qui a été que nous embrasserons toute notre réalité présente et en ferons la vie que nous voulons.

Cessons d'attendre un passé qui ne reviendra pas, qui ne changera pas et donnons-nous un présent à la hauteur des besoins de notre âme, sans culpabilité et sans regret.

En brisant les chaînes d'un passé qui nous retient, nous faisons de la place pour que notre plein potentiel se réalise dans le présent.

LES MAUVAISES DÉCISIONS

Nous semble-t-il parfois que la peur de prendre une mauvaise décision nous empêche de bouger ?

Souvent, devant un choix important à faire, nous avons tellement peur de nous tromper, de prendre une mauvaise décision et d'être pris avec celle-ci pour longtemps. Pourtant, très peu de décisions sont irréversibles. Nous n'aimons pas notre nouvel emploi, même si nous venons tout juste de changer ? Nous pouvons en chercher un autre. Nous regrettons d'avoir déménagé dans un nouvel appartement ? Nous pouvons choisir d'en trouver un autre rapidement. Nous n'aimons pas notre choix de programme d'études ? Nous sommes inconfortables avec de nouvelles relations ? Il ne tient qu'à nous de faire d'autres choix et de nous extraire des situations qui ne nous conviennent pas.

Notre hésitation à faire d'autres choix et notre peur de prendre de mauvaises décisions sont alimentées par la peur de notre ego qui veut être parfait, et par la peur de ce que les autres vont penser. Chaque décision implique un choix et chaque choix peut être différent. Ne restons pas pris avec une décision qui nous rend malheureux et faisons un autre choix !

Peu importe ce que les autres vont penser, c'est de notre vie et de notre bien-être qu'il s'agit. Peut-être même qu'en osant changer nos décisions, nous montrerons aux autres le pouvoir qu'ils ont sur leurs propres décisions.

Il n'y a pas de mauvaises décisions, il n'y a que des choix différents. Apprendre à s'aimer, c'est aussi s'extirper de certains choix pour en faire d'autres qui nous rendront plus heureux.

LA VIE A LE SENS DE L'HUMOUR

La Vie a le sens de l'humour, vous ne trouvez pas ?

Nous travaillons parfois pendant des mois sur un projet qui, en fin de compte, n'aboutit pas. Alors que nous sommes occupés à digérer notre déception, surgit tout à coup un autre projet, cent fois mieux que le précédent. Nous comprenons alors que le premier projet devait échouer pour laisser de la place au second.

Nous pensons avoir trouvé la bonne personne pour nous puis soudain cette histoire se termine. Pendant que nous pleurons notre peine, la Vie, par une de ses incroyables synchronicités, nous envoie LA bonne personne, celle avec qui nous comprenons enfin pourquoi les autres relations n'ont pas fonctionné.

Certaines personnes refusent d'apprendre une leçon fondamentale et soudainement, la Vie les entraîne dans un concours de circonstances incroyables où le seul choix qui leur reste est d'apprendre finalement cette leçon. Parfois, nous nous prenons pour d'autres et nous nous illusionnons, mais la Vie nous ramène directement dans la réalité et l'humilité par un événement fortuit.

Toutes les synchronicités de la Vie, ces petites et grandes « coïncidences » sont des signes indéniables que la Vie a le sens de l'humour. Nous avons plus de difficulté à le voir quand nous souffrons, mais ce n'est pas parce que nous souffrons que la Vie perd sa joie de vivre.

Il n'en tient qu'à nous d'être à l'affût de ses manifestations dans notre vie. Lorsque nous y arrivons, nous dédramatisons bien des événements.

Apprenons à faire confiance à la Vie !

SOMMES-NOUS « TROP » GENTILS?

Nous rencontrons parfois des gens dont le principal objectif est d'être gentils avec les autres, même au risque de nier leurs propres besoins. Sommes-nous de ceux-là ?

Si oui, savons-nous encore ce que nous aimons, ce que nous n'aimons pas, ce qui nous fait du bien et ce qui nous heurte ? Dans notre immense besoin de nous faire aimer, nous avons conclu qu'être gentils nous permettra d'être aimés. Bien sûr, il semble plus facile d'aimer quelqu'un de gentil que quelqu'un de désagréable !

Pourtant, sommes-nous vraiment aimés pour qui nous sommes ou pour ce que nous faisons pour les autres ? Sommes-nous authentiques lorsque nous tentons d'être gentils ? Notre quête d'être aimés nous fait-elle porter un masque de gentillesse qui renie nos propres besoins ?

Nous croyons à tort que de n'être pas toujours gentils signifie ne plus jamais l'être, mais c'est faux ! Soyons-le parce que nous le ressentons profondément dans notre cœur et non pour acheter l'amour des autres ! Nous n'avons pas besoin que tout le monde nous aime. D'ailleurs, personne n'y est jamais arrivé ! En voulant constamment plaire à tout le monde, le risque est qu'en conclusion, c'est nous qui serons blessés.

Notre valeur ne diminue pas parce que certains n'ont pas la capacité de reconnaître ce que nous sommes. C'est leur perte, pas la nôtre. C'est l'opinion que nous avons de nous-mêmes qui compte, pas la leur.

Entourons-nous de gens qui nous aiment déjà tels que nous sommes, avec nos forces et nos faiblesses. N'essayons pas d'être parfaits, soyons authentiques !

Ainsi, nous serons aimés pour ce que nous sommes vraiment.

SEMEURS D'ÉTOILES

Il y a tant de souffrances en ce monde. Si chacun de nous fait quotidiennement une action positive pour une personne, nous contribuerons à alléger la douleur sur cette terre, à petite échelle.

Chaque fois que nous voyons quelqu'un qui ne va pas bien, qui souffre en silence ou qui tend une perche pour être aidé, même maladroitement, soyons présents à ces personnes. Offrons-leur notre appui, notre aide, notre écoute ou juste notre main.

Ne laissons pas les gens seuls dans leur souffrance. Ce n'est pas notre devoir de les sauver, mais nous avons le devoir de les aider en leur montrant un chemin moins cahoteux et plus lumineux.

Ne laissons personne nous quitter sans avoir semé au moins une étoile dans ses yeux.

Soyons généreux de notre amour, de notre compassion, de nos bonnes paroles et de notre présence sous quelques formes que ce soit.

Les gens qui souffrent en ce moment ont besoin d'aide pour retrouver leur lumière.

Ceux qui vont bien ont aussi besoin de sentir notre amour pour devenir à leur tour des porteurs de bonté.

Soyons des semeurs d'étoiles dans notre quotidien. Le monde en a tant besoin.

QUAND CEUX QU'ON AIME SOUFFRENT

Nous nous sentons souvent impuissants face aux difficultés que rencontrent les gens que nous aimons tout particulièrement.

Nous voudrions tant les aider, leur montrer que la Vie est belle et leur dire de garder espoir, mais trop souvent, notre message ne passe pas, peut-être justement parce que nous sommes proches d'eux.

Lorsque nous voyons ceux que nous aimons s'enfoncer dans leur douleur, nous serions prêts parfois à prendre sur nous leur souffrance, à les porter sur nos épaules pour alléger leur fardeau.

Malheureusement, ça ne fonctionne pas ainsi.

Nous pouvons les aimer davantage, les entourer de nos soins et de notre amour, mais souvent cela ne semble pas suffire à alléger le poids qu'ils portent.

Il faut alors lâcher prise et faire preuve de grande confiance en demandant à l'Univers, à la Vie ou à Dieu — peu importe le nom que nous donnons à cette énergie supérieure — d'aider cette personne que nous aimons tant. Par la même occasion, demandons-lui de nous donner la force de l'aider de la manière la plus appropriée et la plus aimante qui soit.

Lorsque nous avons tout essayé, il ne reste qu'à faire confiance à la Vie.

Malgré notre peine de voir souffrir ceux qu'on aime, nous devons continuer à croire que tout est parfait et que la Vie sait mieux que nous ce dont chacun a besoin pour son évolution.

QUAND LE CONTRÔLE TUE L'AMOUR

Il nous arrive tous d'observer comment certaines personnes tentent de contrôler leur environnement, mais nous, le faisons-nous ? Si nous voulons que nos adolescents fassent les choix que nous ferions à leur place et que nous avons des conflits parce qu'ils ne les font pas, nous tentons d'exercer notre contrôle sur eux. Si nous nous enfermons dans le silence quand nos amis nous disent quelque chose que nous n'aimons pas, alors nous tentons de les faire sentir coupables parce que nous voulons qu'ils agissent d'une certaine manière et pas d'une autre.

Si nous sommes jaloux avec la personne qui partage notre vie, c'est que nous voulons la contrôler comme si elle nous appartenait. Beaucoup de conflits que nous avons avec les autres naissent de nos tentatives de vouloir les contrôler ou de vouloir qu'ils pensent, décident et agissent comme nous le ferions à leur place. Là où nous avons des conflits, c'est que nous tentons d'exercer notre contrôle.

Car l'amour étouffe dans le contrôle mais s'épanouit dans la confiance et le lâcher-prise.

Personne n'est obligé de penser ni d'agir comme nous le souhaitons. Nous n'avons de contrôle que sur nous-mêmes, mais l'exerçons-nous ? Si nous réunissions tous les efforts que nous mettons à tenter de contrôler les autres pour les concentrer sur nos propres réactions aux événements, nous serions beaucoup plus zen que maintenant ! Apprendre à contrôler ses émotions, ses réactions, ses paroles et son ego nous permettra de laisser notre cœur parler aux bons moments.

Plutôt que de nous épuiser à vouloir contrôler les autres, nous comprendrons que c'est déjà un travail à temps plein que de se contrôler soi-même !

SORTIR DE L'OMBRE

Nous créons souvent nos zones de noirceur lorsque nous refusons de laisser briller notre propre lumière.

Nous nous évertuons à poser sans cesse les mêmes questions alors que nous refusons presque systématiquement d'écouter les réponses que notre âme nous envoie.

Nous nous plaignons de notre statut de victime alors que tout le pouvoir réside en nous-mêmes.

Combien de fois avons-nous choisi de nous plaindre plutôt que d'agir pour changer ce qui nous rendait malheureux ? Choisir ce qui est bon pour nous semble parfois plus difficile que de suivre la routine qui nous afflige.

Nous réclamons la lumière, mais nous restons dans l'ombre alors que parfois il n'y aurait qu'un pas à franchir pour être du côté lumineux.

Lorsque nous nous questionnons, commençons par écouter les réponses de notre âme. Suivons le chemin qu'elle nous indique. Abandonnons le statut de victime et reprenons confiance en nous-mêmes et en notre pouvoir de nous rendre la vie meilleure. Sortons de l'ombre pour aller vers la lumière.

Et si aujourd'hui, nous nous choisissions ?

L'ASCENSEUR

Nous avons tous joué un jour ou l'autre au jeu de l'ascenseur.

Vous savez : « tu m'as fait de la peine et bien je te renvoie l'ascenseur en boudant ! », « tu m'as menti et alors je te renvoie l'ascenseur en te mentant à mon tour », « tu m'as fait perdre mon temps alors je te fais perdre le tien » et toutes autres situations de cet acabit. Lorsque nous renvoyons l'ascenseur, nous croyons que cela équilibre les choses, nous restons dans le « donnant-donnant ».

Nous oublions que c'est la Vie qui rétablit toujours l'équilibre en toutes choses. Nous n'avons jamais à nous venger des autres. Ce que les autres nous font vivre n'est que le miroir de ce que nous faisons vivre aux autres. Se venger ne fait que repousser le moment où nous serons libérés de ce que les autres nous montrent et que nous devons travailler. Cela entretient la répétition des mêmes comportements de notre part et de notre entourage.

Rien ne sert d'en vouloir aux autres pour quoi que ce soit. La rancune, la rancœur, la vengeance et faire la moue sont des signes que nous ne voulons pas évoluer. Si, au contraire, nous abordons tous les événements qui nous dérangent et tous les comportements qui nous heurtent comme autant d'indices de ce que nous avons à soigner en nous, nous évoluerons beaucoup plus rapidement.

Les autres sont là pour nous éveiller à ce que nous sommes et à ce que nous-mêmes nous faisons vivre.

Au lieu de leur retourner l'ascenseur dans un esprit de vengeance, prenons-le pour monter plus haut, plus rapidement !

EN SORTIR

Nous tolérons parfois certaines situations ou certaines personnes beaucoup trop longtemps dans notre vie pour notre propre bien-être. Nous croyons même que nous sommes « pris » dans ces situations ou avec ces personnes sans voir d'issues possibles.

Parfois, nous sommes prisonniers de notre emploi. Il nous offre la sécurité, mais nous n'y évoluons plus.

À d'autres moments, ce sont certaines relations que nous maintenons en vie, même si elles semblent plus nocives que positives pour nous. Nous avons l'impression que nous ne pouvons pas nous défaire de certains engagements, de peur de perdre la face ou de blesser.

Puis, un jour, nous finissons par ne plus être capables de supporter ces situations ou ces relations. Nous nous éteignons à tolérer le tout.

Ce jour-là, nous finissons par nous aimer assez pour prendre la décision de nous en sortir.

Dès lors, la Vie nous aide de toutes les manières possibles, parfois par de petits signes et parfois par de gros messages flamboyants, pour que notre nouvelle résolution se transforme en résultat positif.

Tout semble alors plus facile. Nous savons alors, hors de tout doute, que nous avons enfin pris la bonne décision et nous nous demandons pourquoi nous avons attendu si longtemps.

De grâce, à partir de ce moment, ne revenons pas en arrière !

LE FIL CONDUCTEUR

Avons-nous remarqué qu'à certaines étapes de notre vie, un fil conducteur relie chacune de nos expériences ?

À certaines périodes, nous avons l'impression que toutes les difficultés que nous vivons tournent autour de l'argent. À d'autres, tout ce que nous vivons a pour objectif de nous amener à lâcher prise ou à nous affirmer. Parfois, il semble que ce soit la qualité de nos relations avec les autres qui soit constamment ébranlée.

En fait, beaucoup de nos expériences du moment sont reliées par un fil conducteur sur un thème important de notre évolution personnelle, jusqu'à ce que nous comprenions enfin ce que nous devons apprendre.

Très souvent, les situations vécues s'intensifient tant que nous ne voyons pas l'apprentissage ou que nous refusons de le vivre. Plus les expériences d'apprentissage s'intensifient, plus la souffrance se manifeste également, jusqu'à ce que nous ouvrions notre cœur et que nous intégrions enfin la leçon. Lorsque tout semble aller mal dans notre vie ou dans plusieurs aspects à la fois, cherchons quel est le fil conducteur dans ces situations. Qu'avons-nous à apprendre ? Qu'est-ce que la Vie cherche à nous enseigner ?

Nous verrons qu'au fond, les grandes leçons de la Vie se résument à quelques mots : apprendre à lâcher prise, à faire confiance, à s'affirmer, à être soi, à s'aimer et à aimer.

Il ne tient qu'à nous de déterminer combien d'expériences difficiles nous avons besoin de vivre pour intégrer ces apprentissages essentiels.

LES NOEUDS

Il y a toutes sortes d'apprentissages dans la vie : des petits et des immenses !

Chaque jour, nous en apprenons un peu plus sur nous, sur la Vie et sur les autres. D'ailleurs, pour chaque leçon apprise, nous devrions laisser tomber un jugement dans le but d'équilibrer les choses ! Parfois, nous rencontrons un nœud qui nous semble inextricable tant il est attaché serré.

Nous avons de la difficulté à comprendre, à trouver la leçon et à voir ce que nous devons apprendre. Nous nous plaignons que la Vie est difficile, que les choses vont mal et que c'est pénible pour nous. Nous souffrons de nous retrouver bloqués dans cette situation qui se répète ou s'éternise.

Puis, à un moment donné, lorsque nous en avons assez de souffrir, nous cessons de nous plaindre et nous lançons une demande à l'univers pour nous aider à nous en sortir. Nous laissons tomber notre modèle de victime et nous lâchons prise. Nous comprenons que si nous continuons de nous acharner pour que les choses se passent comme nous le voudrions, nous continuerons de souffrir. Tout à coup, en lâchant prise, en ouvrant notre cœur et en acceptant notre vulnérabilité face à la situation, tous les apprentissages que nous devions en tirer font surface. C'est le déblocage !

Nous comprenons enfin ce que nous devions apprendre de cette situation.

C'est un moment de grâce, presque magique et lumineux, qui renforce chaque fois notre confiance et notre gratitude envers le grand plan de la Vie.

Quand la situation est bloquée, ayons confiance, lâchons prise et la lumière viendra.

CÉLÉBRONS-NOUS!

Lorsqu'il est question de notre évolution, il n'y a pas de petites victoires. Chacun de nos succès vers le chemin pour apprendre à mieux s'aimer est une grande victoire que nous devrions célébrer! Nous sommes tellement prompts à nous frapper la tête chaque fois que nous faisons une erreur ou que nous n'apprenons pas quelque chose assez vite. Pourtant, chaque fois que nous comprenons enfin, nous avons tendance à dire « il était temps » plutôt que de célébrer ce long et difficile apprentissage de la Vie.

Apprendre à s'aimer, un jour à la fois, c'est déjà beaucoup! Soyons bons pour nous-mêmes et reconnaissons que chaque fois où nous accomplissons un pas vers notre mieux-être, nous contribuons humblement, mais concrètement, à rendre ce monde meilleur.

Lorsque nous comprenons enfin quelque chose d'important, quand nous dénouons un nœud qui bloquait notre évolution, quand nous renonçons à une situation toxique parce qu'enfin nous nous choisissons, ayons assez d'amour envers nous-mêmes pour célébrer ce pas important dans notre cheminement personnel.

Aujourd'hui, je salue votre courage pour marcher chaque jour vers votre propre lumière pour illuminer notre monde. Je salue votre détermination à vous débarrasser de tout ce qui vous encombre sur votre chemin. Je salue votre grandeur d'âme et votre humilité qui vous permet de vous laisser toucher par des mots d'amour.

Je salue votre volonté à tous et toutes de cheminer ensemble dans la Vie et ses innombrables décantations d'amour!

NOUS NE SOMMES PAS DES VICTIMES!

Non, nous ne sommes pas des victimes !

Nous ne le sommes que si nous acceptons, consciemment ou inconsciemment, de laisser les autres ou notre mental dominer notre vie. Quelle que soit la situation, nous pouvons toujours reprendre notre pouvoir personnel sur celle-ci. Nous en avons assez de nous faire humilier par une personne et nous tolérons cette situation depuis des années ? Alors il est grandement temps de mettre nos limites, de dire « c'est assez ! » et de couper les ponts.

Nous croyons que c'est toujours plus difficile pour nous que pour les autres, que nous sommes plus éprouvés par la Vie que nos amis ? Alors il est grandement temps de changer nos pensées et notre attitude pour comprendre que nous avons exactement la Vie que nous croyons mériter. Pour avoir une vie meilleure, il faut être convaincu que nous POUVONS avoir une meilleure vie. Le sort semble s'acharner sur nous ? Prenons le temps de nous arrêter et de faire la liste des solutions possibles pour chacun de nos « mauvais sorts » et appliquons-les.

La « victimite » est l'un des pires obstacles sur notre route.

Si nous nous plaignons régulièrement de quelque chose, d'une personne, d'un emploi ou d'une situation, c'est que nous nous comportons en victimes. Nous avons cédé notre pouvoir à cette personne ou cette situation. Nous lui avons donné le pouvoir de nous faire sentir mal et nous avons oublié que nous pouvons reprendre NOTRE pouvoir à tout moment.

Apprendre à s'aimer, c'est aussi cesser de se croire victime et agir en conséquence. Cessons de nous plaindre. Reprenons notre pouvoir personnel et agissons pour ne plus être victime !

LES DISTANCES

Les distances qui nous séparent de ce dont nous rêvons ne sont jamais extérieures. Elles sont à l'intérieur de nous.

La distance qui nous sépare de la Vie de nos rêves ne se mesure pas en diplômes. Elle se situe dans notre capacité à composer avec une certaine insécurité. Les changements impliquent presque toujours une perturbation de notre sécurité. Plus nous nous y accrochons, plus les possibilités d'améliorations de nos conditions de vie sont minces.

La distance qui nous sépare d'un nouvel amour ne se mesure pas en kilomètres ni en jours. Elle se mesure au présent, dans l'ouverture de notre cœur et dans notre conviction que nous pouvons être aimés comme nous sommes.

Si nous maintenons des blocages, consciemment ou non, et croyons que nous ne méritons pas d'être aimés, ou que tous les hommes ou toutes les femmes sont infidèles, égoïstes ou contrôlants, nous n'attirons pas l'amour. Nous le repoussons.

La distance qui nous sépare du bonheur se situe bien souvent sous notre paupière. Si nous regardons notre vie d'un autre œil, nous verrons qu'au lieu « d'attendre » le bonheur dans un futur plus ou moins rapproché, nous pouvons choisir de le trouver au quotidien.

C'est dans le regard que nous posons sur les petits événements de notre vie que nous pouvons trouver le bonheur : des petits moments en famille, un fou rire avec des amis, le rire des enfants, une complicité au travail…

Nous n'attendons pas le bonheur. C'est lui qui nous attend !

LA PEUR OU L'AMOUR?

À chaque instant de notre vie, deux choix nous sont offerts : la sécurité ou l'amour.

Choisir la sécurité est un choix basé sur nos peurs. Choisir l'amour est un choix basé sur notre cœur.

Par exemple, on nous offre un emploi plus stimulant, mais beaucoup moins rémunéré. Si nous le refusons par peur de manquer d'argent, de perdre des avantages ou un statut, c'est la peur qui guide notre choix. Si nous l'acceptons parce que ce défi nous emballe, c'est notre cœur qui guide notre choix.

Quelqu'un dit du mal de nous. Si nous répliquons et cherchons à nous venger, c'est la peur qui prend le dessus. Si nous tentons de comprendre la souffrance de l'autre au-delà de ce comportement négatif, de contrôler notre réaction et nos émotions, c'est l'amour de soi qui domine.

Nous sommes malheureux dans une situation, mais nous y restons par peur de l'inconnu ou nous la quittons par amour pour soi.

Notre épanouissement et nos possibilités de bonheur dépendent du chemin que nous choisissons de suivre chaque minute de notre vie.

C'est la peur OU l'amour qui nous guide, mais jamais les deux en même temps.

Chacun nous conduit vers un plus grand multiple de lui-même. Suivre sa peur engendre plus de peur et d'insécurité et suivre l'amour crée plus d'amour.

LA VIE DE NOS RÊVES

Pour vivre la Vie de nos rêves, agissons comme si nous y étions déjà.

Adoptons dès maintenant les attitudes positives dont nous avons besoin pour réaliser nos rêves et développons les qualités nécessaires pour y arriver. Il vaut mieux se mettre dans un état d'amour, d'ouverture et de lâcher-prise, plutôt que de compétition, de méfiance ou d'insécurité.

Lorsque nous apprenons à être confortables avec l'inconfort et l'insécurité, un monde infini de possibilités s'ouvre à nous.

Acceptons de changer pour que notre vie change. Rester le même ou chercher à tout prix à le demeurer, c'est agir contre les lois de la Vie. Cette bataille est inutile, puisque malgré tous nos efforts pour l'en empêcher, la Vie gagne toujours.

Nos rêves et nos élans profonds ne nous habitent jamais par hasard. Ils n'ont que faire de notre âge, de notre budget et de notre passé. S'ils se manifestent malgré toutes nos contraintes, c'est qu'ils ont une puissante raison d'être.

Trouvons les moyens pour les écouter, car le prix à payer, aussi élevé semble-t-il, est minime en comparaison de tout ce qu'ils nous apporteront.

La Vie est magnifique lorsque nous lui faisons confiance, mais difficile si nous lui résistons.

Ouvrons-nous à ses possibilités infinies et accueillons les cadeaux qu'elle nous offre.

L'ESTIME DE SOI

Le manque d'estime de soi est l'un des pires fléaux de notre société. Il engendre de nombreuses conséquences nuisibles sans que nous l'identifions comme origine de celles-ci. C'est un destructeur silencieux. Par manque d'estime de soi, nous éprouvons de la jalousie, de l'envie, de la colère et de l'insécurité. Nous n'osons pas entreprendre des changements positifs parce que nous ne nous aimons pas assez. Par manque d'estime de soi, combien de rêves, de projets et d'ententes ne se sont pas réalisés ? Nous sommes durs envers nous et envers les autres, nous craignons de nous faire avoir, nous jugeons et nous nous battons. L'estime de soi ne survient pas miraculeusement un bon matin. Apprendre à s'aimer est le travail de toute une vie et se construit chaque jour par de petits gestes et de petites décisions meilleures pour soi.

Nous développons notre estime de soi de plusieurs façons : en faisant au moins une fois par jour quelque chose qui nous rend heureux ;

En apprenant à dire non et à se respecter ;

En se connaissant mieux pour faire de meilleurs choix ;

En allant chercher l'aide nécessaire pour guérir les blessures qui creusent notre estime de soi ;

En développant notre confiance en la Vie ;

En pardonnant à soi et aux autres ;

En éliminant le négatif autour de nous, sous toutes ses formes ;

En provoquant des occasions de rire plus souvent ;

En s'entourant de personnes qui nous font du bien et qui s'aiment déjà.

L'estime de soi se construit au quotidien.

FAIRE UNE DIFFÉRENCE

Nous croyons souvent manquer de temps. Pourtant, nous le perdons de mille et une façons, souvent en faisant des choses qui ne répondent pas aux besoins de notre âme.

Tout autour de nous, tant de gens souffrent, sont seuls, ont besoin d'aide, vivent des choses difficiles ou éprouvent le même sentiment de futilité que nous. Nous sommes tous unis. Si chacun de nous, dès aujourd'hui et quotidiennement pour le reste de sa vie, décidait de faire une différence positive dans la vie d'au moins une personne chaque jour, nous transformerions rapidement notre monde en un monde meilleur.

Rien ne sert de chercher à faire quelque chose d'extraordinaire. Parfois un sourire ou un bonjour, prendre la main, écouter, rendre service, accueillir, prêter son épaule, ses bras, et son cœur à une personne qui en a besoin font une différence. Parfois même, un compliment gratuit à une personne inconnue peut faire toute la différence dans sa journée, peut-être même dans sa vie.

Il ne s'agit pas d'agir en héros pour sauver le monde. Il s'agit d'agir avec son cœur pour faire une différence positive dans la vie des autres, une personne à la fois. En prime, nous y trouverons un sentiment d'utilité qui nous manquait et nous continuerons de construire ainsi notre estime de soi.

Car aimer les autres, c'est aussi s'aimer soi-même.

Aider les autres, c'est s'aider soi-même.

Faisons tous une différence positive aujourd'hui dans la vie d'au moins une autre personne.

À LA FIN

À la fin de notre vie, lorsque nous en ferons le bilan, de quoi nous souviendrons-nous ?

Nos problèmes actuels sembleront-ils alors si importants et si graves ? Les biens que nous rêvons d'acquérir aujourd'hui feront-ils partie des souvenirs qui nous auront rendus véritablement heureux ? Nous nous rappellerons davantage des petits moments de Bonheur tout simples, des amitiés qui nous auront touchés, du temps que nous aurons pris avec ceux que nous aimons, de l'amour que nous aurons partagé, des moments de complicités, des synchronicités et des petits miracles que nous aurons eu le bonheur de vivre.

Nous oublierons les conflits, les dossiers « si importants », notre salaire, la dernière auto, les petits bobos ou la crise de notre ado.

Et si, aujourd'hui, nous vivions en donnant de l'importance aux seules choses qui compteront vraiment à la fin de notre vie ?

Arrêtons de nous en faire avec ce qui ne comptera pas vraiment au final. Commençons dès maintenant à aimer pour de vrai, à prendre du temps pour partager, écouter et aider. Choisissons nos batailles dans la vie, non pas en fonction de la probabilité de les remporter, mais de la possibilité de grandir. Choisissons celles dont nous serons fiers au bilan de notre vie, celles qui nous auront rendus meilleurs.

Commençons à construire dès aujourd'hui la vie que nous serons fiers d'avoir vécu.

Mettons notre énergie et notre amour sur ce qui compte vraiment.

LA CULPABILITÉ

Quel affreux sentiment que la culpabilité !

La culpabilité est l'un des écueils les plus dangereux que notre ego brandit pour nous maintenir dans la peur et la souffrance. C'est aussi l'un des obstacles les plus importants qui nous empêchent d'avancer et de nous réaliser pleinement.

La culpabilité, c'est être à la fois juge, bourreau et victime. C'est la conséquence directe de notre manque d'amour envers nous.

Nous sommes trop souvent les juges les plus implacables de nous-mêmes, de nos actions et de nos paroles. Nous projetons sur nous ce que nous croyons que les autres ont comme opinion de nous. Nous devenons souvent notre pire ennemi en nous reprochant ce que nous n'oserions même pas reprocher à notre meilleur ami. Parfois, nous nous sentons même coupables d'être nous-mêmes, et nous n'osons pas l'être par peur de décevoir nos proches.

Cessons d'être notre pire juge et notre pire bourreau. La plupart d'entre nous s'efforcent de ne pas juger les autres. Arrêtons de nous juger nous-mêmes. Débarrassons-nous de la peur du jugement des autres. En nous acceptant pleinement, tels que nous sommes, en accueillant nos « erreurs » comme des apprentissages et en avançant dans l'amour le plus possible, autant envers soi qu'envers les autres, nous chasserons la culpabilité de notre chemin.

Plus notre estime de soi sera solide, moins la culpabilité prendra de la place dans notre vie. La prochaine fois que nous nous croirons coupables de quoi que ce soit, plutôt que de nous juger, demandons-nous quelle partie de notre âme devons-nous mieux aimer.

NOTRE MEILLEUR AMI

Lorsque notre meilleur ami est triste, nous sommes prompts à le consoler et trouver les bons mots pour le réconforter. Lorsqu'il a peur, nous l'encourageons, nous l'accompagnons et nous le rassurons. Si notre ami se sent menacé, nous le défendons bec et ongles. Jamais il ne nous viendrait à l'idée de le laisser tomber dans de pareilles circonstances. Lorsqu'il fait une erreur, nous ne le jugeons pas. Nous lui disons plutôt que ce n'est pas grave et que tout va s'améliorer. Lorsqu'il ne se croit pas à la hauteur d'une situation, nous le valorisons, nous lui montrons à quel point il est fort et compétent, et nous manifestons notre confiance dans sa réussite. S'il connaît ce qui semble être un échec, nous ne nous moquons pas de lui ! Nous l'appuyons et l'aidons à s'en sortir, nous lui offrons gîte, hospitalité et surtout, notre soutien indéfectible.

Pourquoi sommes-nous si durs envers nous-mêmes lorsque c'est nous qui vivons l'une ou l'autre de ces situations ? Pourquoi nous jugeons-nous ? Pourquoi avons-nous la certitude de ne pas être une bonne personne ? Nous sommes trop souvent notre pire ennemi !

Nous nous jugeons durement sur chacune de nos difficultés, nous avons honte et nous croyons perdre la face devant les autres. Nous avons peur de ne pas être à la hauteur de notre « image » et nous nous condamnons pour ne pas avoir su préserver notre ego !

Et si, dès maintenant, nous nous engagions plutôt à devenir notre meilleur ami ? Traitons-nous avec tout l'amour que nous aurions pour notre meilleur ami, sans jugement, sans condamnation, sans reproches et sans se laisser tomber.

Être pour soi son meilleur ami, c'est une belle façon d'apprendre à s'aimer.

LE TRAVAIL D'UNE VIE

Plusieurs croient qu'améliorer leur vie représente beaucoup trop de travail.

C'est trop dur de pardonner après une trahison, alors nous préférons rester en colère et rêver de vengeance. C'est trop difficile d'aimer à nouveau, alors nous fermons notre cœur. C'est trop difficile de voir ce que nous avons à apprendre dans une situation qui nous fait souffrir, alors nous préférons continuer de souffrir sans chercher d'issue et en blâmant les autres ou la Vie.

Pourtant, ces choix ne nous rendent pas plus heureux et nous maintiennent dans un état de souffrance, de suite d'événements pénibles, de trahisons et de peines d'amour. Être heureux demande des efforts. Les plus importants sont d'accepter de faire les choses autrement, de devenir conscients de ce qui nous arrive et de travailler sur soi tous les jours de notre vie. Ça demande du courage, de la persévérance, de l'humilité et de la lucidité.

C'est doublement difficile si nous résistons, mais si nous acceptons de construire notre Bonheur chaque jour par une prise de conscience lucide, que nous avons le pouvoir de penser, d'agir, de réagir et de vivre autrement, alors ce travail sur soi devient une partie du Bonheur et nous rend déjà heureux. Chaque fois que nous choisissons d'aborder notre vie autrement, non seulement nous approchons du bonheur, mais nous y contribuons.

Travailler quotidiennement sur soi est l'une des façons les plus puissantes d'apprendre à nous aimer davantage. C'est difficile, mais tellement gratifiant! Si vos choix actuels vous rendent heureux, réjouissez-vous. Sinon, il est grandement temps de commencer à faire d'autres choix.

QUAND ÇA SE RÉPÈTE...

Comme à l'école primaire, où nous répétions les mêmes leçons pour les apprendre, la Vie nous fait répéter les mêmes scénarios pour comprendre l'enseignement !

Ainsi, si d'un emploi à l'autre, nous nous retrouvons toujours avec le même genre de patron autoritaire ou incompétent, prenons le temps de nous interroger sur cette succession de mauvais patrons. Si nous enfilons les déceptions amoureuses, prenons une pause et cherchons ce que nous devons comprendre et changer en nous pour éviter que ces répétitions se poursuivent.

Si nous sommes toujours à court d'argent, prenons le temps de réexaminer nos croyances à propos de l'abondance. Si dans nos discours, nous retrouvons souvent les expressions : « ça n'arrive qu'à moi », « c'est toujours comme ça » ou « les hommes ou les femmes sont toujours comme ça », alors il est grandement temps de s'arrêter et de chercher les vraies raisons pour lesquelles nous attirons les mêmes expériences désagréables à répétition.

La Vie veut nous faire prendre conscience d'une fausse croyance, d'une dépendance ou d'un manque d'estime de soi qui nous fait constamment répéter les mêmes expériences. Lorsque quelque chose se répète, c'est un signe que nous avons quelque chose d'important à comprendre. Tant que nous garderons une fausse perception de la réalité, nous attirerons des situations nous obligeant à rectifier cette fausse perception.

Quelle que soit la situation répétitive, elle vise à nous enseigner quelque chose d'essentiel à notre évolution. Trouvons la leçon à apprendre pour que cesse la routine.

CHOISIR NOS ÉMOTIONS

L'être humain a la capacité de vivre toute la gamme des émotions.

Certains ont un spectre moins large et sont facilement affectés par les événements ou les personnes. D'autres vivent toutes les émotions, même celles par procuration, lorsque ces situations ne les touchent pas personnellement.

Nous oublions souvent que nous pouvons CHOISIR nos émotions, celles qui nous mènent plus facilement que d'autres à un état de bien-être. Nous ne sommes pas toujours à la merci de nos émotions. Apprenons-leur qui est le maître ! Nous n'avons pas à vivre chacune d'elles au maximum. Ce ne sont pas les événements qui nous rendent heureux ou malheureux, c'est notre perception de ces événements qui détermine notre réaction à ceux-ci.

Nos choix d'émotions conditionnent notre niveau de bonheur.

Plutôt que de choisir la colère, choisissons la compréhension, l'indifférence, la patience ou l'amour. Plutôt que d'avoir peur, choisissons le courage, la concentration, le repli, la discussion ou l'amour

À la place de l'envie, choisissons l'ouverture, la joie sincère, l'admiration, le désir de se dépasser, ou l'amour. Au lieu de la tristesse, choisissons l'acceptation, la confiance, l'espoir ou l'amour.

Plutôt que de ressentir la déception, choisissons l'acceptation, le courage, la compréhension, la sérénité ou l'amour. Dans tous les cas, nous pouvons choisir l'émotion à vivre en réaction aux événements ou aux personnes.

Dans tous les cas, nous pouvons aussi choisir l'amour.

L'HARMONIE

L'harmonie, quel mot magnifique !

Être en harmonie avec soi-même, avec les autres, avec la nature et avec la Vie. Créer l'harmonie au travail, dans sa relation de couple, avec ses enfants et autour de soi. La plupart des gens recherchent l'harmonie sans l'identifier. Nous sommes plus souvent portés à fuir les conflits qu'à créer ou chercher l'harmonie.

Pourtant, l'harmonie amène la paix du cœur et de l'esprit, le calme dans notre vie et parfois la sérénité. Toutefois, l'harmonie ne vient pas à nous. C'est nous qui devons aller à sa rencontre et la créer. Pour cela, il faut faire face aux choses difficiles et les régler lorsque nous le pouvons.

Évitons le plus possible de laisser notre espace personnel être envahi par des personnes négatives. Chercher à avoir raison à tout prix nous éloigne de ce but, tandis qu'accepter les différences nous en rapproche. Acceptons les autres sans vouloir les changer ni les contrôler. Laissons sagement sortir de notre vie ceux qui ne nous conviennent pas. Lorsque nous nous alignons avec notre vraie nature, nous attirons de nouvelles personnes plus en harmonie avec qui nous sommes réellement. Ceux qui ne vibrent pas au même diapason que nous quittent alors notre environnement ou passent leur chemin. Dompter notre mental et nos émotions crée l'espace nécessaire pour que l'harmonie s'y installe.

Nous ne créons pas l'harmonie en achetant la paix. Nous devons vivre en fonction de nos valeurs, être authentiques et faire de nouveaux choix en harmonie avec ce que nous sommes maintenant.

Être en harmonie, c'est s'aimer assez pour être en unisson avec soi et les autres.

LE PLUS IMPORTANT

Le plus important, ce n'est pas d'avoir le plus grand nombre d'amis ni d'avoir la maison de nos rêves. Ce n'est pas non plus d'avoir tous les biens matériels que nous désirons. Ce n'est pas d'avoir l'emploi idéal ni même la famille idéale.

Le plus important est d'apprendre à s'aimer, complètement et totalement. Aimer nos forces autant que nos faiblesses.

Aimer nos moments de bonheur autant que nos moments d'égarement. Aimer nos bontés autant que nos envies.

Aimer notre lumière autant que notre ombre. Aimer notre beauté autant que notre imperfection.

C'est seulement en apprenant l'amour de soi que nous apprendrons à mieux aimer les autres, dans leurs richesses et dans leurs pauvretés.

C'est dans l'amour de soi que nous apprendrons à ne plus juger les autres, car il est impossible de juger quand nous aimons, tout comme il est impossible d'aimer lorsque nous jugeons.

L'amour de soi est notre plus grande richesse, celle que nous devons développer et cultiver tout au long de notre vie, par un travail assidu sur soi, sans jugement et empreint de compassion pour les parties plus difficiles à aimer.

Même nos défauts nous apprennent à mieux nous aimer, car c'est dans l'amour inconditionnel envers soi que nous pourrons vivre l'amour inconditionnel envers les autres.

Le plus important, c'est d'aimer.

TOUT PART DE SOI

Pour la majorité d'entre nous, il est difficile de comprendre le concept que tout part de soi.

Nous avons beaucoup plus tendance à blâmer les autres ou la Vie pour ce qui va mal, plutôt que de regarder à l'intérieur de nous et voir ce que nous faisons ou pas pour que certains aspects de notre vie soient tant sens dessus dessous !

Beaucoup de gens résistent à l'idée que si les autres nous traitent mal, c'est que nous nous traitons mal, que si les autres nous blessent, c'est que nous acceptons inconsciemment qu'ils le fassent, parce que nous nous blessons nous-mêmes. Si nous vivons longtemps une situation qui nous rend malheureux, c'est à l'intérieur de nous qu'il faut trouver la solution. N'attendons pas que l'autre change, mais changeons nous-mêmes.

Tout part de soi.

Ce que nous émettons nous revient toujours. Si nous avons des pensées négatives, nous attirerons des personnes négatives et du négatif dans notre vie. Si nous projetons de l'amour, même si la société est souffrante, nous attirerons autour de nous de l'amour et des gens aimants et bons, qui veulent eux aussi faire le bien en projetant leur amour. Si nous voulons être entourés de personnes aimantes, alors soyons aimants.

Soyons nous-mêmes ce que nous voulons attirer dans notre vie et surtout, cessons d'émettre ce que nous ne voulons plus.

Nous sommes responsables de notre vie.

NOS ATTENTES

Voulez-vous un secret pour être malheureux à coup sûr ? Ayez des attentes !

Ces fameuses attentes que nous avons envers la société, le gouvernement, les autres, notre patron, nos amis, notre conjoint et surtout, nos enfants. Plus nous avons d'attentes, plus elles sont élevées et rigides, plus nous sommes assurés d'être déçus !

Être souvent déçus dans nos attentes envers les autres illustre parfaitement notre manque de prise de responsabilités envers nous-mêmes. Il n'y a pas de meilleure recette pour être malheureux que d'attendre que les autres fassent notre bonheur. Les autres ne sont pas là pour répondre à nos attentes. C'est à nous d'y voir.

Nous avons des besoins envers les autres ? Disons-les, mais l'autre a toujours la liberté d'y répondre ou non. S'il n'y répond pas, nous n'avons pas à lui en vouloir. Au contraire, soyons-lui reconnaissants de nous montrer où nous ne répondons pas à nos propres besoins, car c'est à nous de prendre la responsabilité de répondre à NOTRE attente.

Plus nous prenons soin de répondre nous-mêmes à nos propres besoins, particulièrement aux besoins de notre âme d'être aimés et respectés, et d'être bons pour nous, moins nous aurons d'attentes envers les autres. Nous saurons intrinsèquement que nous sommes responsables de la création de nos attentes et que nous sommes responsables d'y répondre nous-mêmes.

Les attentes sont des obstacles au Bonheur et l'empêchent d'entrer dans notre demeure. Pour lui faire de la place et libérer le chemin, ayons moins d'attentes !

LA DÉPENDANCE AFFECTIVE

La dépendance affective est l'un des pires obstacles pour toute relation saine.

Si vous voulez tuer une relation, laissez votre dépendance affective prendre le contrôle.

Lorsque nous cherchons à tout contrôler ou à blâmer l'autre pour toutes sortes de choses, que nous sommes jaloux, que nous détestons que l'autre fasse des activités sans nous ou que nous jouons à la victime, c'est que nous avons probablement une dépendance affective.

Celle-ci a de fortes chances de nous gâcher la vie.

Nous ne choisissons pas d'être dépendant affectif. Ce sont souvent les conditions et les événements de notre enfance qui nous ont conduits à cet état.

Cependant, nous pouvons choisir de ne plus l'être. Il existe de l'aide extérieure, mais par-dessus tout, c'est la souffrance que nous fait subir cet état et la souffrance causée par les conséquences de notre dépendance affective qui aiguiseront notre volonté à changer.

C'est en apprenant à s'aimer que nous verrons les symptômes de notre dépendance affective diminuer tranquillement.

C'est en prenant soin de nous, en faisant des choses pour nous, en acceptant ce que nous sommes et en aimant chacune de nos zones d'ombre comme celles de lumière que nous bâtirons suffisamment d'amour pour nous afin de guérir de la dépendance affective.

Nous pouvons en sortir. C'est douloureux au début, mais beaucoup moins que d'y rester.

LA JALOUSIE

La jalousie, c'est l'expression visible de la dépendance affective.

Elle tire également son origine du manque de confiance en soi, du manque d'amour pour soi, du besoin de contrôler, du sentiment de manque et de la peur de l'abandon.

Souvent, nous ressentons plutôt de l'envie. Nous voudrions avoir ce que l'autre a, vivre ce qu'il vit ou être ce qu'il est.

La jalousie, quant à elle, se manifeste surtout en amour ou en amitié, par un besoin de contrôler l'autre et un désir de possession.

Que ce soit de l'envie ou de la jalousie, les ravages de ces émotions sont désastreux. Des relations sont brisées, des vies sont rendues infernales, et tous ceux qui les éprouvent ou les subissent en souffrent.

C'est le manque d'amour de soi et de l'autre qui alimente ces émotions.

Que nous soyons jaloux ou jalousés, envieux ou enviés, nous ne pouvons pas changer l'autre ni le contrôler, mais nous pouvons apprendre à mieux nous aimer un peu plus chaque jour, afin d'éloigner ces poisons de nos vies.

Lorsque l'amour de soi est au rendez-vous, nous sommes plus forts pour prendre de meilleures décisions quant à nos réactions et à nos relations.

Toute chose se travaille d'abord à partir de l'intérieur et non de l'extérieur.

LA VIE EST-ELLE INJUSTE?

La Vie nous semble souvent injuste !

Il nous semble que certaines personnes, malgré tout le mal qu'elles peuvent faire, s'en tirent toujours à bon compte. Nous croyons ne pas recevoir autant que nous donnons. Certains sont convaincus de souffrir plus que les autres et que « ce n'est pas juste ».

Si nous nous arrêtons à tout calculer selon notre propre perception des choses et dans une perspective purement mathématique, si nous nous positionnons en juge de la colonne des plus et des moins de chacun, alors la Vie semble effectivement injuste !

Pourtant, tout est parfait !

Peut-être avons-nous besoin de vivre une certaine forme d'injustice pour apprendre à être justes, à pardonner et être plus généreux. Nous ignorons également quels apprentissages ceux qui blessent ont besoin de faire dans leur vie et nous ne connaissons pas leur état de souffrance intérieure. Peut-être devons-nous arrêter de calculer ce que nous donnons et ce que nous recevons et y aller simplement avec le cœur grand ouvert. Peut-être avons-nous l'impression de souffrir plus que les autres parce que nous avons plus de choses à comprendre ou que nous y résistons davantage.

Arrêtons de juger si la Vie est juste ou pas.

La Vie réserve des chemins différents pour chacun, selon les besoins de chacun et au moment où nous en avons besoin.

La Vie n'est pas à propos de la justice. Elle est à propos de l'Amour.

AVOIR LE COURAGE DE S'AIMER ASSEZ

Pour être heureux dans la vie, il faut parfois avoir le courage d'être détesté.

Lorsque nous cessons de vouloir plaire à tout le monde, nous découvrons ce qui est vraiment bon pour nous.

L'estime de soi ne se développe pas en faisant toujours passer les autres en premier.

Nous nous aimons le jour où nous acceptons enfin de prendre soin de nous sans nous sentir coupables.

Nous apprenons l'amour inconditionnel lorsque, même après avoir aidé une personne et que celle-ci nous juge parce que nous avons osé mettre nos limites, nous continuons de nous tenir bien droits, dans l'amour de soi et le respect de l'autre.

En mettant courageusement nos limites et en nous respectant, même si l'autre nous « déteste », nous ne sommes pas tenus de la détester à notre tour.

Lorsque nous en avons assez de l'abus et que nos limites ne sont pas respectées, nous quittons la situation, poursuivons notre chemin et revenons à nous. Tous les chemins nous ramènent à nous-mêmes, pour qu'enfin nous devenions la priorité dans notre vie.

Nous aurions sans doute beaucoup plus de chances d'être heureux si nous donnions à nous-mêmes au moins autant que nous donnons aux autres.

Pas de manière égoïste, mais parce que l'amour que nous donnons aux autres prend sa source dans l'amour que nous nous donnons. L'un ne va pas sans l'autre.

JUGER OU AIMER

Pourquoi sommes-nous si prompts à juger ? Sommes-nous si parfaits que nous croyons que les autres ne nous arrivent pas à la cheville ? Si nous sommes si parfaits, comment se fait-il que nous jugions encore ?

Nous sommes tous portés à dire qu'il ne faut pas juger les autres. Pourtant, nous jugeons constamment. Ce n'est pas parce que les défauts des autres sont différents des nôtres que nous avons le droit de les juger. Catégoriser tout ce qu'il rencontre est une vieille habitude de notre ego. Si c'est trop éloigné de sa réalité, l'ego juge négativement. Si, au contraire, ça lui ressemble, l'ego a un jugement favorable.

Peu importe le jugement que nous portons sur autrui, c'est sur nous-mêmes que nous le portons.

Si nous voyons la beauté dans le cœur des autres, c'est que nous la portons en nous-mêmes. Ce que nous jugeons sévèrement chez les autres, c'est que nous le portons également. Tous les autres sont des miroirs ; nous acceptons de nous y regarder ou nous faisons semblant que cela ne nous appartient pas. Peu importe, c'est toujours nous que nous jugeons à travers les autres. Plus nous serons bons pour nous-mêmes, moins nous serons portés à juger les autres. Moins nous jugerons les autres, moins nous nous jugerons nous-mêmes.

Nous ne pouvons pas aimer et juger à la fois. Chaque fois que nous laissons notre ego juger, nous choisissons de ne pas aimer.

À chaque instant, nous choisissons : aimer ou juger. C'est un ou l'autre. Jamais les deux en même temps.

LE DÉTACHEMENT

Apprendre à se détacher est l'une des choses les plus difficiles qui soient. Nous résistons parce que nous avons peur de perdre l'objet de notre attachement. Nous voulons que les choses se passent à notre façon et que notre Vie se déroule comme nous l'avions planifiée. Chaque fois que nous résistons un peu plus, nous souffrons un peu plus. Apprendre à se détacher des résultats de nos efforts, du dénouement de nos attentes ou de la réponse de l'autre à nos demandes est un exercice de confiance envers la Vie, d'ouverture du cœur et d'acceptation.

Le détachement, ce n'est pas de s'éloigner des autres pour ne pas vivre de l'attachement. C'est plutôt rester ouvert à ce qui arrivera, peu importe les résultats. C'est accepter de composer avec ce que la Vie met sur notre chemin, sachant que c'est pour notre bien. C'est faire les efforts nécessaires pour obtenir la réalisation d'un projet, mais aussi accepter que le résultat puisse être différent de nos attentes.

C'est aimer l'autre en offrant tout notre amour, tout en reconnaissant que l'autre puisse aimer d'une manière différente que ce que nous souhaitions. C'est aimer tout son être malgré les imperfections, en sachant que nous ne pouvons rien améliorer si nous ne l'acceptons pas d'abord.

C'est vivre en faisant de son mieux et en donnant son maximum, tout en sachant que parfois nous aurons du succès et parfois non. Parfois, nous serons reconnus et parfois non. Parfois nous serons aimés et parfois non. Le détachement, c'est notre détermination à être libres et c'est un grand antistress ! C'est avoir la conviction profonde que tout est parfait, peu importe ce qui arrive.

Ça fait partie de l'amour inconditionnel et c'est surtout porteur d'une grande paix intérieure.

SARCLER SON JARDIN

Quelle que soit la saison, un bon jardinier sait qu'il doit régulièrement sarcler son jardin. Pour que ses fleurs s'épanouissent et que ses légumes soient gros, il doit quotidiennement enlever les mauvaises herbes de son jardin, afin de faire de la place pour la croissance de ce qu'il y a semé.

S'il ne fait pas régulièrement le ménage de son potager, il deviendra rapidement un fouillis complet, où les mauvaises herbes auront pris la place des légumes et les fleurs étoufferont devant l'envahisseur.

Ainsi en est-il de notre vie et de notre esprit.

Pour que nous puissions nous épanouir, être heureux et développer notre potentiel, nous devons sarcler notre jardin. Éliminons autant que possible les pensées négatives, parce qu'elles attirent le négatif dans notre vie. Éloignons-nous des personnes toxiques, car elles limitent notre bien-être, et débarrassons-nous de tout ce qui nuit à notre bonheur.

Toutes ces mauvaises herbes personnelles réduisent notre potentiel de bonheur et d'épanouissement si nous les laissons nous envahir. Sarclons notre jardin intérieur régulièrement, parce qu'une fois ne suffit pas à tout éliminer. Les mauvaises herbes reprendront rapidement le dessus si nous ne nous en occupons pas.

Soyons un bon jardinier pour nous-mêmes et arrachons le négatif de notre vie, afin d'avoir toute la place nécessaire pour nous épanouir pleinement.

LA FRAGILITÉ DE LA VIE

La plupart du temps, nous agissons comme si nous avions tout le temps devant nous. Nous perdons souvent notre énergie — et un temps précieux — à nous plaindre de ce qui nous manque ou des problèmes que nous avons. Nous critiquons le gouvernement et notre employeur, ainsi que ceux avec qui nous interagissons dans la journée. Nous jugeons les autres, notre voisin et nos amis. Nous voulons avoir raison sur la moindre peccadille. Nous devenons parfois irritables pour peu de choses et nous oublions d'apprécier tout ce que nous avons.

Puis, un jour, la Vie se charge de nous rappeler sa beauté et sa fragilité.

La Vie nous rappelle que tout peut changer à tout moment et que nous pouvons perdre en un instant tout ce à quoi nous tenons. Toutes les choses futiles qui nous semblaient si importantes avant apparaissent soudainement sous leur vrai visage : des voleurs de temps et d'amour.

Que ne donnerions-nous pas pour changer la donne et éviter de perdre ce que nous savons maintenant si précieux : la vie, ceux qu'on aime, notre santé, l'amour… Tout ce qui a vraiment de l'importance.

Si nous prenons conscience de la fragilité de la Vie, nous pouvons faire de meilleurs choix quotidiens, afin de consacrer notre énergie et notre temps à ce qui compte vraiment pour nous.

Tout le reste est vain.

Aimons notre Vie en la remplissant d'amour dans tout et en savourant chaque moment précieux qui nous est accordé, car nous ne savons jamais de quoi demain sera fait.

Faisons en sorte que notre journée compte.

LES REMISES EN QUESTION

Les grandes remises en question, comme les réflexions intenses où nous changerions complètement de vie si nous avions une baguette magique, sont des passages de vie extraordinaires et essentiels.

Ils nous permettent de nous situer, d'identifier ce qui est en harmonie ou non avec nous, d'évaluer les choix que nous avons faits et ceux que nous avons envie de faire maintenant.

Si nous ignorons notre élan intérieur qui nous pousse à cette remise en question, la Vie se chargera de nous y pousser à sa manière, avec souvent pas mal moins de temps pour réfléchir et de façon parfois douloureuse !

Il nous semblera alors perdre tous nos points de repère et « le contrôle » de notre vie.

Ne refoulons pas notre élan intérieur vers ce questionnement volontaire. Accueillons-le comme une étape essentielle vers un plus grand mieux-être. Parfois même, il nous montre le chemin de notre mission de vie.

Lorsque c'est trop difficile de faire face à ces questionnements en ébullition, nous pouvons aller chercher l'aide disponible.

Voyons ce passage de vie comme les passages de la rivière où il y a des rapides et des remous. Nous savons qu'il va y en avoir et si nous nous préparons en conséquence, nous ne serons pas pris au dépourvu. Ils rendent la balade en canot plus excitante et nous gardent en alerte pour le reste du trajet.

Ça demande plus d'énergie, mais quel plaisir d'admirer la beauté du paysage une fois que nous l'avons traversé !

LA COMPASSION

De tous les sentiments et les comportements humains, la compassion est, à mon avis, l'un des plus beaux et des plus nobles qui soient.

Avoir de la compassion pour l'autre, c'est être à l'écoute de sa peine et être empathique à ce qu'il vit. C'est être face à l'autre dans un élan du cœur empli d'amour et sans jugement, dans la tendresse d'une main sur l'épaule et la douceur d'un regard bienveillant. Dans la compassion, nous pouvons accueillir l'autre dans tout ce qu'il est en ce moment, en étant là, tout simplement et complètement dans le moment présent. C'est un sentiment empreint d'humilité, qui ne requiert pas de mots, mais une grande écoute et beaucoup d'ouverture du cœur.

Il nous est souvent plus facile d'avoir de la compassion pour les autres que pour nous-mêmes. Nous cherchons alors, dans le regard de l'autre, la reconnaissance de notre propre valeur que nous ne nous accordons pas nous-mêmes. Nous croyons faussement — et probablement inconsciemment — que les gens dont nous prenons soin nous abandonnent moins. Pourtant, nos peines, nos blessures, nos défauts et nos limites ne peuvent être guéris qu'avec notre propre compassion.

Soyons bons pour nous-mêmes comme avec les autres. Ayons de la compassion pour nous.

La compassion, c'est le mieux que nous puissions offrir lorsque nous ne pouvons prendre la souffrance de l'autre sur nos épaules.

L'écoute, c'est le mieux que nous puissions faire lorsque nous ne savons pas quoi dire.

L'amour, c'est le mieux que nous puissions donner en tout temps. Point à la ligne.

ACHETER LA PAIX?

Par crainte des conflits, combien de fois tenterons-nous d'acheter la paix !

Parce que nous avons de la difficulté à mettre clairement nos limites dès le début de toute relation et tout au long de celle-ci, nous attirons parfois des personnes qui ne pensent qu'à satisfaire leurs propres besoins en nous utilisant et en abusant de notre bonté. Pour éviter de les décevoir et par peur d'affronter une réaction forte, nous achetons la paix à tout prix. L'une des choses les plus importantes que nous puissions apprendre dans notre vie est de savoir mettre clairement nos limites et de les faire respecter. Il faut parfois les répéter souvent pour que l'autre comprenne. Un jour, à force de nous épuiser pour satisfaire les autres et éviter les querelles, nous comprenons que la paix ne s'achète pas et qu'à force de vouloir éviter les conflits, nous nous diminuons et nous éteignons.

Nous finissons par voir que même après des années à vouloir satisfaire les autres en faisant tout pour ne pas les irriter, ils s'irritent quand même et que ce que nous voulions éviter à tout prix se produit de toute façon. Nous finissons par comprendre que ceux qui refusent constamment de respecter nos limites ne devraient plus faire partie de notre vie. Choisissons nos batailles et gardons en mémoire que la paix ne s'achète pas. La paix est à l'intérieur de nous.

Renoncer à ses valeurs et ses propres besoins pour éviter les conflits n'est jamais une décision gagnante et nous y perdons toujours au change. Apprendre à faire face aux difficultés et s'assumer, peu importe la réaction de l'autre, c'est aussi se tenir debout.

C'est d'ailleurs l'un des principaux apprentissages que nous ayons à faire quand vient le temps d'apprendre à s'aimer.

LE LIBRE ARBITRE

Faire confiance à la Vie et être convaincus qu'elle sait mieux que nous ce dont nous avons besoin ne nous prive pas de notre libre arbitre, au contraire.

Il ne s'agit pas de croire que c'est la fatalité qui détermine ce qui nous arrive. Tout au long de notre vie, nous avons des apprentissages à faire pour évoluer, pour être plus heureux. Nous avons toujours le choix de faire ces apprentissages lorsque la leçon nous est présentée une première fois. Nous pouvons également attendre la prochaine leçon ou la suivante si nous ne comprenons pas tout de suite l'enseignement, si nous ne sommes pas prêts ou si nous nous entêtons à refuser de l'apprendre.

La Vie est beaucoup plus patiente que nous ! Si nous choisissons de ne pas apprendre ce que nous devons changer, elle reviendra inlassablement avec le même apprentissage, mais avec une leçon différente, jusqu'à ce que nous finissions par comprendre. Ce sont nos patterns, ceux que nous vivons à répétition ! C'est souvent douloureux, jusqu'à ce que la souffrance que cause notre résistance abdique et que nous nous ouvrions enfin sur ce que nous devons comprendre.

Le choix nous est toujours offert. Nous pouvons apprendre ou continuer de souffrir, aimer ou juger, avancer ou stagner, être victimes ou nous en sortir, nous ouvrir ou nous fermer à la beauté de la Vie. Notre plan de vie est peut-être écrit d'avance, mais nous prenons chaque jour la décision de le suivre ou de nous en éloigner, selon notre libre arbitre. Lorsque nous comprenons que la Vie aspire à notre bonheur, nous choisissons de travailler avec elle plutôt que de lui résister.

Nous acceptons plus facilement les apprentissages, sous quelques formes que ce soient, puisque nous savons qu'ils sont bons pour nous, mais nous avons toujours le choix.

LE SILENCE

Nous ne sommes pas toujours confortables avec le silence.

Si nous sommes dans un dîner, une rencontre entre amis ou une activité quelconque, nous nous croyons souvent obligés de « meubler » le silence, de parler et d'entretenir la conversation. Souvent même, ce que nous avons à dire n'est pas mieux que le silence. Le silence crée parfois un malaise qui rend inconfortables ceux qui ont l'impression de le subir.

Pourtant, le silence est essentiel. Dans la musique, les silences ont les mêmes valeurs que les notes. Ils mettent l'accent sur des moments importants de la pièce. Dans certaines cultures, le silence est aussi important que les mots et personne ne cherche à combler « les vides » que crée le silence. Ce serait comme interrompre une conversation silencieuse. Dans une négociation, le silence prend beaucoup de place et sert de levier.

Il en est ainsi de notre âme. Nous l'alimentons constamment de bruits, de paroles inutiles et de pensées stériles. Nous nous gardons toujours occupés, nous nous activons et nous nous fuyons pour ne pas faire face au silence que réclame notre âme.

Nous n'avons pourtant pas à avoir peur de ce silence. C'est dans ces moments privilégiés que notre âme nous parle clairement, qu'elle nous indique le choix à faire, la route à prendre, le prochain pas à poser.

Si nous évitons le silence, nous nous fuyons. Apprivoisons plutôt nos silences intérieurs et extérieurs. Ils sont des moments de paix dont nous avons tous grandement besoin.

Ils sont des guides essentiels sur notre route.

SENSIBLE À LA CRITIQUE?

Beaucoup de gens sont sensibles à la critique, qu'elle soit négative ou positive !

Souvent, nous prenons durement la critique négative. Nous la percevons comme un blâme, un reproche ou un reflet que nous ne sommes pas « comme il faut », que nous ne sommes pas assez ceci ou cela. De la même manière, nous cherchons sans cesse les critiques positives, celles qui nous renvoient une belle image de nous-mêmes, celles qui nous disent que nous sommes « corrects » et que nous faisons la bonne chose.

Dans tous les cas, c'est toujours notre manque d'estime de nous-mêmes qui agit à travers nos réactions. Nous attendons des autres qu'ils nous disent que nous sommes bien et nous refusons qu'ils nous disent que nous ne le sommes pas.

Par contre, si nous développons davantage notre estime de nous-mêmes, nous serons peu affectés par ce que les autres pensent de nous, que ce soit en bien ou en mal. Nous ne chercherons pas la valeur de ce que nous sommes dans le reflet que l'autre nous renvoie. Nous ne serons plus à la merci de leur regard ni de leur évaluation. Nous saurons profondément que nous sommes la meilleure version de nous-mêmes en ce moment précis, peu importe ce que les autres pensent.

Nous aurons assez d'amour pour avoir de la compassion pour nos zones plus faibles et assez d'humilité pour apprécier nos talents et nos qualités à leur juste valeur. L'estime de soi est un formidable rempart contre les montagnes russes des émotions dues à l'opinion des autres à notre endroit, qu'elle soit positive ou négative.

En nous aimant davantage, nous n'avons plus besoin du regard de l'autre pour savoir ce que nous valons.

Seul le nôtre est important.

LAISSER PARTIR NOTRE DOULEUR

Nous avons tous eu, un jour ou l'autre, le cœur en peine. Ces grands chagrins d'amour, d'amitié et de Vie qui semblent éternels, tellement la peine qui y est rattachée semble ne jamais se terminer.

Il semble parfois que la Vie s'est éteinte pour nous. La douleur causée par un chagrin, peu importe sa nature, est une étape importante dans la fin d'une relation. Elle sert justement à concrétiser cette fin, à nous aider à faire le deuil de ce qui ne sera plus, mais aussi à nettoyer notre cœur pour faire la place à ce qui s'en vient de plus beau encore. Toutefois, nous résistons inconsciemment à laisser partir notre peine, comme si continuer de pleurer sur notre perte ramènerait l'objet de notre chagrin, ou comme si arrêter de la pleurer signifiait qu'elle n'avait pas d'importance.

Nous finissons même par nous identifier à notre douleur, parce qu'elle comble le vide causé par la perte de ce qui remplissait notre vie jusqu'alors. Cependant, tout comme notre douleur a un début, elle a aussi une fin et nous arrivons à en guérir. Certes, il faut accepter de vivre notre peine parce qu'elle fait partie du processus de guérison, mais un jour, il faut accepter de laisser partir notre douleur, arrêter de nous y identifier et comprendre qu'elle aussi aura fait son temps.

Nous devons réapprendre à vivre sans notre douleur, en recommençant à faire chaque jour quelque chose qui nous fait du bien, qui nous rapproche de notre cœur et permet sa guérison. Il faut accepter de la laisser partir pour recommencer à vivre notre Vie. Soyons bons pour nous, prenons soin de notre cœur qui se remet et donnons-lui les soins appropriés pour retrouver notre joie de vivre.

Aimons-nous assez pour accepter de laisser partir notre douleur.

RETROUVER LA JOIE DE VIVRE

Retrouver la joie de vivre après l'avoir tant manquée, c'est comme arriver au but dans une chasse au trésor. Durant un épisode difficile ou déprimant, nous avons parfois tendance à croire que nous ne retrouverons jamais le sourire, le simple plaisir d'être bien, les petits bonheurs des choses simples. Nous croyons nous être éteints à jamais.

Pourtant, il suffit parfois de peu de choses pour nous permettre d'inverser ce mouvement. La première est de nous éloigner des choses et des personnes négatives. Il vaut toujours mieux s'entourer de personnes qui nous poussent vers le haut plutôt que de celles qui nous tirent vers le bas. Ensuite, une fois par jour, aidons les autres, rendons service et efforçons-nous de sourire aux gens que nous croisons, même si c'est difficile au début.

Donnons-nous des occasions de rire plus souvent, en lisant ou en écoutant des choses drôles. Faisons chaque jour quelque chose de bon pour nous, qui nous fait du bien et nous rend heureux. Entourons-nous de gens heureux et remplis de compassion, mais pas de pitié. Des personnes qui sauront nous rappeler que la Vie est encore belle, malgré notre situation. Retrouvons notre cœur d'enfant. Pensons aux endroits où nous sommes bien. Partons avec notre appareil photo à la recherche du beau et de l'inusité. En cherchant la beauté en toute chose, nous finirons bien par le voir nous aussi.

En choisissant de voir la beauté, la joie et le positif, c'est ce que nous attirerons dans notre vie avec en prime, la joie de vivre.

La joie de vivre est un sentiment contagieux. Partagez-la ! Personne n'en a jamais trop !

NIER L'ÉVIDENCE

Avez-vous parfois remarqué à quel point nous avons tendance à nier ce qui semble pourtant évident ?

Nous faisons semblant de ne pas voir ce que nous avons devant nous, presque sous notre nez. Nous nions tous les signes qui nous informent d'une situation et qui autrement nous indiqueraient le comportement à adopter. Nous acceptons — ou faisons semblant d'accepter — les mensonges des autres, leur signifiant par notre accord tacite que nous n'avons pas besoin d'être respectés par une franchise aimante que nous devrions trouver dans toute relation véritable. Pire encore, nous avons tendance à nous mentir et argumenter avec nous-mêmes pour modifier une réalité que nous bâtissons au fur et à mesure de notre dialogue intérieur.

En notre for intérieur, si nous sommes honnêtes et authentiques avec nous-mêmes, nous savons qu'en acceptant de préserver ce qui n'est pas bon pour nous, nous évitons d'assumer nos responsabilités et de prendre action pour notre bonheur.

Quand l'évidence saute aux yeux, il ne faut pas les fermer !

Il faut regarder courageusement la situation, reconnaître les signes que la Vie nous envoie et choisir ce que NOUS devons faire maintenant. Sinon, la Vie fera en sorte que les évidences deviennent de plus en plus douloureuses.

Être authentique, c'est une qualité essentielle pour toute personne qui veut apprendre à s'aimer.

Cesser de se mentir et regarder la réalité en face, même lorsqu'elle est douloureuse, fait partie du processus vital menant à l'estime de soi.

Car nous ne voulons pas mentir à qui nous aimons.

MAÎTRES OU ÉLÈVES

Tout au long de notre vie, nous alternons entre les rôles de maître et d'élève.

Nous sommes parfois des maîtres pour les autres et toujours des élèves pour nous-mêmes. Nous sommes des maîtres quand nous sommes dans l'amour, quand nous savons intrinsèquement que tout est parfait, quand la compassion guide nos paroles et nos gestes, quand l'acceptation et l'ouverture sont nos remparts. Nous sommes des élèves lorsque notre ego nous mène, lorsque la souffrance prend le dessus, lorsque nous cherchons la lumière et que nous errons dans les méandres de nos blessures.

Même si nous agissons en maîtres pendant un siècle, nous serons toujours un élève dans notre propre cheminement.

Si nous croyons présomptueusement que notre niveau d'évolution est supérieur aux autres et que nous avons fini d'être un élève, la Vie se chargera rapidement de nous rappeler à l'ordre par l'une de ses tournures d'évènements qui nous rappellent que jamais nous ne cesserons d'apprendre. Jamais nous ne cesserons d'être un élève.

Face à cela, une immense gratitude s'élève en nous pour la leçon d'humilité qui nous rappelle que ce n'est pas parce que nous enseignons que nous devons oublier d'apprendre.

LA DISTANCE DU BONHEUR

La distance qui nous sépare du bonheur nous semble souvent immense, voir incommensurable.

Nous croyons que nous serons heureux lorsque nous aurons rencontré l'âme sœur, lorsque nous changerons d'emploi, lorsque nos problèmes financiers seront réglés, lorsque nous aurons recouvré notre santé ou lorsque nos conflits seront terminés. Nous croyons que ces manques ou ces difficultés constituent des obstacles à notre bonheur et qu'ils le repoussent constamment. Nous imaginons souvent le bonheur dans le futur, car il semble nous échapper dans le présent.

Si nous attendons après le futur pour être heureux, nous ne le serons jamais. La distance qui nous sépare de notre bonheur est une illusion.

C'est à l'intérieur de nous que le bonheur existe et non dans les événements extérieurs.

Si nous revenons constamment au centre de nous-mêmes, nous découvrirons qu'il est toujours possible de toucher au bonheur, même dans les difficultés. C'est un défi lorsque nous avons passé toute notre vie à attendre après le bonheur, mais c'est possible si nous nous branchons sur notre âme.

Nous pouvons voir le bonheur dans notre quotidien, même à petites doses, si nous faisons l'effort de le faire. Nous pouvons revenir à cet état de grâce, comme l'enfant qui pleure un instant et qui rit le moment d'après.

Évidemment, un reconditionnement face à l'éducation que nous avons reçue est nécessaire, mais lorsque nous développons cette aptitude, nous savons hors de tout doute que le bonheur est un choix de vie.

DEVENIR QUI NOUS SOMMES

Très tôt dans la vie, nous avons une personnalité propre à nous et nous continuons de la développer tout au long de notre parcours.

Toutefois, nous camouflons souvent certains aspects de notre personnalité pour convenir aux attentes de nos parents, de nos professeurs, de nos amis, de la société, de nos employeurs ou de notre conjoint.

Chaque fois que nous effaçons une partie de notre personnalité pour plaire aux autres ou pour nous faire aimer, nous amputons une partie de ce que nous sommes vraiment.

Notre personnalité doit servir les buts de notre âme. Elle doit nous permettre de réaliser ce que nous sommes venus faire ici. Si nous enlevons certains aspects de ce qui nous est propre, nous limitons nos capacités à nous réaliser pleinement.

Parfois, nous devons renaître à nous-mêmes pour nous rappeler qui nous sommes vraiment et cesser de chercher l'approbation à gauche et à droite.

Nous retrouvons alors notre essence et nous nous alignons sur ce que nous sommes vraiment, sur notre mission, sur nos talents et nos passions.

À ce moment-là, nous savons que nous sommes maintenant nous-mêmes, que nous nous sommes enfin retrouvés.

Jamais plus nous n'accepterons de nous effacer.

LA QUÊTE DE RECONNAISSANCE

Que de temps passons-nous à chercher la reconnaissance dans le regard de l'autre, à vouloir confirmer notre valeur par ceux qui nous entourent, à chercher l'approbation et l'admiration de notre famille, de nos collègues et de notre conjoint ?

Il semble pourtant que plus nous quêtons cette reconnaissance dont nous avons tant besoin, plus elle s'éloigne de nous, et moins nous nous sentons reconnus et aimés. En fait, peu importe ce que les autres font ou disent, peu importe les preuves de reconnaissance, d'amour et de valorisation qu'ils nous offriront, nous ne recevrons rien tant que nous nous refuserons cette reconnaissance et cet amour.

En refusant de voir notre propre valeur, nous créons de faux manques là où nous avons trop d'attentes. Nous ne recevons pas ce qui nous est donné parce que nous attendons des autres ce que nous nous refusons nous-mêmes. Tant que nous ne reconnaîtrons pas notre propre valeur, nous continuerons de blâmer les autres pour nos attentes déçues, de leur reprocher de ne pas en faire assez ou de ne pas faire la bonne chose, et de ne pas nous reconnaître suffisamment. Nous les repousserons alors que nous cherchons exactement le contraire et nous ne comprendrons pas pourquoi on nous refuse ce que nous demandons si ardemment.

Personne ne peut nous convaincre de notre valeur si nous ne le faisons pas nous-mêmes. Sachons d'abord reconnaître notre propre valeur. Nous sommes tous importants et chacun d'entre nous est unique. Nous avons tous des talents, des dons, des qualités et des aptitudes qui font de nous ce que nous sommes.

Par-dessus tout, nous sommes tous porteurs d'amour.

CHERCHONS LES ÉTOILES!

Nous attirons constamment ce qui retient le plus souvent notre attention.

Si nous consacrons notre attention et nos pensées sur ce qui nous manque, nous créerons encore plus de manque dans notre vie. Si au contraire nous focalisons sur ce que nous avons et que nous éprouvons de la gratitude, alors nous attirons davantage ce que nous apprécions. C'est comme regarder le ciel le soir : nous voyons d'abord quelques étoiles, mais en regardant attentivement, de nouvelles étoiles semblent apparaître, jusqu'à ce que nous en comptions des milliers ! Nous sommes alors émerveillés par tant de beauté. Pourtant, ces étoiles étaient toujours là, mais nous ne percevions que le noir du ciel au départ. Notre vision devait s'ajuster peu à peu. Plus nous cherchons les étoiles, plus elles nous apparaissent.

Ainsi en est-il de notre vie. Si nous voyons et apprécions ce que nous avons déjà, et si nous remercions la Vie pour tout, même pour les petites choses, nous connaîtrons alors davantage d'occasions d'être remplis de gratitude pour ce que nous avons, même si ça semblait si peu au départ.

Plus nous manifestons de la gratitude, plus nous avons de raisons d'être reconnaissants. Nous avons tous un ciel généreusement étoilé au-dessus de notre tête. Il s'agit parfois simplement de lever les yeux et de regarder attentivement.

Si nous cherchons les belles étoiles dans notre vie, nous en trouverons toujours des milliers !

FAIRE PLUS OU AIMER MIEUX?

Se faire reprocher de ne pas en faire assez, que ce soit dans une relation, au travail ou dans la Vie, provoque généralement une amnésie temporaire de ce que nous valons.

Notre réaction spontanée est de chercher à en faire plus et nous perdons de vue qui nous sommes vraiment. Même en faisant plus, il semble que nous n'en fassions pas assez. Qui de nous ne fait pas de son mieux chaque jour ? Nous n'avons pas tous la même capacité « de faire », mais nous pouvons tous aimer mieux.

Ce n'est pas le nombre d'amis qui nous définit ni l'argent que nous dépensons ou le nombre d'heures que nous mettons au travail. C'est la profondeur de l'amour que nous mettons dans nos relations, dans notre travail et dans les petits gestes de notre Vie. C'est surtout l'amour que nous nous portons à nous-mêmes. C'est le soin que nous mettons à vivre en fonction de nos valeurs, dans le respect de ce que nous sommes.

Laissons tomber la fausse croyance que nous ne sommes pas assez ceci ou cela.

Tenter de satisfaire les autres constamment en s'oubliant ou en se reniant est un raccourci vers le malheur !

Faire plus nous épuise. Aimer mieux nous élève.

Tant que nous sommes capables d'aimer vraiment, nous sommes assez.

Bien sûr, nous pouvons avoir envie de nous dépasser, mais ne le faisons pas par peur de ne pas être assez. Faisons plutôt par défi personnel, pour découvrir tout notre magnifique potentiel.

Autrement, nous sommes assez !

ÊTRE HEUREUX, UN MOMENT À LA FOIS

Parfois, l'espace d'un instant furtif, nous nous surprenons à être heureux. Nous fermons les yeux, nous inspirons profondément, nous apprécions la douceur de ce moment merveilleux et nous en savourons chaque seconde. Nous nous disons que la Vie est bonne et belle.

Puis, sans crier gare, il nous arrive un pépin, un coup « du destin » comme on dit, une épreuve que nous n'avions évidemment pas prévue. Nous sommes alors facilement portés à nous dire que le bonheur ne dure pas. Toutefois, peut-être est-ce seulement la Vie qui nous teste. Elle nous permet de goûter au bonheur dans des instants fugaces et vérifie ensuite si nous continuerons à être heureux malgré les pépins, les embûches et les drames. Nous croyons à tort que le bonheur, c'est l'absence de malheur et l'absence de problèmes. Nous pensons que le bonheur est possible seulement quand tout va bien.

Pourtant non ! La Vie n'est pas le calme plat. C'est une succession de joies et de peines, de naissances et de deuils, de rires et de larmes, de plaisirs et de difficultés, de cadeaux et de pertes, de dons et de retraits. Nous portons toujours en nous cette capacité de bonheur, quelles que soient les conditions environnantes. Nous pouvons choisir d'être heureux en restant dans le moment présent, en nous rebranchant sur notre prise intérieure de bonheur et en remettant le courant en marche.

La Vie cherche à savoir si nous lui faisons suffisamment confiance pour avoir le réflexe de nous rebrancher sur l'amour, peu importe ce qu'elle nous envoie. Notre bonheur est intrinsèque. Nous le portons tous en nous. Ne le laissons pas s'éteindre parce que c'est difficile. Gardons-le en vie avec notre platée quotidienne de bons et de moins bons moments. À cet instant précis, la possibilité de bonheur existe, toujours et pour chacun de nous.

Un moment à la fois.

S'INVENTER DES HISTOIRES

Selon Don Miguel Ruiz, auteur de *Les Quatre Accords Toltèques* (Jouvence, juin 2009), 95 % des croyances que nous entretenons dans notre esprit sont des mensonges.

Nous souffrons à cause de nos fausses croyances. Nos blessures, nos interprétations, nos jugements et nos ruminations du passé ou du conditionnel rendent difficile — et parfois impossible — la conjugaison de notre vie au présent. Nous sommes prompts à ressasser le passé et raviver les blessures antérieures, souvent inconsciemment, pour interpréter ou justifier notre situation à travers des lunettes déformantes.

Nous utilisons abondamment le conditionnel pour créer une histoire parallèle, à coups de « si seulement », de « j'aurais dû » et d'autres conditionnements basés sur des attentes qui guident souvent notre vie à notre insu. Nous anticipons des scénarios futurs qui ont souvent peu de connexions avec la réalité, mais davantage avec nos peurs, nos doutes et notre image de nous-mêmes. Nous inventons constamment des histoires, pour accuser ou pour nous justifier.

Sortir de ce modèle n'est pas une mince tâche. Nous devons nous rappeler que notre Vie doit se conjuguer au présent. Tout se joue ici et maintenant, et non dans le passé, le conditionnel ou le futur. C'est en nous recentrant sur le moment présent plutôt que sur nos histoires et sur l'amour plutôt que sur des batailles inutiles que nous guérirons et avancerons. Apprendre à s'aimer, c'est aussi apprendre à différencier quand nous sommes authentiques avec nous-mêmes et quand nous nous créons des histoires et ce, sans nous juger.

S'aimer, c'est sortir de nos scénarios pour entrer dans notre Vie.

L'INTENTION

La plupart du temps, nous fonctionnons à partir de nos automatismes.

Nous oublions souvent que faire toujours la même chose donnera à peu près toujours les mêmes résultats, à quelques variables près. Trop souvent, nous nous étonnons de ne pas obtenir ce que nous désirons, malgré les efforts que nous y mettons. Nous réclamons ce que nous croyons être notre dû et nous avons des attentes. Pourtant, nous oublions régulièrement de nous demander quelle intention véritable guide nos actions.

Si nous voulons avoir du succès, par exemple, notre intention fondamentale est-elle d'avoir de la valeur aux yeux des autres? Nous pourrions alors commencer par reconnaître notre propre valeur. Si nous voulons être riches, notre intention derrière ce souhait est-elle de prouver ce dont nous sommes capables? Alors nous n'avons pas besoin d'argent pour prouver que nous pouvons nous réaliser. Si nous voulons que la personne aimée réponde à nos besoins, notre intention qui sous-tend notre attente est-elle de la contrôler ou d'être heureux avec elle? Notre réponse à cette question déterminera le comportement à adopter.

Que nous nourrissions un rêve, planifions un projet ou entamions une nouvelle relation, plus notre intention intérieure est claire, plus nos probabilités de réussite sont élevées, puisque nous agirons plus consciemment et en étant plus authentiques.

Nous comprenons alors que parfois, nous utilisons inconsciemment des moyens détournés et complexes pour arriver à nos fins, tandis que si notre intention est claire, nous saurons au fond de notre cœur quel est le prochain geste à poser.

QUAND NOTRE VIE S'ÉCROULE

Lorsque des pans entiers de notre vie semblent s'écrouler, c'est probablement une grande bénédiction pour nous !

Notre vie ne tombe peut-être pas en morceaux ; ce sont les morceaux qui tombent en place dans notre vie ! Cela signifie que nous sommes prêts pour quelque chose de plus grand, parce que notre vie « d'avant » ne suffisait plus à contenir ce qui arrive, et parce que ce que nous vivions n'était plus aligné avec ce que nous devenons. Lorsque notre vie s'écroule, nous pouvons résister et nous battre, mais cela nous mènera toujours à plus de souffrance et de difficultés. Alors que faire ? Entrons simplement dans le mouvement. C'est NOTRE mouvement et notre vie, faisons corps avec elle.

Ayons confiance que ce qui sort de notre vie en ce moment, c'est précisément ce dont nous n'avons plus besoin. L'Univers fait de la place pour ce qui est plus en harmonie avec ce que nous sommes maintenant. La Vie nous réserve quelque chose de plus grand encore et de plus beau. Elle a besoin de faire du ménage et de sortir ce qui ne nous convient plus et ce qui nous nuit, que nous en ayons conscience ou non. Tout ce que nous vivons est nécessaire à notre évolution.

Chaque crise est une opportunité de laisser partir ce qui n'est pas authentique, afin de devenir une meilleure version de nous-mêmes, plus vraie et plus forte. Chaque épreuve apporte son cadeau et chaque défi est là pour nous amener à évoluer vers ce que nous sommes appelés à devenir. Gardons courage et laissons aller ce qui fait déjà partie de notre passé.

Nous n'avons déjà plus rien à perdre. Nous ne pouvons que gagner !

NOTRE FORCE INTÉRIEURE

Nous sommes tous beaucoup plus forts que nous ne le croyons.

Nous sommes plus courageux et persévérants que nous l'imaginons et c'est dans les épreuves de la Vie que nous le réalisons. Combien de fois avons-nous dit « je ne sais pas comment j'ai fait pour passer à travers ! », alors que nous avions réussi.

Ce n'est pas dans l'agitation ou dans notre capacité à faire plusieurs choses et réaliser de grands projets que nous déployons le plus notre force intérieure. C'est dans notre capacité à faire le silence en nous et à nous y sentir si confortables qu'il devient notre havre de paix. C'est dans ce silence que réside notre force, le silence intérieur où nous emmagasinons toutes nos expériences de vie et dans lequel s'est développée notre sagesse.

Chaque fois que nous avons acquis l'apprentissage caché de ces diverses expériences, nous avons développé une nouvelle branche de sagesse, comme le chêne qui étend toute sa splendeur en déployant son immense branchage, fort de ses expériences, solide et fier ! Chaque difficulté contribue à nous rendre plus forts. Accueillons-la comme une magnifique occasion de grandir. En retournant en nous, dans le silence de notre cœur, nous y trouverons toute la force pour traverser n'importe quelle tempête.

Grandissons forts et fiers, même dans l'adversité.

Nous ne sommes jamais faibles, nous oublions juste parfois à quel point nous sommes forts.

NOS CONFLITS

Les conflits que nous avons avec les autres perdurent souvent jusqu'à ce que nous comprenions ce que nous devons changer. Tous les travers des autres qui nous irritent sont précisément les clés dont nous avons besoin pour mieux nous comprendre. Ils représentent un aspect de notre personnalité que nous n'avons pas encore guéri.

L'autre personne n'est jamais le problème ! C'est difficile à accepter, mais c'est toujours vrai. Peu importe ce que l'autre personne a fait pour nous irriter, nous blesser ou nous décevoir, elle n'est pas le problème. Le problème est notre réaction à ce qu'elle a fait. Les autres ne sont pas là pour nous rendre heureux. Ce n'est pas leur mission. Ceux qui nous entourent sont là pour nous rendre CONSCIENTS. Chaque personne est notre professeur et chaque situation est une leçon. Une fois que nous aurons appris la leçon, elle ne se répétera plus. Tant qu'elle se répète sous différentes formes et avec différentes personnes, c'est que nous n'avons pas encore appris cette leçon.

Privilégions l'harmonie plutôt que le conflit. Ne renonçons pas à nos valeurs pour autant, mais sachons reconnaître que nous pouvons avoir raison, et l'autre aussi, en même temps.

Chaque conflit est toujours une opportunité extraordinaire de guérir une vieille blessure. Malgré la difficulté que ce défi représente, cherchons plutôt ce que nous avons à apprendre de la situation. Trouvons la blessure en nous qui s'exprime dans le conflit et apprenons à aimer cet aspect de nous pour aider à la guérir.

Ainsi, chaque situation conflictuelle nous rappellera que nous pouvons toujours aimer mieux et davantage.

LA VIE NOUS AIME

Aussi incroyable que cela puisse paraître parfois, la Vie nous aime en tout temps. Elle est notre meilleure amie, pour peu que nous lui ouvrions notre cœur.

Tout au long de notre chemin, elle nous envoie des messages pour nous aider à faire de bons choix, pour nous permettre de réaligner notre route et pour nous rappeler de revenir à l'amour. Le problème, c'est que nous ne l'écoutons pas toujours ! Nous refusons de voir les signes qu'elle nous envoie et les considérons plutôt comme des obstacles.

Nous trouvons alors la Vie difficile et injuste. Nous nous plaignons de toujours revivre les mêmes difficultés, de rencontrer le même genre d'amoureux, d'associé ou de patron, et d'être trahis constamment par certaines personnes. Nous continuons de maugréer contre la Vie, contre ses difficultés et ses injustices. Pourtant, la réalité demeure : la Vie nous aime ! Elle est d'une patience d'ange avec nous et revient sans cesse nous aider à faire de meilleurs choix.

Rien n'est jamais fait contre nous. Tout arrive pour nous faire évoluer, grandir, cheminer, devenir ce que nous sommes vraiment et nous apprendre à aimer.

Lorsque nous vivons quelque chose de douloureux, nous résistons souvent de toutes nos forces. C'est la résistance qui fait souffrir. Si nous acceptons, si nous nous ouvrons et que nous laissons aller, la douleur diminue rapidement pour laisser la place à un grand sentiment de paix et de confiance en la Vie.

Aimons-nous assez pour arrêter de nous faire souffrir ! Acceptons d'aller dans le sens de la Vie et non contre elle. La Vie nous aime, quoi que nous pensions.

LA PEUR DE PERDRE

La peur de perdre est présente dans presque toutes les sphères de notre vie. Nous avons peur de perdre notre conjoint, notre emploi ou nos amis. Nous avons peur de perdre la face, de perdre un débat, nos biens ou notre santé.

À cause de ces peurs, nous nous campons dans des attitudes plus rigides pour ne rien perdre. Nous tentons de contrôler notre entourage et de tout planifier. Nous refusons d'adhérer aux changements, nous développons une tendance plus forte au contrôle et à la résistance, nous devenons jaloux ou angoissés.

Pourtant, notre peur de perdre quelque chose nous a-t-elle déjà empêchés de perdre quelque chose? Bien sûr que non! Certes, la peur peut nous amener à être plus prudents, mais elle n'empêchera pas notre couple de s'étioler, notre emploi de se terminer, nos relations de s'appauvrir. Elle ne nous préservera pas de la faillite, des aléas de la vie quotidienne, des problèmes de santé, des changements.

Par contre, la peur de perdre garantit certaines choses, comme de gâcher notre présent, ruiner notre humeur ou perturber notre sommeil.

Une peur a toujours une fonction vitale. Elle nous indique clairement que nous ne nous faisons pas suffisamment confiance à nos propres ressources et que nous ne faisons pas assez confiance à la Vie.

Il est donc possible, sans nous juger, d'accueillir nos peurs avec bienveillance pour ce qu'elles ont à nous enseigner. Si nous accueillons nos peurs, nous saurons où nous avons besoin de nous aimer davantage et nous aurons moins peur!

HISTOIRES ANCIENNES

Beaucoup d'entre nous traînent des histoires anciennes dans notre présent.

Certaines personnes semblent même avoir besoin de maintenir ce passé vivant en le racontant sans cesse à ceux qui croisent leur chemin.

Bien entendu, nous ne pouvons pas renier ou fuir notre passé, puisque nous le portons toujours en nous. C'est ce passé qui nous a façonnés et construits, mais il ne faut pas le laisser empiéter et démolir notre présent.

La plupart d'entre nous ont vécu des choses difficiles, parfois même des traumatismes, et c'est de ces relents de notre histoire dont il faut nous libérer. Lorsque le passé détruit notre présent et hypothèque notre futur, c'est qu'il est temps d'aller chercher de l'aide pour se reconstruire et découvrir qui nous sommes vraiment sans notre histoire.

C'est qu'il est temps de trouver le courage pour soigner nos blessures antérieures, afin que notre présent retrouve son plein pouvoir et sa richesse.

C'est qu'il est temps de prendre notre vie en main en nous libérant de ce qui nous nuit.

C'est qu'il est temps d'apprendre à nous aimer assez pour nous donner l'espace nécessaire au bonheur.

APPRENDRE DE NOS ÉPREUVES

C'est difficile de faire confiance lorsque nous avons déjà été trahis.

Pourtant, plus nous sommes méfiants, plus nous érigeons des barrières entre nous et les autres, et plus nous nous éloignons de notre bonheur. Méfiance et bonheur ne vont pas de pair. Nous ne pouvons pas nous protéger contre la souffrance sans nous empêcher d'être heureux. La seule façon d'accueillir les possibilités de bonheur, c'est d'ouvrir son cœur sans retenue, malgré les souffrances passées, les trahisons, les rejets, la peine et les déceptions.

Lorsque nous craignons de souffrir, nous souffrons déjà de ce que nous craignons. La vie est une alternance de souffrances et de joies. Vouloir se protéger contre la souffrance, c'est comme refuser de sortir les jours de pluie pour le reste de notre vie. Il ne peut pas faire soleil tout le temps !

Les autres ne peuvent nous humilier, nous blesser ou nous trahir que si nous nous humilions, blessons ou trahissons nous-mêmes. Faire confiance que tout arrive pour notre plus grand bien permet de voir les déceptions et les trahisons d'un autre œil.

Faire confiance à la Vie rend plus heureux que de se méfier de tout et de tous. Aimons comme si nous n'avions jamais été blessés. Vivons notre vie au maximum, le cœur ouvert, comme si nous n'avions jamais souffert.

Ça s'appelle l'authenticité et ça demande du courage. Est-ce difficile ? Oui, mais c'est essentiel.

Sinon, nous passons à côté de notre vie.

LES TRAUMATISMES DU PASSÉ

Trop souvent, nous traînons dans notre vie actuelle des traumatismes du passé qui agissent comme autant d'obstacles à notre bonheur et à notre épanouissement.

Certains croient que nous ne pouvons pas donner ce que nous n'avons pas reçu ou que leur enfance malheureuse les empêche d'être heureux dans leur vie actuelle. Pourtant, il est possible de se construire une vie heureuse malgré un passé difficile. Tous les événements que nous avons vécus nous ont façonnés et ont fait de nous ce que nous sommes.

À cause de notre passé, nous avons peut-être développé plus de compassion pour la souffrance des autres. Nous sommes peut-être plus enclins à aider ceux qui vivent des moments difficiles. Nous nous portons peut-être à la défense des enfants maltraités. Peut-être même avons-nous choisi une carrière qui nous permette de faire le bien autour de nous, ayant trop souffert de cette absence de bien lorsque nous étions jeunes.

Nous sommes peut-être devenus de meilleures personnes parce qu'après avoir vécu ces horreurs, nous avons choisi de rester debout, de nous construire une vie qui a du sens et de donner plus d'amour parce que nous en avons tant manqué.

Si certains de ceux qui ont souffert étant jeunes croient qu'ils ne pourront jamais guérir de leurs blessures d'enfance, c'est peut-être à ceux qui ont su se relever de les aider à se remettre debout, de les entourer d'amour et de leur permettre de retrouver l'espoir d'une vie meilleure.

Nous pouvons donner ce que nous n'avons pas reçu si nous avons appris à NOUS le donner. Nous pouvons prendre soin des autres si nous avons appris à écouter nos besoins et à y répondre. Nous pouvons aimer si nous avons appris à nous aimer.

LA PEUR DU BONHEUR

Jamais nous ne dirions que nous avons peur du bonheur !

Pourtant, nous oublions si souvent de faire précisément ce qui nous rend heureux ! Nous négligeons de nourrir notre âme, de nous donner de l'espace et du temps pour respirer. Nous refusons de sortir de notre zone de confort. Nous ne voyons pas que nous sabotons régulièrement nos possibilités de bonheur en jugeant, critiquant et méprisant. Nous refusons de nous ouvrir à de nouveaux horizons et de nouvelles possibilités. Nous maintenons des relations malsaines pour nous, en gardant dans notre environnement ce qui ne nous nourrit pas ou ne nous convient plus.

Nous voulons être heureux, mais nous répétons constamment les mêmes comportements qui nous empêchent d'être heureux, parce que nous croyons ne pas savoir faire mieux. Nous croyons, par un automatisme douteux, que si nous répétons les mêmes actes et prenons les mêmes décisions, nous finirons par avoir un résultat différent ! Si nous voulons être heureux et que nous ne le sommes pas, il faut oser faire autre chose. Il faut penser, agir et parler différemment et faire d'autres choix.

Nourrissons notre âme avec ce qui l'apaise au lieu de nous étourdir. Prenons le temps de nous retrouver et d'écouter ce dont notre âme a besoin pour nous initier au bonheur. Soyons bons pour nous pour ne pas oublier qui nous sommes et ce dont nous avons besoin. Ce qui nous rend heureux nourrit notre âme et ce qui nourrit notre âme nous rend heureux.

Le bonheur, nous le portons en nous.

Nous n'attendons pas après le bonheur. Nous le créons.

JAMAIS TROP D'AMOUR

Nous ne dirons jamais trop souvent « Je t'aime » et nous n'aimerons jamais trop.

Nous ne sourirons jamais trop, n'offrirons jamais trop de câlins, de mots d'encouragement, de compassion, d'aide, de soutien, d'écoute.

Nous n'ouvrirons jamais trop grand notre cœur, ne réconforterons jamais trop ceux qui en ont besoin et n'aurons jamais trop de joie dans notre vie et de bonheur dans notre cœur.

Qu'attendons-nous alors pour dire je t'aime ? Qu'attendons-nous pour aimer à profusion, sourire, cajoler, encourager et aider ? Qu'attendons-nous pour soutenir, écouter, ouvrir notre cœur, réconforter, être joyeux et heureux ?

La Vie n'est jamais « trop », alors vivons pleinement, intensément, en dehors de notre confort et allons là où la Vie se passe.

Il n'y aura jamais trop de positif et jamais trop d'amour en ce monde. Semons ensemble l'amour partout où nous pouvons.

Ensemble, changeons le monde, un sourire à la fois. Un « je t'aime » à la fois !

LA LÉGÈRETÉ

Nous traînons tant de choses qui nous alourdissent dans notre quotidien et notre évolution. Ce sont de vieilles rancunes, des silences lourds de sens, des peurs, des blessures ou des jugements, par exemple.

Nous traînons dans nos bagages des expériences difficiles de notre passé, des cicatrices indélébiles, des insécurités bien ancrées et des relations toxiques, alors que nous pourrions nous débarrasser de ces bagages encombrants.

Nous voyagerions plus facilement si nous transportions plutôt le pardon, la compassion, l'amour pour soi et pour les autres, la paix dans notre cœur et l'attention au moment présent.

Délestons-nous de ce qui nous tire vers le bas, malgré nos chagrins antérieurs et nos peurs pour le futur, et gardons seulement ce qui nous élève, dans la noblesse de nos sentiments, dans la magie de nos expériences, dans la simplicité de notre cœur et dans la perfection de la Vie.

La légèreté de la Vie n'est pas un concept abstrait. C'est un état d'esprit.

C'est faire confiance à la Vie en tout temps. C'est accepter ce que nous ne contrôlons pas, vivre dans le moment présent et surtout, rester dans l'amour, quoi qu'il arrive.

L'ANGOISSE

L'angoisse, l'anxiété, le stress, l'inquiétude et les soucis sont tous des visages différents que prend la peur pour gâcher notre présent.

Tous ces sentiments inconfortables et même insupportables parlent de notre peur du futur. Nous avons peur de souffrir, alors nous souffrons dès maintenant !

Bien entendu, ce n'est pas ce que nous voulons, mais l'angoisse et l'anxiété sont des voleurs de bonheur qui ont la remarquable faculté de nous empêcher d'être heureux dans le moment présent.

Nous voulons à tout prix éviter de souffrir demain, alors nous nous inquiétons dès maintenant.

Pourtant, aucune de ces attitudes ne nous a jamais évité — et ne nous évitera jamais — de souffrir. Aucune ne fonctionne, pour quoi que ce soit.

Nous ne pouvons pas contrôler le futur.

La Vie est faite de souffrances et de joies, que nous le voulions ou non. La plupart du temps, les souffrances et les joies se vivent en alternance.

Plus tôt nous acceptons cette réalité, et mieux nous nous porterons.

S'il advenait que demain nous rencontrions la souffrance, alors nous souffrirons demain.

Il est inutile de se pratiquer à le faire aujourd'hui !

LA PERMISSION

Parfois, nous n'obtenons pas ce que nous voulons parce que, inconsciemment, nous ne nous permettons pas d'être heureux. Peut-être nous sentons-nous coupables d'être heureux, alors que certaines personnes de notre entourage ne le sont pas.

Peut-être avons-nous connu une longue série de souffrances et de malheurs, alors nous avons oublié comment être heureux. Peut-être notre éducation nous a-t-elle appris qu'il était mal vu d'être « trop » heureux, que cela semblerait prétentieux aux yeux des autres. Peut-être croyons-nous également que nous ne méritons pas encore d'être heureux ou de réaliser enfin notre rêve, parce que nous jugeons ne pas être prêts, parce que nous pensons ne pas avoir assez travaillé, forcé, étudié ou souffert.

L'élimination de tous ces blocages inutiles ne dépend que d'une chose : accordons-nous la permission d'être heureux, de réaliser notre rêve et d'obtenir ce que nous voulons. Nous y avons droit. Nous le méritons. Nous sommes prêts. Nous sommes assez bons, gentils, brillants, généreux et talentueux, peu importe le qualificatif que nous employons.

Donnons-nous dès maintenant la permission d'être heureux, peu importe ce qui se passe aux alentours.

C'est en nous donnant la permission d'être heureux que nous rayonnerons pleinement et ferons le bien autour de nous.

NOS GESTES

Nos gestes comme nos actions ne comptent qu'à partir de la valeur que nous y mettons.

Une tape dans le dos n'a pas la même valeur qu'une caresse réconfortante dans le dos.

Un sourire du cœur et des yeux n'a pas la même valeur que le sourire sur nos lèvres.

Toute chose prend sa valeur à partir de notre intention, de ce qui nous anime et de ce qui vient du cœur.

Si nous mettons plus d'amour, de compassion et de tendresse dans nos gestes, toute notre communication s'en trouvera changée, améliorée et humanisée. En mettant de l'intention dans nos actes, nos gestes et nos silences, nous leur donnons une tout autre signification.

La bonté ne naît pas que de nos paroles. Elle prend tout son sens et sa valeur dans l'amour que nous y mettons.

Si nous sommes présents aux gestes que nous posons, nous y déposerons des semences d'amour qui feront plus que toucher. Ils apaiseront et réconforteront, dans la simplicité de notre présence et de notre amour.

NOS ÉLANS

Combien de fois ressentons-nous un élan spontané du cœur, voire de tout notre être, pour dire ou faire quelque chose de spontané ?

Pourtant, nous nous restreignons trop souvent et freinons notre élan parce que « ça ne se dit pas », parce que « nous ne pouvons pas faire ça ».

Notre côté rationnel, raisonnable, réservé, ou timide limite ce qui pourrait s'avérer un mouvement important dans notre vie. Notre peur nous retient de prendre cet envol qui pourrait amener de la magie dans notre vie.

Si nous nous rappelons les occasions où nous avons laissé s'exprimer notre élan intérieur, nous observerons sans doute à quel point il nous a conduits plus loin, nous remplissant de fierté pour le courage que nous avions démontré à transcender nos limites.

La prochaine fois qu'un élan intérieur nous poussera à prendre une décision ou poser un geste nous propulsant plus loin, laissons-lui toute la place avec confiance.

C'est notre âme qui cherche à nous montrer le chemin qu'elle veut prendre.

LA LUMIÈRE DANS LE TUNNEL

Parfois, sur notre route, il semble que nous marchions dans un tunnel, que la route soit longue et sombre, que la lumière soit loin et que les efforts soient ardus.

Nous sommes tellement occupés à nous plaindre ou voir le négatif dans ce que nous vivons que nous oublions de remarquer que même dans nos moments les plus sombres, la lumière entre dans notre champ de vision.

Si nous sommes portés à voir tout en noir, peut-être oublions-nous de voir que la Vie nous envoie toujours quelques rayons de soleil pour nous réchauffer le cœur dans les moments de grande froideur, de grande douleur, de grande noirceur.

Si nous ouvrons un peu nos horizons, nous découvrirons que rien n'est jamais tout noir ou tout blanc, que toutes les nuances existent dans la nature et que la lumière luit toujours, d'une manière ou d'une autre.

Dans les interstices créés par les cicatrices de nos blessures, la lumière peut entrer, sans filtre et dans toute sa splendeur, pour peu que nous osions ouvrir les yeux et le cœur au bon moment.

Souhaitons-nous assez d'ouverture et d'amour pour reconnaître que la Vie ne nous laisse jamais tomber, même dans les moments les plus sombres.

LES PASSAGES DIFFICILES

Certaines de nos décisions nous arrachent le cœur tellement elles sont pénibles.

Pourtant, une petite voix insistante au fond de nous sait que c'est la bonne chose à faire et la meilleure décision à prendre dans les circonstances.

Nous aurons beau négocier avec nos propres résistances, ressentir une forte culpabilité, nous débattre avec l'évidence de devoir renoncer à certains de nos rêves, lorsqu'un chapitre prend fin, il faut savoir tourner la page.

Dans chacun des passages difficiles de notre vie, ne perdons pas de vue que nous pouvons toujours rester dans l'Amour de soi, de l'autre et de la Vie.

Les moments difficiles sont toujours des passages vers d'autres niveaux de conscience, vers une nouvelle étape de vie, vers de nouveaux chapitres, vers plus d'Amour.

Malgré la douleur qu'ils évoquent en nous, ces passages demeurent porteurs d'une lumière unique, que nous n'aurions pas connue si nous n'étions pas passés par ce chemin difficile.

Chaque étape a sa lumière. Nous finirons par la voir en étant patients.

LE NAUFRAGE

Du plus dévastateur des naufrages naît parfois une grande libération.

Ce que nous utilisions jusque-là comme bateau pour avancer dans la Vie semble être devenu désuet. La barque prend l'eau, les courants augmentent et même si nous ramons plus fort, nous avançons à contre-courant. Si bien qu'un jour, nous finissons par nous échouer. Nous croyons ne plus jamais pouvoir voguer sur cette mer. Puis, alors que nous retrouvons notre souffle, le miracle se révèle à nous.

Petit à petit, nous comprenons que ce moyen de transport était usé, qu'il ne nous convenait plus et qu'il était temps de passer à autre chose. Notre mode de pensées limitées ne suffisait plus à contenir ce que nous sommes devenus. Une immense force insoupçonnée jusque là monte en nous. Nos ailes se déploient à l'infini. Un naufrage est seulement une étape dans notre voyage pour nous permettre d'alléger nos bagages afin de voyager plus facilement.

Plus vite nous admettrons que ce naufrage nous permet de changer de moyen de transport et de mode de pensées, plus vite nous prendrons notre envol, cette fois avec plus de moyens et des ailes plus grandes, plus légères. Avec l'immensité infinie du ciel pour voyager !

Nous comprenons alors que ce naufrage n'était en fait qu'une escale dans notre cheminement. Il était essentiel pour que nous réévaluions notre itinéraire.

La Vie continue. Elle se transforme lorsque nous sommes prêts, que nous le sachions ou non !

LA CULPABILITÉ

La culpabilité éteint la joie de vivre.

Elle est présente lorsque nous ne nous permettons pas d'être totalement nous-mêmes, que nous nous diminuons pour répondre aux attentes des autres, alors que nous demeurons assujettis à leur jugement, à leur regard, à leurs critiques, à leur approbation.

Elle est le parfait baromètre de notre estime de soi. Moins nous nous aimons, plus nous culpabilisons souvent.

Elle limite notre potentiel, éteint notre flamme intérieure et attise notre insécurité. Elle se manifeste avec plus d'acuité lorsque nous osons nous affirmer, mais que nous n'avons pas la conviction d'avoir le droit de le faire.

Elle est virulente lorsque nous avons l'impression de jouer le mauvais rôle et être le méchant dans une histoire.

Pourtant la culpabilité est aussi le meilleur voyant lumineux pour nous faire comprendre que nous avons encore à travailler notre estime de soi.

Elle nous indique clairement le chemin à suivre vers notre liberté.

Dès que nous passons par-dessus notre culpabilité et que nous nous assumons malgré la peur, nous découvrons une immense liberté, exactement là où nous pensions être coincés dans nos propres limites étouffantes.

La culpabilité est le contraire de la liberté.

QUAND L'INTERPRÉTATION BRISE LA RELATION

La source de beaucoup de malentendus et de conflits est souvent l'interprétation que nous faisons des gestes, des paroles, des actes et même des pensées de l'autre ! Lorsque nous jugeons les actions de l'autre à partir de notre propre interprétation, nous créons des scénarios qui ne peuvent qu'être néfastes pour la relation.

Nous sommes alors en mode projection. Nous projetons sur l'autre ce que nous croyons que nous ferions à sa place. Nous teintons la réalité à partir de nos propres scénarios de peur, jamais à partir de nos scénarios d'amour. Nous partons de ce que nous portons de plus petit, c'est-à-dire un jugement gratuit sur l'autre, conditionné par notre peur de perdre. Lorsque nous sommes dans le jugement, nous ne pouvons pas être dans l'amour.

Nous avons parfois si peur de perdre l'amour de l'autre que nous créons des scénarios où justement cet amour nous est retiré. C'est ainsi que nous créons de toutes pièces nos propres souffrances, à partir de nos scénarios erronés, basés sur des peurs irrationnelles et des jugements hâtifs que notre orgueil nous interdit de remettre en question.

Sachons reconnaître que la majorité de nos interprétations ne sont pas basées sur la réalité, mais sur nos peurs !

Ne confondons pas ici l'interprétation, créée dans notre mental, avec notre intuition, qui vient du cœur et qui se trompe rarement !

Validons plus et interprétons moins !

OUVRONS NOS AILES!

Nous ne pouvons pas passer toute notre vie en laissant le manque d'estime de soi gruger nos possibilités de bonheur.

Lorsqu'il semble que notre vie manque de lumière, lorsque nous croyons ne pas nous respecter, lorsque nous sommes au bout de nos limites, il est temps d'ouvrir nos ailes et d'être le majestueux papillon que nous sommes appelés à devenir.

Nous tenons notre bonheur dans nos mains, mais nous le comprenons parfois tard dans notre vie, après avoir laissé la souffrance nous envahir trop longtemps.

Lorsque nous sommes prêts à sortir de notre cocon, un intense besoin d'accomplissement, de liberté et d'envol monte en nous. Nous assumons alors ce que nous sommes entièrement et sans faux-fuyant.

Cela s'appelle ouvrir ses ailes et déployer ce que nous portons de plus précieux en nous depuis toujours : nos rêves, notre mission, notre amour et notre lumière.

Nous portons l'élan de mettre tout ceci au service de l'humanité.

Parce que se réaliser pleinement dans ce monde sert autant notre évolution que celle des autres.

Et parce qu'il n'y a pas d'âge pour devenir mature tant que nous portons en nous notre cœur d'enfant.

LE MUR

Nos vies sont souvent remplies à craquer. Nous courons sans arrêt, nous perpétuons de mauvaises habitudes de vie, nous maintenons des relations toxiques, nous disons oui à tous et à tout, sans prendre le temps de nous demander si nous en avons envie.

Nous sommes épuisés, stressés et angoissés à vouloir faire plaisir à tous, à trop travailler, à trop rendre service et à vouloir tout faire. Puis, un jour, nous frappons un mur !

Ce mur, nous le voyons qu'une fois le nez collé dessus. Il nous empêche de poursuivre sur notre élan, car nous avons dépassé nos limites depuis longtemps, les limites de notre corps et de notre cœur. Ce mur, c'est la maladie, un accident, un drame, un épuisement professionnel, une dépression, une rupture, la perte d'un emploi ou tout autre événement majeur qui change le cours de notre vie sans que nous l'ayons voulu.

Malgré les avertissements, ce n'est souvent qu'une fois au pied du mur que nous consentons à remettre en question notre mode de vie. Nous risquons parfois de payer cher notre d'avoir trop attendu !

Comme le mur ne bouge pas, c'est à nous qu'il incombe de mettre de l'ordre dans nos affaires, dans notre vie amoureuse, professionnelle et sociale.

Rien ne nous oblige d'attendre de frapper le mur pour réorienter notre vie. Nous pouvons faire volontairement, dès maintenant, les changements qui s'imposent. Gardons seulement ce qui nous rend vraiment heureux. Apprenons à vivre avant qu'il ne soit trop tard.

FRANCHIR CE FAMEUX MUR!

Nous sommes nombreux à nous être retrouvés face à ce fameux mur !

Une fois que nous avons frappé ce mur, nous relever nous demande beaucoup de courage et d'amour de soi.

Il n'y a pas de recette miracle, mais il y a le besoin criant de s'arrêter et de réapprendre à s'occuper de soi un jour à la fois et parfois même, une heure à la fois.

C'est aussi difficile que de se débarrasser d'une dépendance, car nous avons un sevrage à faire du mode de fonctionnement qui nous a menés à cette impasse.

Malgré une prise de conscience souvent pénible, nous avons à faire le deuil de ce qui nous a acculés au pied du mur.

Le pardon et la compassion envers soi sont les premiers jalons pour nous permettre de nous relever.

Réapprendre ce qui nous fait du bien, ce qui nous fait sourire et ce qui nous rend heureux constituent des étapes importantes dans notre besoin vital de réapprendre à vivre.

Nos priorités et nos valeurs méritent d'être revues et d'être réévaluées parce que si nous reprenons notre vie sans rien changer, nous obtiendrons des résultats de plus en plus catastrophiques.

Changer de vie pour vivre enfin NOTRE vie, mieux alignée avec ce que nous sommes profondément. C'est peut-être le choix le plus important de toute notre vie.

C'est aussi la plus belle marque d'amour envers nous que nous puissions nous donner, car de l'autre côté du mur, il y a la plénitude de notre vie qui nous attend.

FAIRE ÉQUIPE AVEC LA VIE

Il y a des périodes de notre vie où il semble que tout est contre nous. Nos projets ne se concrétisent pas, les ennuis se succèdent, les déceptions et les chagrins s'empilent.

Il semble que plus nous forçons, plus les choses empirent, comme si la Vie se liguait contre nous.

En fait, c'est plutôt nous qui nous liguons contre la Vie. Nous refusons ce qu'elle nous demande de vivre, nous nous entêtons pour que les choses arrivent à notre façon et en temps voulu, et nous nous emportons même contre elle.

Bien sûr, plus nous nous fâchons, plus les choses empirent et plus nous souffrons.

Nous faisons alors exactement l'inverse de ce qui nous permettrait d'aller mieux !

Ne résistons pas, mais marchons dans le même sens que la Vie. Ne nous y opposons pas, mais faisons avec ce qui nous est donné. Ne maugréons pas, mais trouvons l'apprentissage dans la difficulté. N'abandonnons pas, mais comprenons le message qui nous est offert.

Plus nous nous ouvrons à ce qui nous est proposé, moins nous souffrons.

Plus nous faisons équipe avec la Vie, plus elle s'avère une coéquipière extraordinaire !

DEMANDONS DE L'AIDE!

Lorsque nous nous retrouvons dans un cul-de-sac et que nous ne savons plus quoi faire pour en sortir, qu'il nous semble que tout s'écroule autour de nous et même sous nos pieds, qu'attendons-nous pour demander de l'aide ?

Nous sommes si souvent portés à nous apitoyer et à nous décourager de notre situation que nous oublions que nous pouvons demander de l'aide.

Si nous formulons une demande claire à l'univers, à la Vie ou à toute forme d'amour universel que ce soit, notre demande d'aide reçoit toujours une réponse.

Parfois de façon inattendue et pas toujours comme nous le voudrions, mais souvent beaucoup mieux que ce que nous espérions.

Le meilleur moyen de ne pas avoir d'aide pour s'en sortir est de ne rien demander.

Il n'y a pas de honte à demander de l'aide, car ce n'est qu'en exprimant notre besoin que l'univers consent à y répondre.

Nous croyons parfois qu'il s'agit de miracles, alors qu'en fait, la Vie répond simplement à notre appel à l'aide.

Toujours.

SE RESPECTER

Nous tolérons parfois des manques de respect si flagrants que nous nous emporterions si c'était notre meilleur ami qui vivait la même situation.

Pourtant, lorsqu'il s'agit de nous, il semble que nous ayons une tolérance élastique et une patience infinie, particulièrement envers nos proches. Nous « subissons » l'humiliation, la colère des autres, l'intimidation et parfois même la violence, en vivant dans la peur et en feignant l'indifférence. Nous croyons ne pas mériter mieux ou même que nous méritons cette forme de chantage émotif, abusif et outrageux.

Le respect des autres à notre égard est proportionnel à notre estime de nous-mêmes. Plus notre estime de nous est forte, moins nous tolérerons les personnes et les situations qui ne nous respectent pas. Il est aussi proportionnel au respect que nous nous accordons à nous-mêmes. Lorsque nous disons oui quand nous avons envie de dire non, que nous ne nous accordons pas de repos et que nous cachons la vérité pour ne pas provoquer de discussion, nous ne nous respectons pas. Lorsque d'autres nous manquent de respect, cela indique toujours que nous ne nous respectons pas nous-mêmes sur certains aspects.

Il est impossible de se faire respecter des autres si nous ne NOUS respectons pas.

Lorsque nous respectons nos besoins, nos limites et nos valeurs, les autres nous respectent davantage.

Plus nous nous respectons et plus notre estime de nous augmente. Plus notre estime de nous augmente, plus nous nous respectons.

Et plus nous sommes respectés par les autres.

LORSQUE NOUS CHANGEONS

Même si nous comprenons que nous sommes les seuls responsables de notre vie, de nos besoins, de notre bonheur et de nos choix, nous trouvons parfois difficile d'en assumer la pleine responsabilité.

Ce n'est pas parce que nous exprimons clairement notre besoin que l'autre va nécessairement y répondre. L'autre a toujours le choix de dire non à nos demandes. C'est alors à nous de choisir ce que nous voulons faire de notre besoin.

Ce n'est pas parce que nous manifestons nos limites face au manque de respect que l'autre va immédiatement nous respecter.

Parfois, il faut faire des choix difficiles pour se respecter et s'éloigner de ceux qui ne le font pas.

Ce n'est pas parce que nous décidons d'être authentiques et honnêtes que l'autre va le devenir sur-le-champ. Nous ne pouvons pas forcer l'autre à changer.

Cependant, nous attirerons davantage des personnes en affinité avec ce que nous devenons.

C'est là le grand miracle ! C'est en changeant que notre environnement change.

C'est en nous améliorant que notre vie s'améliore.

C'est en nous aimant que nous attirons l'Amour.

L'ÉVEIL

Prendre conscience de certaines réalités se fait rarement avec facilité et douceur !

Lorsque nous nous éveillons à ce que nous sommes vraiment, lorsque nous entrevoyons comment fonctionne la Vie et quelle est notre responsabilité face à notre vie, nos prises de conscience s'avèrent souvent douloureuses.

Lorsque nous réalisons que tout part de nous, nous comprenons que nous avons le rôle principal à jouer dans notre vie et que si nous voulons être heureux, nous seuls pouvons nous donner les moyens de l'être.

Par conséquent, nous reconnaissons ainsi le droit aux autres d'être heureux à leur manière, même si cela ne nous convient pas.

Ne plus vouloir tolérer certaines choses dans notre vie implique le passage à l'acte pour que les choses changent.

Parfois, nous décevons ceux que nous aimons et parfois ceux que nous aimons nous déçoivent, jusqu'au jour où nous acceptons que tout est parfait, même quand ça ne nous plaît pas.

LA BAGUETTE MAGIQUE

Nous aimerions probablement tous avoir une baguette magique qui répondrait à nos moindres désirs, particulièrement lorsque nos souhaits s'appliquent aux autres, à ce que nous aimerions qu'ils soient ou de quelle façon ils devraient agir.

Cette baguette réglerait tous nos problèmes actuels, antérieurs et futurs, et nous garantirait la Vie de nos rêves sans effort. Nous nous libérerions facilement de nos chaînes, de nos entraves, de nos dettes, de nos déceptions et de nos chagrins sans avoir à nous investir totalement dans la responsabilité de la situation que nous vivons.

Cette baguette magique existe, mais pas sous cette forme !

Elle prend Vie dans notre courage face à ce qui nous semble difficile, dans notre détermination à nous libérer des boulets à nos pieds et dans notre volonté à déstructurer les rigidités limitatives de nos pensées. Elle s'illumine dans la compassion que nous développons pour les autres et pour soi, dans l'ouverture que nous démontrons face aux événements de notre Vie et dans le soutien que nous apportons aux autres et à nous-mêmes.

Cette baguette devient véritablement magique lorsque nous développons l'Amour de soi, pour ce que nous sommes, pour ce que nous cherchons à devenir et pour le soin que nous mettons à prendre soin de nous. Elle devient réellement céleste lorsque nous laissons déborder cet Amour pour soi et pour les autres, et que nous comprenons que le reste a peu d'importance aux yeux de cet Amour infini qui nous habite tous et qui constitue à la fois le chemin et le but ultime de notre Vie.

OUI, MAIS!

Même si nous comprenons que nous sommes responsables des changements à effectuer dans notre vie pour être plus heureux, nous avons une forte tendance à répondre « oui, mais » aux propositions qui nous viennent !

Que nous lisions un texte nous suggérant des pistes de mieux-être ou qu'une amie nous conseille avec amour sur ce qu'elle croit être le mieux pour nous, la réponse qui vient le plus spontanément est « oui, mais ».

Oui, nous voulons être plus heureux, mais « c'est difficile quand ceux que nous aimons sont malheureux ».

Oui, nous voulons changer d'emploi, mais « ce n'est pas évident à notre âge ».

Oui, nous voulons croire à l'amour, mais « nous avons été déçus tant de fois ».

Oui, nous savons quoi faire pour nous aimer davantage, mais « c'est tellement difficile ».

Tous ces « oui, mais » sont des blocages insidieux à l'abondance dans notre vie, à notre ouverture à l'amour, à l'épanouissement de notre âme et à notre évolution personnelle.

Tant que nous avons le « oui, mais » comme excuse, nous nous mentons sur notre véritable désir d'être plus heureux.

Pourtant, pour vivre en parfaite cohérence avec ce que nous prétendons vouloir, nous n'avons qu'à laisser tomber le « mais » !

Plutôt que de répondre « oui, mais », répondons plutôt « mais oui ! »

NETTOYONS NOTRE PARE-BRISE!

Lorsque nous roulons sur l'autoroute lors de journées de pluie ou de neige, nous utilisons abondamment le lave-glace pour nettoyer notre pare-brise, afin de mieux voir la route, sinon, nous risquons d'avoir un accident.

Pourtant, dans notre vie, notre pare-brise demeure souvent assombri par ce que nous avons rencontré sur notre route : les saletés que les autres ont rejetées sur nous, les routes poussiéreuses que nous avons empruntées et les tempêtes que nous avons affrontées.

Nous avons encaissé les coups durs, nous entretenons des pensées et des comportements négatifs, et nous n'avons pas toujours fait le ménage de nos valeurs et de notre éducation. Nous roulons et avançons dans la vie sans voir clairement où nous allons. Ne nous étonnons pas que notre route soit difficile !

Il est grandement temps que nous nettoyions notre pare-brise pour mieux voir notre chemin. Nettoyons nos pensées négatives, débarrassons-nous des saletés que nous avons accumulées, lavons notre passé afin que nous puissions avancer dans la vie en ayant une vision claire de notre destination et du chemin pour nous y rendre.

Faire le ménage de temps à autre de notre environnement, de nos pensées et de notre vie est essentiel pour mieux voir la route devant soi.

Parfois, il vaut mieux prendre le temps de s'arrêter sur l'accotement et bien nettoyer notre pare-brise, car nous ne pouvons pas avancer quand notre vue est embrouillée.

LA PEUR : AMIE OU ENNEMIE?

Nous connaissons tous la peur, dans plusieurs sphères de notre vie.

Sur certains points, nous sommes braves et ne craignons pas d'avancer. Dans d'autres zones, la peur qui nous tenaille est tellement forte qu'elle nous paralyse et nous n'osons pas entreprendre quoi que ce soit. Pour certains d'entre nous, la peur devient tellement limitative que nous la détestons. Plus nous haïssons notre peur et plus elle prend de l'ampleur, parce que nous lui donnons le pouvoir de nous contrôler. Pourtant, la peur est une grande enseignante.

D'abord, elle nous protège du danger réel, plutôt rare. Ensuite, elle nous indique la prochaine étape à franchir, pointant dans sa direction comme une flèche. Elle nous montre clairement ce que nous devons travailler. Nous avons peur de ne pas être aimés ? Alors apprenons à nous aimer davantage.

Avons-nous peur de changer d'emploi ? C'est qu'il est temps de le faire. Avons-nous peur que notre nouveau projet ne soit pas un succès ? Préparons-nous minutieusement pour qu'il en soit un !

La peur n'est jamais inutile. Elle est là pour nous faire grandir.

Lorsque nous y faisons face, elle nous permet toujours de guérir une blessure du passé et d'augmenter nos possibilités de bonheur.

Face à la peur, nous avons toujours le choix : en faire une amie ou une ennemie.

QUAND LES ÉVÈNEMENTS NOUS FAÇONNENT

Certains évènements de notre vie nous font remettre en question nos valeurs. Après les avoir vécus, plus rien n'a la même importance qu'avant.

D'autres circonstances changent le cours de notre vie à jamais et nous ne sommes plus les mêmes après les avoir vécues.

Enfin, certaines rencontres fortuites ont un impact majeur sur notre Vie et laissent des empreintes indélébiles sur notre cheminement.

Nous croyons souvent que ce sont les évènements qui nous façonnent, mais même s'ils contribuent à nous faire cheminer, c'est toujours notre réaction qui nous façonne, bien plus que tout le reste.

Notre ouverture à la Vie, notre résilience, notre spiritualité et notre personnalité sont des éléments identitaires qui dessinent ce que nous devenons suite à un évènement majeur dans notre Vie.

C'est toujours ce que nous faisons avec ce qui nous arrive et notre réaction qui déterminent ce que nous devenons.

Nous portons tous en nous le pouvoir de faire en sorte que chaque évènement soit positif, malgré la lourdeur de certains d'entre eux.

PRENDRE SOIN DE SOI

Prendre soin de soi semble utopique pour beaucoup d'entre nous !

Nous sommes souvent les premiers à vouloir prendre soin des autres, à les aider, à les materner même.

Toutefois, lorsque le moment vient de prendre soin de nous, il semble que nous ayons oublié le mode d'emploi ! Nous ne savons plus par quoi commencer ni ce que cela signifie pour nous.

Prendre soin de nous consiste principalement à être bons pour nous, à ne pas nous juger, à nous accorder le droit de nous faire plaisir et nous offrir ce qui nous fait du bien, comme nous le ferions pour un ami qui nous tient à cœur.

Prendre soin de soi, c'est la condition essentielle à notre bonheur, celle qui réduit nos attentes envers les autres parce que nous y répondons nous-mêmes, celle qui nous ramène au cœur de nous, à ce qui nourrit notre âme, à ce qui répond à nos besoins fondamentaux et à nos désirs de vie.

Peu importe ce qui nous rend heureux, l'important est de faire ce qu'il faut pour que cela se réalise chaque jour.

Le bonheur, ça part de nous, de la qualité de soins que nous nous accordons et de l'acceptation de notre droit à être bons pour nous, même quand l'environnement y est moins favorable.

QUAND L'ÉLÈVE EST PRÊT, LE MAÎTRE APPARAÎT

Il y a des leçons que nous aurions aimé apprendre plus tôt dans la Vie !

Tant de choses que nous aurions préféré apprendre plus jeunes, que ce soit à propos de la Vie, des comportements humains, des attentes ou de nous-mêmes.

Un jour ou l'autre, nous rencontrons un maître qui nous enseigne exactement ce que nous devions apprendre à ce moment précis.

Nous nous disons alors que nous aurions aimé apprendre ceci plus tôt, sans doute parce que cela nous aurait épargné bien des déceptions, des chagrins et des souffrances.

Pourtant, ce n'est que lorsque le fruit est mûr qu'il est prêt à être cueilli. Ce n'est que lorsque l'élève est prêt à apprendre la leçon que le maître apparaît, sous quelque forme que ce soit.

Nous aussi devons mûrir pour être prêts à entendre cet enseignement. On ne peut pas enseigner des notions d'université à un élève de maternelle.

Ainsi en est-il des leçons de Vie. Nous ne les apprenons que lorsque nous sommes mûrs et arrivés à cette étape précise.

Pas avant.

Et c'est parfait ainsi !

LE DESTIN

La Vie est comme un livre à colorier.

Les dessins y sont déjà tracés, mais ce sont les couleurs que nous y mettrons qui feront de ce cahier le nôtre. Au début, nous gribouillons, nous mettons des couleurs bizarres et nous dépassons les lignes, comme l'enfant qui apprend à colorier. Puis, nous apprenons peu à peu comment agencer les couleurs, maîtriser nos traits de crayon et alors, nos dessins deviennent plus beaux.

Au fur et à mesure que nous acquérons de l'expérience, les dessins deviennent plus complexes et nous maîtrisons davantage cet art de faire de chaque page une page unique qui nous ressemble. Finalement, lorsque le talent est assuré, nous n'avons plus besoin des esquisses préfabriquées. Nous créons nos propres dessins sur des pages vierges, car nous avons compris comment le tout fonctionne.

Il n'y a qu'une lettre de différente entre le mot dessin et le mot destin. Une partie de notre vie est tracée d'avance. Ce sont les apprentissages que nous sommes venus faire dans cette vie, les événements que nous devons vivre pour évoluer et les personnes qu'il nous faut rencontrer pour cheminer ensemble.

Il nous revient de décider ce que nous ferons avec chacun de ces apprentissages, quelles couleurs nous y mettrons. De même, quelques pages de notre destin sont laissées vierges. C'est à nous de créer le dessin que nous voulons y voir.

C'est dans ces moments de grâce que nous réalisons notre plein potentiel, avec toutes nos couleurs.

En dessinant notre destin.

DANSER AVEC LA VIE!

Quelle légèreté dans notre cœur lorsque nous acceptons de danser avec la Vie plutôt que de lutter contre elle !

Nous sommes corps à corps avec elle lorsque nous faisons confiance à sa sagesse et à sa bonté. Nous suivons son rythme, nous la laissons guider nos pas de danse et accueillons sa musique avec joie.

Quel que soit le tempo qu'elle choisit pour nous aujourd'hui, lorsque nous embarquons dans son mouvement avec souplesse, nous sommes envahis d'une immense joie qui nous transporte.

La Vie est toujours le maître de la danse. Rien ne sert de nous opposer à la musique qu'elle nous offre.

C'est quand nous résistons et que nous refusons de danser que nos pas deviennent lourds et difficiles. Nos ankylosons et nous souffrons.

Par contre, lorsque nous nous levons pour bouger à son rythme et que nous dansons avec elle dans la fluidité de son tempo, elle nous offre de merveilleux moments de grâce et de légèreté.

LORSQUE NOUS NOUS ACCROCHONS AU PASSÉ

Nous restons parfois accrochés à ce que nous avons vécu et à ce que nous aurions aimé vivre.

Tant que nous restons accrochés à un conflit antérieur, à la perte d'un emploi ou à un divorce, nous ne pouvons pas guérir. Tant que nous regrettons des situations qui auraient pu nous rendre heureux, nous ne faisons rien pour être heureux aujourd'hui. Plus nous restons accrochés au passé, plus nous souffrons.

Bien sûr, il ne s'agit pas de précipiter la guérison ou le deuil. Certaines choses — quand même peu nombreuses — ont besoin de temps pour s'estomper. Il s'agit plutôt de modifier notre propension à toujours ramener ce qui n'est plus ou qui n'a jamais été dans un présent qui ne leur appartient pas. Ce sont des parasites. Ils s'installent dans notre vie actuelle, mais ils viennent d'une époque révolue. Nous les connaissons ces leçons du passé. Il est inutile de nous les répéter !

Dans la nature, rien ne s'accroche au passé. L'arbre bourgeonne, fleurit et s'épanouit, puis il perd ses feuilles pour se retrouver à nu, jusqu'à la prochaine saison. La nature ne s'accroche pas aux saisons qui passent. Elle s'y adapte et survit.

Ce qui est terminé appartient au passé.

Revivre le passé ne nous apporte plus rien. Au contraire, cela nous nuit.

Peu importe la saison où nous en sommes, c'est aujourd'hui que notre Vie se passe.

En décrochant du passé et du conditionnel, nous pouvons enfin vivre dans le présent et en apprécier toutes les beautés.

UNE NOUVELLE ÉTAPE

Lorsqu'une étape de notre vie doit être franchie, nous devrons la franchir tôt ou tard, que nous le voulions ou non.

Que ce soit un changement de carrière, un lâcher-prise important, une séparation, un déménagement ou toute autre étape de croissance, lorsque le temps est venu de passer à autre chose, la Vie nous y pousse de bien des façons.

Tout ce que nous ferons pour éviter de passer à l'action s'avérera difficile et infructueux. Tous les détours que nous prendrons pour ne pas faire face à cette décision seront tortueux, pénibles et difficiles.

Poursuivre notre routine ne fonctionnera plus, puisque notre âme aspire déjà à se propulser vers quelque chose de mieux, en affinité avec ce que nous sommes devenus.

C'est notre ouverture ou notre résistance à franchir cette étape qui déterminera la durée de la transformation et le niveau de souffrance qui l'accompagnera. Plus nous y résisterons, plus nous trouverons l'expérience pénible.

Plus nous accueillerons avec ouverture ce changement et plus la Vie le facilitera pour nous.

De nombreux signes et synchronicités se produisent alors. Des portes s'ouvrent d'elles-mêmes et nous confirment que nous sommes dans la bonne direction.

C'est dans la résistance que naît la souffrance, mais c'est dans l'acceptation que naît l'évolution.

LA PEUR DE L'INCONNU

La peur de l'inconnu est tellement forte chez plusieurs d'entre nous que nous préférons parfois rester dans une situation malheureuse et inconfortable, plutôt que de nous en sortir et de faire face ainsi à l'inconnu.

Le choix est souvent inconscient, mais il demeure un choix limitatif qui crée un obstacle indéniable au bonheur. Beaucoup d'entre nous attendent longtemps avant de sortir d'une relation malheureuse, de quitter un emploi qui ne nous satisfait plus ou d'apporter le changement nécessaire à notre bien-être. Nous craignons l'inconnu comme si celui-ci était pire que ce que nous vivons en tolérant notre situation actuelle.

Pourtant, cet inconnu est souvent rempli de belles surprises, de beaux défis et de belles personnes. N'oublions pas que notre « connu » actuel a déjà été notre « inconnu » ! Nous l'avons apprivoisé et nous y sommes devenus confortables pendant un certain temps.

La vie est synonyme de mouvement et elle répond à ce que nous émettons. Rester dans ce qui ne nous rend plus heureux envoie le message que nous n'avons pas besoin d'être heureux, même si nous désirons le contraire. La Vie nous envoie alors davantage ce qui ne nous rend pas heureux.

Ouvrir la porte de l'inconnu envoie le message que nous sommes prêts à entreprendre une nouvelle étape de notre vie. La Vie nous répond alors en soutenant nos efforts pour être heureux.

C'est difficile ? Peut-être. Mais c'est simple ! Nous l'avons déjà fait !

Nous seuls détenons la clé de notre bonheur. Servons-nous-en !

SORTIR DE NOTRE ZONE DE CONFORT

Depuis des années, je m'efforce quotidiennement de sortir de ma zone de confort. Chaque jour, j'essaie quelque chose de nouveau. Ce peut être de prendre une nouvelle approche pour mon travail, aborder une situation de manière différente, rompre une routine ou encore garder le silence là où j'aurais parlé avant et parler alors que je me serais tue avant. J'essaie de vivre hors de ma zone de confort, autant que possible. Je fais les choses différemment, chaque jour.

Vous savez quoi ? La Vie est vraiment palpitante ! Elle nous apporte des surprises chaque jour, pour peu que nous acceptions d'être dérangés dans notre confort ou notre routine.

Chaque jour, je rencontre de nouvelles personnes extraordinaires qui m'apportent quelque chose de nouveau. J'accepte des invitations que la chaleur de mon confort m'aurait fait refuser auparavant. Chaque jour, je me lève avec l'envie de faire quelque chose de différent ! C'est exigeant et fatigant, mais en même temps, on se sent tellement vivant !

Je partage ceci avec vous car je crois plus que jamais que nous créons véritablement notre vie et que nous la dessinons aux couleurs de notre âme. Essayez, vous aussi, de faire des changements. Débutez par de petits changements si cela vous effraie, mais faites-en quotidiennement et regardez la Vie se déployer devant vous et pour vous !

Donnons de la Vie à notre existence. Voilà l'urgence de vivre ! Nous avons accès à toutes les couleurs de l'arc-en-ciel. Pourquoi nous contenter d'une vie monochrome ? S'il nous semble parfois que nous passons à côté de quelque chose, ou pire encore, à côté de notre Vie, faisons des changements !

Le bonheur se situe à l'extérieur de notre zone de confort, que ça nous plaise ou non.

LES CADEAUX DE LA VIE

Rien n'arrive pour rien ! Cette phrase nous irrite si nous souffrons, si nous vivons un grand chagrin ou si l'un de nos proches vit dans la douleur. C'est difficile dans la douleur de prendre du recul pour avoir une vue d'ensemble. Nos souffrances ne sont pas l'œuvre du karma. Elles ne nous punissent pas d'une quelconque erreur de notre passé. Elles nous enseignent quelque chose d'essentiel sinon, elles ne seraient pas présentes. Nous avons quelque chose de fondamental à apprendre de toute situation d'importance. Quel est le cadeau pour nous dans cette situation ?

La Vie nous gratifie de cadeaux, même s'ils sont parfois mal emballés. Ainsi, un projet qui avorte peut cacher l'opportunité pour autre projet encore plus grand et plus stimulant. Un chagrin d'amour peut être la manière que la Vie a choisie pour nous montrer que nous n'étions pas avec la bonne personne et qu'un amour répondant mieux aux vibrations de notre âme nous attend. Une maladie qui chamboule notre vie est peut-être le moyen retenu par l'Univers pour nous rappeler de ralentir et prendre soin de nous. La maladie épouvantable d'un proche peut devenir l'occasion d'apprendre à aimer inconditionnellement et développer la patience, le don de soi et la douceur. Quelle que soit la situation que vous vivez, il y a toujours un cadeau pour vous qui s'y cache. Apprenez à le trouver et déballez-le avec soin. Puissiez-vous trouver chaque jour de beaux cadeaux sur votre route ! Puissiez-vous apprendre à vous aimer suffisamment pour accepter tous les cadeaux de la Vie !

Avec amour ! xxx

REMERCIEMENTS

En premier lieu, merci à mes fils : Olivier et Samuel. Vous êtes de grands maîtres dans ma vie et je vous aime inconditionnellement, jusqu'à la fin des temps ! Que le bonheur de vivre vous enveloppe chaque jour ! Vivez vos rêves !

Merci à Dominique Allaire, ma grande amie qui m'a poussée à accoucher de ce bébé, quitte à utiliser les forceps ! Nos conversations font une grande différence dans ma vie ! Merci à Élise Gagnon et Nathalie Desbiens. Votre amitié, votre soutien, votre amour et votre humour sont des piliers dans ma vie ! Vous êtes des amies exceptionnelles. Merci à Solange. Ton passage dans ma vie jusqu'à ton dernier souffle a rendu celle-ci plus lumineuse. Merci à ton amoureux Roger de m'avoir permis de vivre ces instants magiques avec toi. Merci à vous tous mes nombreux amis et amies. La valeur de votre amitié a fait ses preuves depuis longtemps dans ma vie. Vous côtoyer et vous écrire est un beau cadeau de la Vie. Merci à mon père, Jean Morissette, d'être le premier à m'avoir enseigné l'amour inconditionnel. Je sais que tu veilles toujours sur moi. Je t'aime. Merci à ma famille, si longtemps cherchée et enfin trouvée. Je vous aime du fond du cœur.

Surtout, merci à vous, chers lecteurs et lectrices de mes textes quotidiens. Merci de vos partages, de votre confiance et de vos commentaires. Vos mots me touchent et me rendent meilleure. Vous êtes le maître de votre vie et le capitaine de votre bateau, ne l'oubliez jamais.

Enfin, un merci tout particulier à mon amoureux François. Ta présence dans ma vie est un bonheur quotidien. Tu es l'amoureux le plus extraordinaire qui soit. Puisses-tu trouver dans ce livre tout l'amour que tu m'inspires et la sérénité à laquelle tu aspires. Je t'aime. Merci de partager ton rayon de soleil Raphaëlle avec moi.

www.ingramcontent.com/pod-product-compliance
Lightning Source LLC
Chambersburg PA
CBHW062154120626
46550CB00012B/1448